李克 编著

The Origin of
Human Civilization

世界文明的起源

A Global
History

全球通史

1

中国大百科全书出版社

图书在版编目（CIP）数据

全球通史. 1 / 李克编著. -- 北京：中国大百科全书出版社, 2025. 5. -- ISBN 978-7-5202-1775-0

Ⅰ. K10

中国国家版本馆CIP数据核字第20251Z1T79号

出 版 人　刘祚臣
责任编辑　何　欢
责任校对　康丽利
责任印制　邹景峰
封面设计　周　亮
版式设计　北京崇贤馆
出版发行　中国大百科全书出版社
地　　址　北京市西城区阜成门北大街17号
邮　　编　100037
电　　话　010-88390790
网　　址　http://www.ecph.com.cn
印　　刷　河北泓景印刷有限公司
开　　本　710毫米×1000毫米　1/16
本册印张　20
本册字数　304千字
版　　次　2025年5月第1版
印　　次　2025年5月第1次印刷
书　　号　ISBN 978-7-5202-1775-0
定　　价　498.00元（全8册）

序

计划编写一部全人类视角的、全彩图的、多卷本的《全球通史》，是我30年来的宿愿。今天的世界通史品种极为丰富，大家随处可以见到单卷的全球简史，可以见到2卷本乃至12卷本的如《新编剑桥世界近代史》等各种世界通史著作。那么，有读者会问，既然如此，为何还要编写一部8卷本的《全球通史》呢？在这个问题上，说实话，我也是经过了一个漫长的思考过程。我直陈结论，首先，目前存市的世界通史，绝大多数是以专业学者口吻，写给准备进入世界史学科做研究的学习者和顶级爱好者的专著，而针对普通读者编写的著作却寥若晨星。所以，为了弥补单卷本或简约本及专业本在转述方式上的约束、僵硬和冗长等方面的不足，我认为确有编写一部亲和的8卷本《全球通史》的必要，此为原因之一。其次，在书写宏大历史方面，简约本的信息量是明显不足的，这就很难让读者形成相互关联的、有效的记忆支撑和框架。再次，我发现只有大量的随文彩图，才能够丰富读者的阅读体验。当然，以上三点，也仅仅是从方便读者的视角而论。

其实，编写这套通史的原因，远不只如此。这般浩大的撰写和编辑工作，有人会猜，主编一定是受过什么刺激或发过什么样的宏愿，然后才会如此精进；否则，怎么会有人愿意去做这样耗费人力物力的工作呢？的确，万事皆有缘起。比如说一部花了20年时间撰写的12卷本的历史巨著——《罗马帝国衰亡史》，它的写作缘起就是带有浓重的神示意味。根据作者爱德华·吉本（Edward Gibbon）回忆："1764

年 10 月 15 日黄昏时分，我坐在罗马卡皮托山的遗迹里，沉思默想。我听到神庙中传来赤足僧侣的晚祈声。这时，要为这座名城写一部书的念头，崛然而生，于是我开始在内心酝酿并成形。"然而，关于 1300 年的罗马史，并非仅仅来自一个神示的时刻就能瞬间完成。早在吉本的第一部著作中，他就表述了他要写史的准备工作，他说："哲学家不一定是历史家，而历史学家不管怎么说，要尽量做一个哲学家。"所以任何一部皇皇巨著，也是需要一点点积蓄思考、积累资料、积聚史观，以及积淀跨越时空的能量。

我个人编写这部通史的动机，实际上是来自 30 多年前，跟随国家古籍小组组长李一氓先生一起工作时的一次至深的感动。那时我刚参加工作，每天骑车去氓公家里，为他口述的回忆录以及他答应为出版社或作者所要撰写的文章，来做笔录工作。记得笔录的第一篇文章，就是写给当时岳麓书社总编辑钟叔河先生所编订的《从东方到西方：走向世界丛书叙论集》的序言。氓公在序言中说到："从办'夷务'到办'洋务'也是一个困难的过程，少数是改良主义者，但都多多少少意识到这个中国积弱之故。西欧不仅有奇器淫巧，而且还别有立国之道。解放了的巴黎巴士底狱和放在纽约港前的自由神，不能不在他们的思想上引起震动。可是'天朝上国'的阴魂不散，承认西学为用的同时，还一定要配上一个以孔老二为招牌的中学为体。"

当时我 23 岁，第一次正式接触到"从东方走向西方"如此沉重的东西思想冲撞的话题。从 1840 年起，近世百部前人睁眼看世界的著作，在钟叔河先生爬梳整理、编撰叙论之后，不仅得到了主管工作的氓公的赏识，更重要的是《走向世界丛书》在社会上引起了强烈的反响乃至轰动。这也让我突然意识到，中国对于世界的认识竟然如此之艰难，可能我们与世界的融合还需要一个漫长的、不断消解隔阂的过程。

西学东渐，是 200 年来中国与世界融合过程的主要基调，这过程就像是一块沉重的磐石，重重地压在每一代有良知的读书人的心头。除去上述睁开眼看世界的魏源、郭嵩焘、曾纪泽一代，不想，其后这沉重代代亦然。中国欧洲学会原会长陈乐民先生，著有《看的是欧洲，想的是中国》。他详细梳理古中国的外交史料，从张骞的凿空西域，到徐光启与利玛窦（Matteo Ricci）的交流，从莱布尼茨（Gottfried Wilhelm Leibniz）到今天世界历史教学的问题。他提出了诸多期期以为不可的建议，拳拳之心余温可感。

这基调的续曲还有，《何为中国》的作者，复旦大学的思想史家葛兆光先生，他从疆域、民族文化与历史的角度来思考中国的由来，思考中国的历史形成与认同的困境，思考从古代中国的天下到现代世界的万国。当代历史学人一种"生命中不能承受之轻"的学术当担被清晰地刻录于纸上。我个人依然把它看作是一种学人"从东方到西方"的接力。

在这样主旋律的历史背景下，我们来学习全球通史，那势必会思考，为什么郑和下西洋早于西方大航海时代的哥伦布（Christopher Columbus）、麦哲伦（Ferdinand Magellan）有 80 年以上的时间，但是他却没有引出一个开放的全球化的世界格局？为什么在利玛窦带来了西方科学知识体系的《几何原本》《测量法义》等原典，在其后将近 300 年里，中国制度的决策者和知识精英们，竟然集体保持沉默？那些后来诞生科学体系的基础学科，是否全部被埋没在了"四书五经"和科举考试的浩渺烟波之中呢？

我们今天来学习全球通史，无疑是要从中体悟出人类过往智慧的精妙，以及人性负面的边界，这精妙绝对不是可以用好坏来简单地衡量的。每一个时代的管理者，都会留下不同的思想遗产或是制度遗产，当然这些遗产正负不等，需要后继者们认真地拣选。英国历史学家克里斯托弗·克拉克（Christopher Clark）最为欣赏的普鲁士国王——腓特烈二世（Friedrich II），这位欧洲历史上的开明君主，曾在《政治典范》中表述："公民的第一责任是服务于他的祖国，这是一种义务。在朕的一生中，无论处于什么状态，都在努力做到这一点。"他自称自己是"国家的首席公仆"。克拉克认为，普鲁士如何取得成功，之后又如何走向灭亡的问题，必须辩证地审视普鲁士的历史发展和德国历史演进之间的互动关系。可见，人类的历史遗产是一个不断反思的过程，立场远胜于对错和真假，它不可人云亦云，它需要每位学习者自己来整理和细心地体悟。

2016 年，我有幸参加了良渚古城挖掘现场的采访工作。我问起时任浙江省考古所所长的刘斌先生："作为古城的发现者，您怎么来看一座 5000 年前的先民古城？又是怎样来看待先民建造的如此庞大的水利工程呢？"刘斌所长回答说，古城的遗址和文物的挖掘固然重要，但是我们更看重的是，一个早期的文明，它是如何发生、发展的？是如何走向繁荣的？又是如何面对危机的？以及又是如何消亡的？先民面对自然和危机的思考，以及对应危机的方式，将对我们今天人类的发展和文明的演进，具有重要的借鉴意义。

能够参加田野考察，是学习历史的绝佳方法，但是书本的间接经验同样非常重要。面对一部 8 卷本的《全球通史》，还有一个方面，我要提醒学习者们注意。那就是，我们自己难以忘掉作为中国人的一个观察视角。近 200 年来，先觉的学人和我们自己，都努力用世界的眼光来看中国，但是我们却难以走出历史中国被定型的角色。意大利哲学家、历史学家贝奈戴托·克罗齐（Benedetto Croce）在他的《历史学的理论和历史》中感叹到:"民族的接续代替了帝国的接续,给每个民族派定一项特别任务。""日耳曼民族扮演了罗马帝国的角色,他不会灭亡,永远存在,直至经过数个世纪和抵达天国。"那么,中国呢?它在全球扮演的角色是什么呢?中国社科院哲学所的赵汀阳先生,在他的《惠此中国》中谈到,在夏商周三代,我们的先民建立了一个世界性的模型,即无外的天下体系。一种宇宙理论的框架,足可以容纳世界万国。如果依其体系延展,它可能成为世界历史的重要主脉。但是令人意想不到的是,由秦入汉,它改变成了大一统的模型,后来逐渐熔铸成了一个具有强烈历史认同的民族国家。这种模型的优点是,依然内含天下体系,然而它的卡点是,兼容世界或与世界融合的道路,变得有阻且长。

这些问题当我们站在更开放的视角来思考,那就不再局限于"二十四史"或是民间野史所得出的推断和结论,它属于人类历史的一个部分。在人类进入了数智时代的历史轴线上,全球化业已成为人类社会不可阻挡的趋势。我们需要在全新的时空点上进行全新的规整,我们需要在宇宙和人类文明的维度上来思考世界,当然也要思考中华文明的连续性、兼容性,这依然是每一代人不能推卸的责任,也是我们学习全球通史的动力所在。

当人类回溯自己从300万年前走进今天的数智时代,尤其近几十年来,科技创新的速度和全球化的速度是以前的人类所无法想象的。哥伦比亚大学教授、哈佛大学国际研究中心主任杰弗里·萨克斯(Jeffrey Sachs)说,全球化意味着多元社会在广阔的地理区域内的相互联系。这些相互联系包括技术、经济、制度、文化和地缘政治,包括世界各地的社会通过贸易、金融、移民、文化、帝国和战争而产生的相互作用。的确,我们的下一代就将生活在这样全球互联的世界。

如果现在的学生们不了解世界变化的趋势，那他必定会举步难行。

有句话说，人性未变，历史就会重演。这话并不严谨，但是并非毫无道理。未来，一定是碳基生物与硅基生物共生的时代。所以，我们的下一代要建构思维模型的基础，依然是知所从来。科技在快速地改变着人类的生活，但是要想"执今之道"，那就更需要清晰地了解人类来时的路。《全球通史》应时而生，它以180万字和1000余幅彩色图片，描述了人类走过的不同时代。从人类处在狩猎采集的史前旧石器时代，到农业兴起的新石器时代；从早期文明发展到庞大帝国的古典时代，到庄园经济与城市经济并起的中世纪时代；从帝国第一次跨海连接了不同族群区域的大航海时代，到由英国蒸汽动力革命所开创的工业时代；再到今天，世界瞬间互联，人类进入了数智时代。正如老子所说："能知古始，是谓道纪。"

人类文明的进程，是一次次理性迭代的过程。在人类总体知识和智慧的宝库之上，我们图文并茂地系统性梳理了全人类走过的历程，其实目的只有一个，那就是让我们的下一代，能够更清晰而笃定地走上怀有人类共同梦想的幸福之路。

李克

2025 年 1 月 1 日

目录

远古篇

01 人的形成和发展

02 旧石器时代的发展

03 新石器时代的发展

04 史前文化

上古篇（上）

01 古埃及文明

02 古西亚文明

03 中华早期文明

04 古印度文明

远古篇

人的形成和发展

人类最早的历史要从猿类进化成人类说起。最早在热带和亚热带丛林中生活的一些古猿，为寻找食物从树上下到地面上生活，它们逐步从四肢行走演变成只用下肢行走，这样就解放了双手。后来，它们学会了使用工具，从最开始使用大自然提供的现成的石头、树枝等，逐步发展为自己制造工具。与此同时，大脑等身体其他部位也都朝着适应身体直立的方向发展。最终，一个新的物种——人类出现了，并在随后几千年的发展中逐渐统治了整个地球。

攀树的猿类

　　人类是一种高级动物。从动物分类学的角度来看，人类属于脊索动物门脊椎动物亚门哺乳纲灵长目人科人属智人种。在现存的动物中，猩猩、大猩猩、黑猩猩以及长臂猿是和人类亲缘关系最近的现代类人猿。现代科学研究认为，人类和类人猿有着共同的祖先，即已经灭绝的一些古猿。

原上猿

　　人类的历史可以追溯到新生代（约6600万年前），新生代又可以分为第三纪和第四纪，其中第三纪（约6600万年前—260万年前）是哺乳动物大发展时期。最早的灵长类动物就是出现在第三纪的渐新世，之后，灵长类动物逐渐分化出较为高级的猿类，而最早的人类便是从猿类演化而来的，人类的祖先是某种已经灭绝的古猿。

　　英国生物学家、进化论的开创者C.R.达尔文在他的两部著作《物种起源》（1859年）和《人类的由来及性选择》（1871年）中，运用动植物演变的大量资料，揭示了动植物演变的规律，同时指出人类和现代类人猿拥有共同的祖先。1896年，德国思想家F.恩格斯在《劳动在从猿到人转变过程中的作用》一文中，指出了劳动在人类形成过程中的作用。他将人类的形成——从猿类到完完全全的人类的发展过程分为三个阶段：攀树的猿类、正在形成中的人和完全形成的人。攀树的猿类还是完全的猿类，过着树居生活；正在形成中的人是在过渡阶段，这种生物已经从树上下来，开始适应地面的生活；完全形成的人则已经是现代意义上的人类，能够制造、使用工具。

C.R. 达尔文
英国生物学家、进化论的开创者。

原上猿是现代科学研究中已知的最早的古猿之一。1908 年，德国化石猎人 R. 马克格拉夫在埃及的法尤姆发现了一块右下颌骨化石，包括一些牙齿化石，其中有犬齿、2 枚前臼齿、3 枚臼齿，年代为早渐新世（约 3200 万年前—2900 万年前）。1910 年，德国古生物学家施洛塞尔将这种古猿命名为原上猿海克尔种，后来在非洲的肯尼亚以及欧洲等地也都发现了这种古猿的化石。原上猿生活在约 3500 万年前到 3000 万年前，它还带有原始狭鼻猴的性状，牙齿及颌骨的深度和现代猿很相似。它们面颊长而低，相对于脑容量来说显得很大，且吻部前突；部分种类还有尾巴存在，身形较小，和现在的家猫差不多大，远小于任何一种大猿。过去的看法是将原上猿认定为现代类人猿中长臂猿的祖先，但现在多认为它更接近猴类和猿类的共同祖先。

埃及古猿

20 世纪 60 年代到 80 年代期间，在埃及的法尤姆又发现了一种古猿的化石，生存年代比原上猿略晚，大概在 2800 万年前到 2600 万年前。20 世纪 60 年代，科学家们首先在这里发现了一具相对完整的颅骨化石，包含一半额骨的面骨及下颌骨，此外还发现了 6 枚上颌牙齿化石，以及完整的尺骨、足骨、尾骨等化石。20 世纪七八十年代，又有 3 具完整的面骨化石先后被发现。最终，科学家们将这种古猿命名为埃及古猿。

埃及古猿的身上还保留着不少猴类的性状，比如相对于面颅，脑颅相对较小；吻部窄小而前突；眶后骨壁尚未完全愈合；尾巴还存在；牙齿为 36 枚等。但是，一些高等猿类的性状已经在埃及古猿的身上有所体现：首先是躯体的增大，不再像原上猿那样小如家猫；其次是左右额骨愈合成块，眼眶朝前，前脑膨大，嗅叶相对缩小，这表明埃及古猿的视觉已经比嗅觉发达；最后，埃及古猿牙齿的特征也和中新世及现代的猿类相似，比如都拥有硕大的犬齿。正因为这种兼备猴类和高级猿类的特征，所以科学家们说它是"猴类的脑袋镶上猿类的牙齿"。

埃及古猿四肢强壮，后肢更比前肢明显得多，走动时采用曲肘的姿势，这表明它是一种善于爬行的、四足的树栖动物。它的前肢已经具备抓握能力，所以也可以抓住树枝做悬荡动作。

森林古猿

比埃及古猿更晚的猿是森林古猿。1856 年，在法国的中新世地层中，科学家们发现了 3 块下颌骨化石，此外，在相同的地层中还发现了橡树等植物的化石，所以当时的人们认定这种古猿生活在森林当中，便将其命名为森林古猿，又名林猿。在此后的 100 多年中，这种古猿的化石在亚洲、欧洲、非洲等多个地区都有发现，地质年代为中新世（约 2300 万年前—530 万年前）到上新世（约 530 万年前—180 万年前）之间。

现在发现的森林古猿的化石多数为破碎的颅骨化石和牙齿化石。从牙齿上看，森林古猿的牙齿结构和人类的有许多不同：它们的犬齿较为发达，臼齿的前后径较大，下第一前臼齿成扇形，各齿从后向前依次增大，下臼齿上有 5 个明显的齿尖。事实上，森林古猿的牙齿和现代类人猿也有所不同。森林古猿的下门齿相对薄而小，同时也没有现代猿类那种向前倾斜的特征；臼齿的咬合面有皱纹，但是远没有现代猩猩那样复杂；犬齿相对较小，同时下颌部没有现代猿类那种向后延伸的猿板。根据这些特点，现在多数人认为森林古猿这一类古猿中包括了现代类人猿的祖先，人类的祖先也有可能身在其中。

原上猿、埃及古猿还有森林古猿都是林栖动物。它们都是成群结队地生活在树上的猿群，平时用四足行走，也可以只用上肢在林间悬荡前进，像现代的长臂猿一样。不过在攀缘时，它们的上肢和下肢已经有了不同的用途，这也为它们的进一步分化打下了基础。

有学者认为，森林古猿后来分化成三类，分别是巨猿、西瓦古猿和腊玛古猿。巨猿化石最早于 1935 年被荷兰古生物学家 G.H.R.von 孔尼华在中国香港一家中药店发现，那是一颗巨大的灵长类动物牙齿化石，这牙齿有现代人牙齿的 5 倍大，当时定名为步氏巨猿。随后在中国广西、湖北还有印度、巴基斯坦等地都发现了这种巨猿的化石。西瓦古猿的化石则被发现于印度西瓦利克山等地的中新世地层中，其牙齿结构同时具备现代类人猿和人类的特征，因此有学者认为，西瓦古猿是现代猩猩的祖先。而腊玛古猿的体质特征则相对来说和现代人类更为接近，所以有观点认为腊玛古猿才是最早的人类祖先，不过这种说法还存在争议。

巨猿化石

从猿到人的过渡

　　从猿到人的过渡是一个漫长的过程，如果从腊玛古猿算起，足足有 1000 万年的历史。在这个漫长的过程中，过渡中的生物经历了从使用天然工具到自行制造工具的阶段。能制造工具表明它们已经有了思考的意识活动，这种自觉的能动性是人类和动物的本质区别，标志着从猿到人的过渡阶段的完成和人类的正式出现。

腊玛古猿

　　腊玛古猿的化石最早发现于印度西瓦利克山。1932 年，美国学者 G.E. 刘易斯在这里发现了一块右下颌骨碎片化石，经过一番研究之后，他认为这种古猿具备人类的某些特征，不过他的观点在当时的学术界并没有得到多少认同，反而遭到一些权威学者的反对。直至 20 世纪 60 年代以后，在非洲肯尼亚的特南堡，欧洲匈牙利的路达巴尼亚、希腊的庇尔戈斯，还有亚洲巴基斯坦的波特瓦尔高原以及中国云南的禄丰等地相继发现了同类化石，这个问题才重新引起了学术界的重视。

　　从上面的化石发现地可以看出，这种古猿分布范围很广，遍布亚、欧、非三大洲的热带、亚热带地区，生存年代大约在 1500 万年前到 700 万年前。根据现有化石资料的研究，腊玛古猿具有以下特征：吻部短缩，齿弓向后张开，牙齿排列紧密，犬齿小，颊齿齿冠宽短，下颌第一前臼齿为双尖型，臼齿釉质厚，这些都和人类相似。所以，20 世纪 60 年代和 70 年代学术界的看法是腊玛古猿是猿类向人类过渡期间的早期代表物种，认为它是在 1000 多万年前，与森林古猿分开而向人类发展的最早的人类祖先。

腊玛古猿化石

　　不过这种说法在 70 年代后期随着分子生物学的兴起以及更多新化石的发现而出现了动摇。分子生物学的研究表明，猿和人最早分开是在距今 600 万到 500 万年前，这就和腊玛古猿的 1500 万年前到 700 万年前的生存年代产生了矛盾，所以说现在腊玛古猿的具体地位还存在争议。

　　西瓦古猿和腊玛古猿的关系，也引发一番争论。有学者认为，现在发现的西瓦古猿化石，其实都是腊玛古猿属的雄性个体，也就是说腊玛古猿和西瓦古猿其实是同一种动物的两种性别而已。牙齿结构上的差异也是雌雄个体的差异，它们与猩猩的亲缘关系，比和人类以及大猩猩、黑猩猩更近一些，所以不能算作人类的直系祖先。有一些学者持有不同观点，他们坚持认为腊玛古猿就是猿类向人类过渡过程中的最早代表。总之，现在对腊玛古猿的系统地位，还没有形成统一的意见。

南方古猿

　　腊玛古猿的系统地位是有争议的，不过从猿到人的发展史上出场的下一个角色——南方古猿的地位是没有争议的。

　　1924 年，人们在南非的塔翁地区发现了一块幼儿头骨化石，这是最早发现的南方古猿化石，后来在南非和东非的其他一些地方也都发现了不少同类化石。这些古猿的生存年代从上新世延伸到更新世中期，迄今为止发现的这类化石中年代最早的为 370 万年前，最晚的为 150 万年前。

南方古猿的身形相对现代人来说较为矮小，雌性平均只有 1.25 米高，雄性也只有 1.52 米高。其头骨和黑猩猩很相似，具有较大的颌骨和牙齿，身体肌肉发达，像人一样直立行走，骨盆比猿类宽，脚骨适应两足行走，不过上肢和人相比更长一些，爬树也很敏捷。南方古猿的平均脑容量在 500 毫升左右，虽然比人类要小得多，但是结构上比较复杂，已经具备了语言能力。雌雄个体差异也较人类更大。

现在各地发现的南方古猿，可以分为纤细型和粗壮型两大类。一般来说，纤细型的年代要早于粗壮型，大多是 200 万年前，而粗壮型的年代大多要晚于 200 万年前。纤细型包括阿法种，即在埃塞俄比亚阿法地区发现的古猿化石，也有人认为在坦桑尼亚莱托里发现的化石也应当属于阿法种；此外还有非洲种，即在南非发现的早期化石和在东非发现的部分化石。粗壮型也分为两种，即南非晚期的化石粗壮种和鲍氏种，鲍氏种也就是所谓的"东非人"，是一种比粗壮种还要壮硕的类型。

南方古猿生活的年代跨度不小，大约生活在 500 万年前到 150 万年前，将早期和晚期的化石对比可以发现其进化非常明显，尤其是大脑容量的变化和牙齿结构、形态的变化。早期南方古猿化石的脑容量刚刚达到 450 毫升，这个数据到了晚期已经达到了 530 毫升，进步很大。在牙齿结构、形态方面，早期的牙齿化石结构上更适合切削，犬齿发达；而晚期的牙齿化石更适合咀嚼，犬齿已经显著减小。此外，其他地方也有变化，比如身材上有增高的趋势、颜面部变大、面骨变厚、颧骨位置更靠前等。

现在一般观点认为，早期的南方古猿在上新世和更新世之交分化成了两支，一支朝粗壮型发展，在更新世中期绝灭；另一支则发展为"能人"，也就是我们人类的祖先。

"人类祖母"——"露西"

"露西"是一具南方古猿类化石骨架的外号，这是一具成年女性的骨架。1974 年，美国学者 D. 约翰逊等人在埃塞俄比亚阿法地区发现了一具相当完整的古猿化石，兴高采烈的发掘队员们放起了当时颇为流行的甲壳虫乐队的歌曲《露西在缀满钻石的天空》，所以这具骨架便被称为"露西"。

这是一具相当完整的骨架，保存了全身骨骼的 40%，这在古生物化石中已属难得。可以说，在已知发现的 10 万年以前的化石当中，"露西"的完整程度是最高的。"露西"备受古生物界重视，除了它的完整以外，还有一个原因，那就是年代久远。经钾氩法测定，"露西"生活在约 350 万年前，这是迄今为止可以肯定的人类最早的祖先，所以"露西"还有"人类祖母"的美称。

"露西"化石

　　"露西"之所以是一位"女士"，而不是"先生"，证据是一块具有明显女性特征的完整的髋骨化石。此外，根据牙齿的磨损程度推测她已经成年。略有遗憾的是，"露西"的头骨前部完全缺失，所以脑容量无法测量。"露西"身材"娇小"，身高只有一米多点，根据膝关节以及各肢骨的特征可以判断，"她"生前已经是在直立行走，和现代人的步态没什么两样，同时还保留着适应树居生活的解剖性状。

　　约翰逊等人认定"露西"属于南方古猿阿法种。阿法种是非洲种和能人的共同祖先，后来分化成两支，一支发展为非洲种再到粗壮种，一支则发展为能人、直立人等，但是这种观点在学术界还有争议。

人类的继续发展

思维上的自觉能动性标志着从猿到人的过渡阶段结束，彻彻底底的人类已经作为一个新物种出现在这个星球上。不过人类的体态还在不断地演化，有发展演化过程就会有分期，现在一般把它们分为直立人、早期智人和晚期智人三个阶段。

最早的人类

最早的人类，一般指的是在直立人以前的人类，有能人、"1470 号人"等典型代表。

最早的能人化石是 1960 年在坦桑尼亚奥杜瓦伊峡谷发现的，包括一些头顶骨片化石和下颌骨化石，这些化石在 1964 年被定名为"能人"。此后，学者们又先后在奥杜瓦伊以及肯尼亚的特坎纳湖以东地区、埃塞俄比亚的奥莫河谷发现了不少化石，也都属于能人。能人的生活年代约在 180 万年前，他们的脑容量在南方古猿的脑容量和直立人的脑容量中间，男性平均为 750 毫升、女性平均为 550 毫升，这个数值要小于直立人，但是大于南方古猿。且他们的上下颌要小于南方古猿，和直立人、智人类似；门齿和犬齿相对较大，后齿仍然很大，但是要小于南方古猿，总体上看已经具备了较强的咀嚼功能；手骨、足骨和现代人相似，是已经适应了两足行走的体现。现在对于能人比较主流的观点是，这是南方古猿发展的一个分支。在南方古猿的另一个分支向肢体更粗壮、牙齿更大的方向发展的同时，这一支向脑容量更大的方向发展，于是就有了能人。

　　科学家们在发掘能人化石时，在同一层位中还发现了很多大型石器工具，由熔岩砾石制成，多数都是砍砸器，还有一些用石英制成的小型石器工具。此外，在奥杜瓦伊峡谷还发现了用石块堆成的遗迹，和窝棚的地基有些类似，这可能是当年能人们"下榻"的地方。

　　另外一个最早的人类代表是"1470号人"，这个名字来源于化石的编号。1972年，在东非肯尼亚图尔卡纳湖东岸的库彼弗拉，学者们发现了150多块碎片的头骨，复原以后，这具头骨化石得到了一个编号——"KNM-ER1470号头骨"，"1470号人"由此得名。且后来在那里又发现了属于同一个种的颅骨、下颌骨、股骨和髋骨等化石。经过测定，"1470号人"生活在约290万年前，脑容量约为775毫升。不过，因为这块头骨没有突出而相连的眉脊，所以它在进化系统中所处的位置现在还存在争议。

　　此外，1974年英国考古学家和古人类学家M.D利基在坦桑尼亚莱托利尔地层中发现了一些化石，主要是一个5岁左右的幼儿的部分骨骼化石，还有一些成年人的上下颌碎片化石以及牙齿化石，年代定位在380万年前到360万年前。1978年，在莱托利尔地层中又发现了保存在火山凝灰岩中的两枚人类足迹化石，属于一大一小两个个体，大的长21.5厘米、小的长18.5厘米，从脚印上可以推断这"一老一少"的脚有足弓，足跟呈圆形，大脚趾和其余四个脚趾并列在脚的前方，这些都是人类的特征，所以有的学者将其归入人属。但是学者约翰逊却认为莱托利尔地层中发现的是南方古猿阿法种，并非真正的人类。所以说，这两块化石到底属于人类还是南方古猿还没有定论。

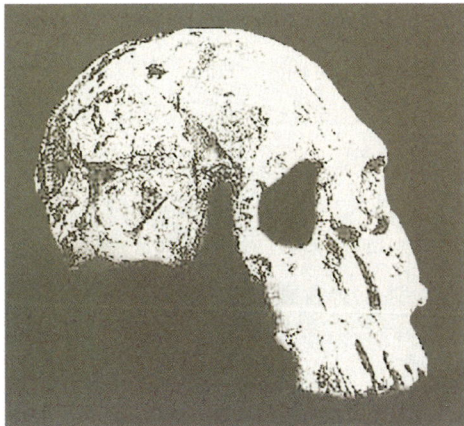

"1470号人"化石

直立人

人类发展的历史走出了"最早的人类"这一阶段，下一个阶段便是"直立人"。在中国，直立人又被称为"猿人"。

最早的直立人化石是由荷兰医生 E. 杜布瓦在 1890 年于印度尼西亚爪哇岛上的特里尼尔附近发现的。首先发现的是一具还具有很多猿类性状的头盖骨化石，以及一枚牙齿化石。不久以后，杜布瓦又在同一个地方发现了一根大腿骨化石，和现代人很相似。杜布瓦认为，这根大腿骨和之前发现的头盖骨以及牙齿来自同一个个体，并将其命名为直立人。不过，杜布瓦的观点并不被当时的学术界所认可，有人认为杜布瓦发现的大腿骨化石来自一个畸形的人，还有人认为那根本就是现代人的骨骼。不过，这一切争议都因为中国的一项考古发现而停止。1929 年，中国北京周口店地区发现了一块头盖骨化石，后来被定名为"北京人"。在周口店遗址发现的化石一共来自 40 多个直立人个体，此外还发现了大量的石器和使用火的遗迹，这充分证明"北京人"是猿人而不是猿类。

自从 19 世纪末在印尼发现第一块直立人化石以来，亚、非、欧已经有包括 10 多个国家和地区在内的 20 多个地点发现了直立人化石，其中中国是发现直立人化石较多的国家，已经定名的就有北京人、元谋人、蓝田人、和县人和郧县人等。世界其他地区比较著名的直立人还有爪哇人、海德堡人、阿特拉人等。

直立人的生活年代约在 180 万年前到 20 万年前，他们头骨扁平，骨壁厚，眼眶上脊粗壮，大脑容量明显增大，早期化石的脑容量就已经达到 800 毫升，

直立人头骨化石

晚期的可以达到 1200 毫升左右。有学者认为，脑容量的增大是直立人体质进步的最大特点。直立人的大脑进步不仅体现在体积的增大，还体现在大脑的结构更加复杂。例如，他们的大脑左右两半球已经呈现出不对称性，有学者据此认为直立人已经具备了有声语言的能力；直立人的平均身高达到了 160 厘米，这比平均身高为 140 厘米的南方古猿足足增高了 20 厘米；直立人的下肢结构和现代人已经十分接近了，这说明这个阶段的人类已经完全适应了直立下肢行走。

直立人的出现是人类史前时代一件具有里程碑意义的大事。正因为有了脑容量增大、身材变高这些演化上的进步，直立人才能更好地适应环境。所以，直立人没有像之前的那些古猿等"前辈"一样，只是徘徊在非洲广袤的原野上，而是在漫长的岁月中越走越远，走出了非洲，足迹遍布亚洲、欧洲等众多地方。

北京人

北京人是直立人的代表。北京人又名北京猿人，更为科学的叫法是"北京直立人"，是在中国北京周口店地区发现的直立人化石。

周口店遗址位于北京市房山区周口店镇龙骨山北坡，这里发现了大量的古人类化石，其中包括 6 具完整和相对完整的头盖骨化石、8 块头盖骨残片化石、6 块面骨化石、16 件下颌骨化石、153 颗牙齿化石、7 段残破的大腿骨化石、1 段胫骨化石、3 段上臂骨化石、1 段锁骨化石和 1 块腕骨化石等，这些化石来自 40 多个北京人个体。不过这些化石的命运颇为悲惨。北京人化石最早是在 1927 年开始发掘的，两年后的 12 月 2 日，中国古人类学家裴文中在这里发现了第 1 块头盖骨化石。不过遗憾的是，中华人民共和国成立前发现的北京猿人化石绝大部分都在战火中不知去向。直到 1966 年，考古工作者又在这里发现了 1 具头盖骨化石。这 1 具和之前发现的相比，具备了更多典型特征，这说明北京人在长期的演化过程中不断地向早期智人的方向前进，所以说，北京人的发现在人类发展史上具有重要地位。

经古地磁法测定，北京人生活在约 70 万年前到 23 万年前，地质时代上属于更新世中期。北京人的颧骨较高，成年个体平均脑容量为 1088 毫升，前额低平，眉骨粗大，鼻子宽扁，吻部突出，头微微向前倾，且牙齿粗壮，咬合面皱纹较现代人更多。大腿骨除了较现代人宽扁一些、骨壁变厚、髓腔变小以外，其他特点如长度、形状、肌肉附着点等都和现代人十分相似。此外，他们身材粗短，女性个体身高约为 144 厘米，男性则为 156 厘米。

　　北京人过着群体穴居的生活，以采集果实和狩猎动物为生。在周口店遗址中，不仅发现了上述大量人类化石，还发现了大量的石器和石片等物品，达 10 万件以上。北京人的主要工具是石器和骨器，但是制作相对粗糙，还没有不同功用上的分化，相当于旧石器时代初期的水平。在他们的洞穴内还发现了使用火的遗迹，包括灰烬、木炭、烧骨等，这表明北京人已经掌握了火的使用。除了人类化石和石器以外，周口店遗址中还出土了大量哺乳动物化石，数量达 90 多种，包括剑齿虎、中国鬣狗、居氏大河狸、三门马、披毛犀、肿骨鹿、李氏野猪等，都是北京猿人时期颇具代表性的动物种类，以此也可以推测出，当时这里的气候比现在要温暖湿润。

周口店遗址的北京人复原像

早期智人

　　"直立人"的下一个阶段是"智人"。智人其实是人这种生物在生物分类系统中的学名，就好比宠物猫在生物分类系统中的学名是家猫一样。"智人"这个名字来自瑞典博物学家 C.von 林奈。1758 年，林奈在著作《自然系统》中将人的生物学位置定为人属智人种。智人，意思是"有智慧的人"，主要特征是完全直立行走，拥有细而直的四肢，上肢是负责劳动、抓握的器官，而不再作为支持和行动的器官；大脑非常发达，重量在 1100 克到 1550 克之间，平均脑容量为 1350 毫升，有较强的思维能力等。

不过，当年林奈在订立这个标准的时候，还没有发现过古人类的化石，所以林奈的定义仅仅指的是现代人。1868 年，科学家们在法国多尔多涅区的克罗马农洞穴中发现了 5 具人的骨骼化石，他们的体态特征和现代人基本一致，所以科学家们将克罗马农人还有随后发现的同一体质形态的化石人类也都加到了智人这个种内。这样，林奈定下的智人概念的范围便扩大了，不止有现代人，也包括了现代人的祖先——化石智人。

随着考古工作的不断发展，世界各地发现了越来越多的古人类化石，人类学家们也随之发现这些化石智人之间存在一定差异，所以将人类的发展过程分成几个阶段，即我们前面已经提到过的：最早的人类、直立人、早期智人和晚期智人。曾被归到智人名下的那些猿人化石，现在独立出来成为人属下单独的一个种，也就是直立人。而智人则包括早期智人和晚期智人。

早期智人生活在约 25 万年前到 4 万年前，地质年代上属于更新世中晚期。1848 年，在欧洲的直布罗陀发现了第一块早期智人的骨骼化石，不过在当时并未引起重视。1856 年，在德国杜塞尔多夫城附近的尼安德山谷的一个山洞里，又发现了一具人的骨骼化石，包括头骨和部分身体骨骼，它虽然引起了重视，但是其身份却被很多学者怀疑，被认定为是现代人的病态类型、低能的人，甚至是古代野蛮民族的人的骨骼。不过，后来在欧洲的很多地方都发现了这种和

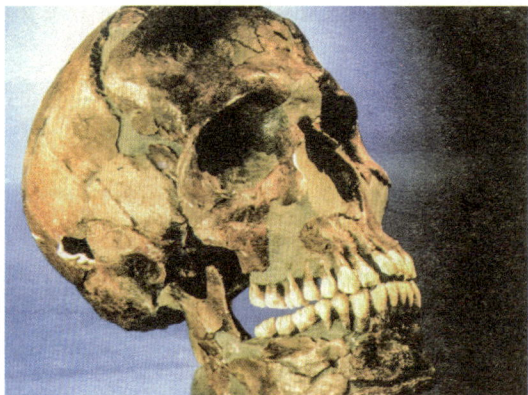

尼安德特人的头盖骨

尼安德特人同类型的化石，这时尼安德特人才终于被认定是直立人和现代人之间的人类化石。1908 年，在法国圣沙拜尔发现的圣沙拜尔人化石进一步巩固了尼安德特人的生物学地位。法国人类学家 M. 布勒对其进行研究后认定，圣沙尔拜人是尼安德特人的典型代表。目前发现年代最早的尼安德特人是在德国发现的斯坦因海姆人和在英国发现的斯旺斯孔布人，前者生活在约 30 万年前到 20 万年前，后者是约 25 万年前。

早期智人的体态特征和现代人已经很接近了，其脑容量高达 1300 毫升到 1750 毫升，甚至略高于现代人的平均值。但是不能据此推断早期智人的智力高于现代人，这应当是他们肌肉发达导致的。不过我们在早期智人的身上还可以看到一些较为原始的特征，比如发达的眉脊、低斜的前额、扁宽的鼻部、前突的颌部等，一般认为早期智人是由直立人演化而来。

大多数早期智人过着穴居的生活，以狩猎为生，有学者认为他们已经学会用兽皮御寒，并能够动手构筑隐蔽场所。现在已知的早期智人使用的石制工具有尖状器、刮削器和石刀等。且他们已经懂得如何将死者埋葬，并将陪葬品放进去。

早期智人如何向下一个阶段发展？这个问题现在在科学界还存在争议。有的学者将斯坦因海姆人和斯旺斯孔布人等划分出来，认定他们身上体现着一些比其他早期智人更加进步的特征，所以认定他们才是现代人的直系祖先，称他们为"进步的尼安德特人"或"前尼安德特人"。而另一些早期智人的族群在玉木冰期时被隔离在西欧地区，发展为特化的、适应寒冷气候的、所谓的"典型的尼安德特人"，比如法国的圣沙拜尔人、费拉西人还有德国的尼安德特人。以上就是所谓的"前尼安德特人说"。还有一种"前智人说"，即现代智人和欧洲尼安德特人的祖先可以追溯到民德－里斯间冰期。这两种学说在追溯玉木冰期的尼安德特人和现代智人的共同祖先时存在时间上的分歧，有早晚之分，不过它们有一点是共同的，那就是欧洲尼安德特人在后来的演化中灭绝了，现代人不是他们的后裔。与此相对的是"单系说"，这种理论认为人类发展是"单线发展"，并没有分出什么分支，直立人发展到尼安德特人，尼安德特人又发展为现代人，所以尼安德特人就是现代人的祖先。

所以，"典型的尼安德特人"的去向也就有了两种说法：按照"单系说"的理论，尼安德特人没有去哪里，而是在原地进化为了晚期智人；而相反的观点则认为，由于较为进步的外来人种的入侵，当地的尼安德特人灭绝了。

大荔人

大荔人是在中国发现的早期智人的典型代表之一。1978 年，在陕西省大荔县发现了一块基本完整的人类头骨化石，生存年代约为 20 万年前到 15 万年前，地质年代为中更新世末期。

这块头骨来自一位男性青年，他既有一些直立人的体态特征，比如粗壮的眉脊、厚实的骨壁；同时还具备一些智人的进步特征，比如相对不突出的吻部、呈圆鳞状的颞骨鳞部等。所以说，大荔人处于直立人和智人的中间。值得注意的是，这块头盖骨化石体现出来的一些特征和蒙古人种相似，比如鼻根处凹陷不深，还有在顶骨和枕骨中间有一块小的三角形骨头，这块小骨在南美印加人种（蒙古人种的一个分支）中出现频率最高，所以在人类学上被称为"印加骨"。北京人的头盖骨里也多次发现印加骨，6 个头盖骨里可能就有 3 个。此外，中国其他地方发现的一些古人化石，比如许家窑人和丁村人的头顶上都有一个缺刻，这很可能意味着它们也具有印加骨。由此可以推断，大荔人和北京人等中国其他早期智人关系颇为密切，而发现于欧洲和西亚的尼安德特人与大荔人、北京人的特征则相去甚远，所以大荔人代表了早期智人的一个新的亚种，即智人大荔亚种。

大荔人遗址还出土了大量打制石器和大量哺乳动物化石，比如古菱齿象、犀、斑鹿、野猪、肿骨鹿等，其中肿骨鹿的出现表明大荔人的生存时代和北京人接近，因为肿骨鹿是北京人遗址中大量发现的动物，颇具代表性。出土的植物化石则以蒿、菊、藜等草本植物和松、柏等木本植物为主，并没有发现阔叶树种。综合动植物化石传达的信息，当年这里的气候应该温和、干燥。

晚期智人

人类发展走到了晚期智人这个阶段，已经是最后一个阶段了。从解剖结构上看，现代人其实也是在晚期智人的范围之内，但是从古人类学角度来说，晚期智人指的是生活在四五万年前到一万年前的化石人类，并不包括现代人。

晚期智人，又称新人、克罗马农人，这是因为现在发现的最早的晚期智人就是在法国发现的克罗马农人，所以使用克罗马农人作为这一阶段的古人类统称。1868 年，在法国多尔多涅区莱塞济附近的克罗马农山洞中发现了古人类骨骼化石，这些化石至少来自 5 个个体，其中 2 个是成年男性，2 个是成年女性，还有 1 个是小孩，保存较好的是 1 个老年个体的骨骼，年龄在 50 岁左右。

除了克罗马农人以外，在其他地方也发现了不少晚期智人的化石。在欧洲，有法国的库姆卡佩尔人、捷克的普雷德莫斯特人；在非洲，有南非的弗洛里斯巴人、边界洞人、克莱西斯河口人，还有坦桑尼亚的加洛巴人、埃塞俄比亚的奥莫人；在亚洲，有中国的山顶洞人、河套人、柳江人等等。晚期智人的体态特征是颅高增大，眉脊减弱，颌部退缩，具有明显的下颌，和现代人没有明显差别。

不过，化石分布非常广泛的晚期智人，已经按地域出现了一些横向差异。比如欧洲发现的克罗马农人、库姆卡佩尔人和普雷德莫斯特人，这些人的体态特征和现代欧洲人的特征非常相似；同时，非洲发现的弗洛里斯巴人、边界洞人等，形态上则明显具有现代黑人的特征；而中国发现的那些晚期智人的代表，脸部较宽，鼻子不高，这些也都是现代蒙古人种的特征。这说明，在晚期智人时期，人类已经形成了现代的三大人种，即蒙古人种、欧罗巴人种和尼格罗人种。

人种的形成和所处的自然环境有关，同时也是历史发展长期影响的结果。在漫长的历史发展中，生活在不同地区的人们逐渐对所处的环境产生了一些适应性变化，这些变化便是人种之间的差异，主要体现在外在的形态特征上，比如肤色、发型、身材比例等。不过外部形态的差异并不能影响各人种内在的特征，比如在解剖结构上，各人种还是基本一致，也没有影响到智力发展，所以说，认为不同的人种之间有优劣之分是十分荒谬的说法。

山顶洞人

山顶洞人是中国晚期智人的代表，发现于周口店遗址里北京人洞穴上方的山顶洞，所以被称为山顶洞人。1933—1934 年，考古学者在这里发现了人类的 3 块头骨化石，还有一些其他骨骼化石，这些化石来自至少 8 个个体。根据放射性碳测定，山顶洞人的生活年代约在 3.4 万年前到 2.7 万年前之间。

现代中国人在体态特征上，和美洲的印第安人以及因纽特人很相似，所以说山顶洞人可能和这几类人的远祖很接近。但是，山顶洞人的低眶、阔鼻这两点和现在的蒙古人种又不一样，不过中国新石器时期的人的眶高和鼻宽程度，

1933 年山顶洞遗址发掘现场

却是介于山顶洞人和现代人中间，这说明山顶洞人和现代人之间很可能存在继承与发展的关系，所以低眶、阔鼻的特征并不影响将山顶洞人定位为原始黄种人的推断。

　　除了古人类化石以外，山顶洞人遗址中还发现了近 50 种哺乳动物的骨骼化石，其中有大量的野兔和北京斑鹿，这可能是当时山顶洞人的主要狩猎对象。其他的动物骨骼还包括落入天然陷阱的熊和虎，还有现在生活在热带地区的猎豹和鸵鸟化石，这说明当时这里的气候要比现在炎热得多。除了哺乳动物的化石，还有不少鱼类的骨骼化石，说明山顶洞人的捕猎范围已经扩展到了水中。

　　鱼类不仅为山顶洞人提供了食物，还提供了制作装饰品的原材料。在山顶洞人遗址里发现了大量的文化遗物，包括石器、骨器、装饰品，还有埋葬遗迹。这里发现的石器并不多，制作也很粗糙，和北京人时的石器差不多。骨器中有一枚骨针最为精致，针身光滑，有一定弯度，一端尖锐，另一端有用别的骨器挖出来的针孔，这表明山顶洞人不仅已经掌握了缝制兽皮衣服御寒的本领，还掌握了制造并使用较细的纤维的本事。虽然石器和骨器不多，但山顶洞人的装饰品却是多姿多彩，包括穿孔的兽牙、海蚶壳、小石珠、小石坠、鲩鱼眼上骨、短的骨管、去除棘突和横突的鱼类脊椎骨等等，装饰品上的孔洞周围多带有红色，可能当时是用红色的带子串起来佩戴，所以染上了红色。装饰品的出现，表明人类已经有了审美的观念，同时表明山顶洞人的劳动生产率已经有了大幅提升，人类吃饱肚子并有了空暇时间，才会去制作并佩戴这些装饰品。这里发现的埋葬遗迹也很值得关注。在山顶洞人的骨架周围散布着红色的赤铁矿石粉末，这些粉末并不是地上本来就有的，而是埋葬的人有意撒在死者周围的。这是山顶洞人有意识的行为，也是人类思想行为上一个了不起的进步。赤铁矿石粉和人的血液同色，可能是当时山顶洞人已经认识到了血液对生命延续的重要作用，希望以此方式提高死者"灵魂"的活力。

美洲、大洋洲的人类足迹

上面提到的早期人类化石遗迹，还有早期的猿类以及从猿到人过渡阶段的遗迹，基本都在非洲、亚洲和欧洲，几乎没有提到美洲以及大洋洲的地方，这样的情况在晚期智人阶段就要画上句号了。随着人类生存能力的提高和生产技术的进步，人类活动范围不断扩大，足迹也已经印在了美洲和大洋洲的土地上。

早在 19 世纪，就有人根据印第安人的神话传说推测，现在美洲最早的居民来自亚洲，他们是从亚洲东北部经白令海峡进入美洲的，随后在这片广袤的土地上扎下根来，越走越远，繁衍生息。现在这一观点已经基本得到了考古学界的认同，但是人类到底是什么时候进入美洲的，现在还有分歧。

人类何时进入美洲要看这里发现的古人类遗迹。20 世纪二三十年代，在美国的南加利福尼亚发现了圣地亚哥人，其生存年代约在 2 万年前。1961 年，在加拿大阿尔伯塔省的塔布尔发现了一个幼儿头骨化石，定年为 4 万年前，这是目前在美洲发现的最古老的人类化石。同时，北美的威斯康星冰期大约在 4 万年前到 3.5 万年前和 2.5 万年前到 1.4 万年前，这两段时间内的海平面要比现在低 100 米左右，所以在亚洲和北美大陆最接近的白令海峡处极有可能存在干燥的、人类可以通过的陆桥，人类很有可能就是在 4 万年前，在追逐猛犸象等大型动物之时，沿着陆桥进入现在的阿拉斯加。不过这种说法还存在争议，有的学者对塔布尔幼儿头骨化石的年代表示怀疑，认为其没有 4 万年那么久远，他们认为美洲最早的居民是在威斯康星冰期的后一段冰期，即 2.5 万年前到 1.4

猛犸象开掘遗址

万年前这一段时期才存在的。

最早的美洲居民来源很明确——亚洲居民从亚洲东北部经白令海峡进入美洲，只是其进入时间存在争议。而最早的澳大利亚居民情况正好相反——年代没有太多争议，但来源说法不一。

20世纪六七十年代，在澳大利亚的新南威尔士西部干涸的蒙戈湖附近发现的两具人类骨骼化石定年为3.8万年前。与此年代接近的还有1940年在澳大利亚墨尔本以北的凯洛地区发现的凯洛人，这是一块男性的头骨化石，定年为3万年前。这是迄今为止，在大洋洲发现的年代最为久远的古人类化石。现在一般通行的说法是，澳大利亚的最早居民是在5万年前，甚至更早的年代就来到了澳大利亚。那么他们是从哪里来的呢？这个问题存在争议。有人根据凯洛人的头骨和中国的柳江人头骨相似这一点，推测他们是从中国华南地区而来；还有人认为爪哇直立人的后裔才是最早的澳大利亚居民，因为当时的海平面要比现在低，从新几内亚到澳大利亚可以畅通无阻。不过，不管是从中国华南地区迁过来，还是从东南亚的爪哇迁过来，到澳大利亚和新几内亚都需要跨过大海的阻拦，所以大洋洲最早的居民可能是世界上最早的航海者。

02

旧石器时代的发展

石头，这种纯天然的材料因为其数量丰富、质地坚硬而成为人类最早的工具。人们也因此将人类发展早期、主要使用石器的时代称为"石器时代"。根据生产技术水平发展的不同，石器时代又可以分为旧石器时代和新石器时代，中间还有一个过渡的中石器时代。旧石器时代在地质年代上属于更新世，又可分为早期、中期、晚期三个阶段。

生产技术的发展

　　石器时代，顾名思义就是以使用石器为标志的时代。从最早的单一简陋的砍砸器，到后期石刀、石矛甚至是磨制石器，在漫长的岁月里，人类使用石器的技术也有了很大的进步。另外，在这一时期，人类还掌握了火的使用，这可是人类发展历史上具有里程碑意义的大事件。

石器技术

　　人类在旧石器时代使用石器的技术发展情况，可以按照旧石器时代的三个阶段分别来看。

　　旧石器时代早期，大致相当于最早的人属和直立人的阶段，时间段是从最早的石器出现到二三十万年前。已知世界上最早的石器发现于非洲的埃塞俄比亚，年代大约是 270 万年前到 250 万年前，虽然现在还没有发现实物，但一般认为最早的石器出现得应当比这个年份要早，甚至是在 300 万年以前。最早的石器只是简单的砍砸器，制作起来异常简单，只需在石块的一端打出几个锋利的缺口就可以了。除了砍砸器以外，还有一些没有固定形状的石片，这种石片在非洲的埃塞俄比亚、坦桑尼亚、肯尼亚等地都有发现。这些工具虽然还很粗糙，但是足以胜任砸碎坚果的外壳、切割植物的根茎或者肉类的工作了。

　　到了直立人阶段，人类制造石器的技术有了一定进步。在北京周口店北京人遗址里发现的大量石器表明，当时的人类已经懂得对不同的石材采用不同的加工方法了，同时石器的基本类型，比如砍砸器、切削器、尖状器的分化也已经初见苗头。在欧洲，直立人使用的典型石器是扁桃形的"手斧"，这种工具

旧石器时代的人类使用的石器

在法国的阿舍利文化遗址等地都有发现。这种手斧一端尖锐一端厚钝，尖锐的一端可以用来切割、挖掘，厚钝的一端可以用来砍砸也可以投掷出去打击野兽，所以也有人将手斧称为"万能工具"。

　　旧石器时代中期，相当于早期智人阶段，时间段大约在二三十万年前到四五万年前。这一时期人类使用的石器更加规整，样式也多了一些，制造石器的技术也有一定进步，出现了利用石砧打制石器的方法。在欧洲，莫斯特文化里的小型尖状器还有刮削器是这一时期石器的典型代表；而在中国丁村文化中，大型的砍砸器是主流。在莫斯特文化遗迹中曾发现一枚骨针，证明当时的人类已经学会缝制皮衣蔽体。

　　旧石器时代晚期，相当于晚期智人阶段，时间段大约在四五万年前到1.5万年前。这一时期的石器制作技术又有了新发展，人类已经掌握了用压削或琢削的方式制造狭长的石片，然后再将这种石片加工成别的石器，这一时期有大量石器都是用这种石片制成的，比如端刮器、雕刻器、石矛、石刀等。这一时

期还出现了磨制石器的方法，不过仅限于磨制锋刃部，而且数量较少。出土于
澳大利亚阿南姆兰半岛的磨制石斧，年代约为 2.2 万年前，是目前世界上最早
的磨制石斧。

火的使用

人类对火的最早认识应该是"天火"，就是雷电击中山林树木后引发的大
火。对于火的感觉，古人类在思想上经历了从恐惧到认识再到使用的发展过程。
火山爆发、电闪雷击引发森林起火，熊熊燃烧的火焰、炙热的温度、吞没一切
的气势都让原始人害怕不已，这时的他们和野兽一样，都是很怕火的。但是，
在漫长的岁月中，在和恶劣的自然环境做斗争的过程中，原始人开始逐渐发现
了火的一些好处。比如待在火的附近会比较暖和，被火烧死的野兽可以充饥，
而且烧死的野兽比自己打死的野兽要好吃得多。就这样，他们开始摸索着使用
火，比如把燃烧着的树枝带回山洞，用火来驱赶寒冷还有那些厉害的野兽。而
这还只是利用自然火的初级阶段。

后来，在长期的劳动过程中，原始人发现用石头相互敲击可以产生火星，
火星可以点燃干草树枝之类的东西，钻木、刮木也会产生热量，直至冒烟起火。
渐渐地，他们终于掌握了人工取火的方法，就这样，人类开始从利用自然火过
渡到人工取火的阶段。

在旧石器时代早期，人类已经学会了用火。现在已知的年代最为久远的用
火遗迹在非洲肯尼亚的切萨瓦尼亚，这里发现了 40 块烧过的黏土小碎块，可
能是篝火的遗迹，年代大约在 142 万年前。法国马赛附近的埃斯卡尔洞穴里有
欧洲最早的用火遗迹，年代大约在 75 万年以前。中国的北京人遗址中甚至发
现了厚达 6 米的灰层，这证明当时的火种长期保存已不是问题。

人类掌握了火这一超凡力量，对自身的发展起到了莫大的作用。恩格斯曾
说道："摩擦生火第一次使人支配了一种自然力，从而最终把人同动物界分开。"
首先，火可以用来抵御寒冷，这提高了人类同寒冷的气候作斗争的能力，至
此，人类可以在结冰线以北的地区生活，活动范围明显扩大。其次，火可以用
来照明，可以将潮湿的东西烘干，可以将冰块融化，还可以驱散野兽，使人类
对抗猛兽又多了一种有力的武器。第三，火可以将食物变熟，熟食不仅味道比
生食好，火的加热作用使蛋白质变性也大大提高了食物的营养价值，并且缩短

了消化时间，高温加工还能杀死食物中的病菌和寄生虫，促进大脑和体质的发展。

社会结构的初步形成

> 人是一种社会化的动物，从最初和猿群没什么两样，到现在高度发达、复杂的人类社会，人类经过了一个漫长的发展过程，而这一过程的起点是在旧石器时代的中早期。

人类的第一个社会组织形式——血缘家族

人类从猿类发展而来，从猿类到人类是一个集体行动的过程，通俗来说，猿类发展成人类，是一群一群发展的，而不是一个一个发展的。这个最初的组织——群，是正在形成的人的集团，是从猿群到人类社会之间的一种过渡形式，它继承了动物群落内部的杂乱无序的性关系，但还谈不上什么婚姻关系。

完全的人类出现的同时社会也出现了，人类社会最早的组织形式是血缘家族。在血缘家族内部，所有的同辈异性，就是所有的兄弟姐妹之间能够互为夫妻，可以说他们彼此之间存在着一种为人妻或为人夫的权利和义务，这种婚姻形式被称为"血缘婚"。但是在隔辈之间就排除了这种权利和义务，性关系的发生有了辈分上的限制，和原始族群毫无限制的杂交相比，这已经是一种相当大的进步了。马克思曾经说过："血缘家族是第一个'社会组织形式'。"血缘家族是早期人类从原始群乱婚状态中解放出来的组织形式和进化形式。

一个血缘家族就是一个集体，一个公社。在血缘家族内部，人人参与劳动，共同分配，地位平等。不过由于当时生产力低下，人类经常食不果腹，所以这样的群落规模不会很大，大概只有几十人。再加上为了寻找食物，他们不得不四处游荡，居无定所，所以不同的血缘家族之间未必会有什么联系。

血缘家族存在了很长时间，大概包括了整个旧石器时代的早期和中期，直到旧石器时代晚期才进入氏族制度阶段。

母系氏族的出现

在旧石器时代晚期，人类历史进入了氏族制度阶段，而最早的氏族制度就是母系氏族。

人类形成氏族制度社会需要一定的条件，首先就是生产力的发展。当时的人类无论是采集、狩猎还是渔猎的水平都有了很大提高，食物多了，也就不用东游西逛地寻找食物了，人类就过上了定居的生活，这为不同的血缘家族之间发生联系提供了条件，也是氏族制度形成的基础。同时，人类在漫长的历史中逐步认识到了近亲通婚的害处，所以渐渐地从血缘婚转向了族外群婚。族外群婚，其高级形式称为普那路亚婚，它和血缘婚一样禁止异辈通婚，同时比血缘婚更进步的是它还禁止了集团内兄弟姐妹之间的通婚。当然，这个过程不是一朝一夕形成的，而是逐步实现的。首先被禁止的是亲兄弟姐妹之间的通婚，然后是从兄弟姐妹之间的通婚，一直到一切兄弟姐妹之间，甚至是母方最远的旁系亲属之间都不允许通婚的时候，一个确定的、任何成员之间都不能通婚的女系血缘集团就形成了，这就是氏族。由此可见，族外婚和氏族是同时形成的，因为氏族内既然不能通婚，那么只能到别的氏族中去寻找，这样也就有了族外婚。相互通婚的氏族就组成了部落。

人类最初的氏族制度之所以是母系氏族，是在特定的条件下形成的。首先，群婚的婚姻状态下，子女跟随母亲，所以任何人都只知其母不知其父，世系也只能按照母系排算。同时，在当时的生产劳动分工中，青壮年男子负责狩猎、捕鱼和防御野兽等任务，妇女则负责采集食物、烧烤食品、缝制衣服、养育老幼等相对繁重的任务，而老人和小孩从事辅助性的劳动。这样看来，妇女从事的任务比男子的更加稳定，是可靠的生活来源，而妇女的存在又对群落的生育繁衍有着重要的意义，所以形成以妇女为中心的母系氏族也就不奇怪了。在不少旧石器时代晚期的遗址中都发现了妇女的小雕像，这也从一个侧面证明了当时的女性在社会生活和社会观念中的重要地位。另外，民族学的资料证明，大部分父系氏族社会中都可以发现母系氏族的残存痕迹，相反，在所有的母系氏

与半坡人合影

半坡遗址是新石器时代仰韶文化聚落遗址，是典型的母系氏族聚落遗址。该场景由西安半坡博物馆复原。

族社会中却都没有发现父系氏族的痕迹，这说明母系氏族的产生必然在父系氏族之前。

　　母系氏族是旧石器时代晚期最基本的社会细胞，人们从事生产劳动都是以氏族内部集体协作的方式进行的，劳动果实也为氏族全体成员所共同拥有。可以说，食物的平均分配是当时社会关系维系的基础。

03

新石器时代的发展

旧石器时代和新石器时代的中间有一个过渡阶段，称为中石器时代。世界各地进入和结束中石器时代的时间并不一致，最早的大概是在 1.5 万年前。中石器时代最主要的标志是弓箭的发明，这种武器相对于之前的投掷性武器来说是非常大的进步，它射程远、精度高，又便于携带，大大提高了人类狩猎的成功率，弓箭的发明堪称原始社会生产力发展的一次飞跃。中石器时代之后便是新石器时代，和中石器时代一样，世界各地进入新石器时代的时间也不一样，大体上来说是在八九千年以前。

生产技术的变革

　　新石器时代是生产力大大发展的时代。农业、畜牧业的产生，尤其是前者，堪称人类发展史上的一次巨大革命，称其为农业革命甚至新石器革命也不为过。陶器的发明、金属的冶炼等其他生产技术上的进步，也一同创造了新石器时代的辉煌。

农业的产生

　　某些植物的果实或其他可食用部位是原始人类的主要食物来源之一，不过在农业出现以前，能否有植物食用很大程度上要看运气。在漫长的劳动实践过程中，通过观察，人类渐渐发现了一些植物的生长规律，同时也掌握了栽培它们的技术。就这样，在采集经济的基础上，世界各地的人们各自独立地发明了农业。因为各地气候、地理环境的不同，最早的农业所栽培的作物也有所不同。

　　世界上最早的农耕中心有三个地区，分别是西亚、东亚和南亚，还有中南美洲。

　　西亚的扎格罗斯山区、小亚细亚半岛南部以及东地中海沿岸的约旦、巴勒斯坦、黎巴嫩等地是世界上最早的农业发源地，大麦、小麦、小扁豆等农作物的原产地就在这里。科学家们通过在伊朗西部的阿里库什、盖·达勒，伊拉克的耶莫，土耳其的恰约尼，还有巴勒斯坦的耶利哥等遗址进行的研究，发现早在公元前 8000 年，生活在这里的人们就开始从事原始的农业工作，并驯化了动物。

　　东亚和南亚的农业中心在中国、印度和泰国。中国的黄河中上游、长江中下游很早就开始种植粟和水稻。在中国河北的磁山遗址里发现了堆积小米的灰层，年代属于公元前 5300 年左右。公元前 4900 年，居住在长江中下游的浙江河姆渡的居民已经开始种植水稻。公元前 4500 年，古印度人也开始种植水稻。公元前 7000 年，住在今天泰国北部的居民已经开始种植豆类、葫芦、黄瓜等作物，他们开始种植水稻的年代不会晚于公元前 3500 年。

早期农业的另一中心主要是在中南美洲的墨西哥、秘鲁和玻利维亚，主要作物是玉米、豆类、马铃薯等，这里是它们的原产地。

现代农业的很多主要农作物，在新石器时代就已经出现了，在不同的地区由不同的人们种植着。不过，诞生初期的农业从技术手段的层面上看，还很落后。最早的农具是一根一头削尖的木棒，后来出现了木锄、骨锄和石锄。耕种的第一步是放火，将一块土地上的荆棘野草烧光，然后用简陋无比的工具掘松土地，再将种子撒到里面盖上土，最后就任其生长、听天由命了。正因为耕种水平如此落后，一个氏族的耕种活动必须要集合所有人一起劳动才能完成。所以在农耕早期阶段，采集、狩猎在人类的生活中还占有一定的地位，因为仅靠着当时的农作物想要填饱所有人的肚子是不现实的。

新石器时代的农具

畜牧业的产生

原始的畜牧业脱胎于狩猎活动。当原始人类偶然一次捕猎到了较多的、一次性吃不了的猎物时，便将多余的猎物暂时养起来留到以后吃，这便是畜牧业的萌芽。早在中石器时代或者更早的时候，人们就已开始驯养与人类生活关系较密切的某些小动物。最早为人类所驯化成家畜的动物是绵羊和狗。伊拉克的扎维凯米－沙尼达尔遗址发现的材料表明，早在公元前 9000 年到公元前 8500 年，住在这里的人们就已经开始驯养绵羊和山羊了，不过从骨骼形态上看，这时人类驯养的绵羊和野生绵羊并没有多大区别，可能是因为驯养时间还不长。此外，在伊拉克的帕勒高拉洞穴遗址内发现了家犬的骨骼化石，年代大约为1.2 万年前。

不过，这些都还只是畜牧业的雏形，真正的畜牧业出现在新石器时代，是随着人类的居有定所和耕种农业的出现而出现的。

世界不同地区的居民们在不同的自然环境和劳动实践当中，将几种不同的动物驯化成了家畜。在伊朗西部的阿里库什等遗址里发现了公元前 7000 年左右的绵羊和山羊骨骼化石；与此同时，在西亚、欧洲等地区则是将野猪驯化成家畜，恰约尼遗址是截至目前发现的最早的养猪的地方；除了猪外，西亚和希腊也是最早养牛的地方。公元前 5000 年，中国河姆渡地区的居民也已经驯养猪、狗等家畜。和这些家畜相比，马的驯化历史要短一些。世界上最早养马的地方是乌克兰草原，时间是公元前 4000 年。南美的印第安人则是将两种南美特有的动物驯化成了家畜：骆马和羊驼。

农业革命的影响

以农业、畜牧业的产生为标志的新石器时代的农业革命意义十分重大。

首先，农业革命促使人类社会经济发生了根本性的转变，即从旧石器时代的以狩猎、采集为主的攫取性经济，转变为以农业、畜牧业为基础的生产性经济。在这一转变当中，人类的角色也有了转变——从食物的采集者转变为食物的生产者。这一转变的影响是巨大的，它标志着人类对自然界认识的一个质的飞跃，即从旧石器时代的依靠自然、适应自然转变为利用自然、改造自然。同时，从事农业和畜牧业要求人们对自然界的认识要提高到一个新的层次，有了高级、深刻的认识，才能更好地利用并改造自然，为自己服务，所以人们开始对自然界进行观察，包括日月星辰的活动、水土的特点、气候现象等等。就这样，人类最早的天文、地理、数学等科学知识产生了，人类对客观世界的认识也达到了一个新的高度。

其次，农业革命使人类的生活方式发生了根本性的转变。农业生产需要春种、夏长、秋收、冬藏，一年四季周而复始，所以人们需要长时间住在一个地方，这样才方便从事农业活动。因此，人类的生活方式从旧石器时代的迁徙生活，逐步转变为了定居生活。

最后，农业革命为以后一系列的社会大变革奠定了坚实的物质基础，可以说，没有农业、畜牧业的产生，便不会有后来的社会变革。在原来的采集、狩猎经济下，人们经常过着食不果腹的生活，即便哪天运气好，收获了较多的食物，也只是一顿吃饱，无法长期储存。农业和畜牧业出现以后，人类才获得比较稳定也比较丰富的食物来源，从数量上说，这是人类第一次可以长期稳定地获得超出维持劳动力所需的食物，还可以长期储存，这就刺激了人口的增长。同时，既然从农业、畜牧业上获得的食物超过了维持现有劳动力的需要，也就是说一个人从事农业生产获得的食物足以养活两个人甚至更多人，这样就可以使一部分人从维持生存的劳动生产中脱离出来，去从事其他的活动，这样就产生了社会分工，也就有了物品交换。

由于农业革命的出现，人口数量在新石器时代有了较大的增长，和旧石器时代相比，人类族群的规模扩大了很多，历史上第一次出现了面积较大的、有一定布局的村落，且数量还不少。

陶器、磨制石器和玉器的应用

新石器时代的璀璨点不仅在于农业和畜牧业的产生，人类在工具制造上也取得了很大的进步。陶器和磨制石器的广泛应用便是制造工具水平大大提高的标志。在考古学上，通常将农业和畜牧业的产生、陶器的使用和磨制石器的流行作为新石器时代的标志，然而在希腊和西亚的某些地区，虽然很早就出现了早期农业和畜牧业，但是并没有制造、使用陶器，于是这一时期便被称为前陶新石器时代，或者无陶新石器时代，也属于新石器时代。

早在新石器时代之前，世界上个别地区的人们就已经学会了制陶。随着农业革命的产生和人类开始过上定居的生活，作为炊器和容器的陶器开始大规模走入人们的生活，发挥着不可替代的作用。

大约在公元前 6000 年，陶器已经在西亚地区得到了普遍的应用。差不多同一时代，欧洲的希腊、多瑙河中游地区也已经用上了陶器，多瑙河中游的线纹陶文化以圆底线形刻纹陶器而著名。东亚地区也没有落后，在大约公元前

6000 年到公元前 5000 年的裴李岗文化、磁山文化和大地湾文化中都有使用陶器的痕迹。在东南亚地区的泰国古遗址发现的手制绳纹陶片，是这一地区发现的最早的使用陶器的证明。相对来说，美洲使用陶器的年代要晚一些，大约在公元前 3000 年到公元前 2500 年，哥伦比亚、厄瓜多尔等地才开始制造、使用陶器。

　　陶器的制作经历了一个从简单粗糙到复杂精美的过程。早期的陶器用手制，将黏土做成陶坯以后焙烧一下就完成了，这样制造出来的陶器质地疏松，器型、颜色都比较单一，很少有纹饰。后来，手制发展为轮制，还出现了彩陶，上面有各种图案纹饰，器型也趋向美观。陶器的发明和广泛应用，促进了农业生产的发展，维持了人类定居生活的稳定。

　　与陶器并列为新石器时代技术发展标志的还有磨制石器和玉器。新石器时代的人们大量使用着打制磨光的石刀、石斧、石槌、石镰、石磨、石箭头、石矛头等，它们的器面较光滑，刃部锋利，使用起来自然要比早年的粗制石器好用得多。由于石器工具的广泛使用，以及琢、磨、钻、刻等制作工艺的日趋进步，足以打磨质地坚硬的玉，新石器时代出现大量玉器遗存。其中，良渚文化是新石器时代玉器的重要代表，以其多样的玉器种类著称，包括玉琮、玉璧、玉钺等。

玉琮

这件玉琮由碧玉制成，内圆外方，上大下小，中有穿孔，共 19 节，是目前国内所见最高的玉琮。玉琮是新石器时代良渚文化最重要的一种礼器。

祭祀陶碗
出土于伊朗南部巴昆遗址的彩陶碗，
现存于大英博物馆。

金属的冶炼

在新石器时代晚期，人类就已经开始使用金属。早期应用金属可以分为三个阶段。

第一阶段，人类利用的只是以纯粹形式存在于自然界的物质，也就是天然金属。在恰约尼遗址层发现过钻孔珠、扩孔锥、别针等物，都是用铜矿石直接打制的，年代约为公元前 7500 年，这是迄今为止发现的最早的铜器。

第二阶段，人们在劳动实践中学会了冶炼铜矿石。公元前 5000 年，西亚的居民开始用铜矿石炼铜，这样炼出来的铜是纯铜，又称红铜，不过其质地柔软，所制成的工具还没有石器坚硬，所以还没有取代石器的地位。这一阶段是金属工具和石器并用的时期，所以称为"金石并用时代"，又称"铜石并用时代"。大约在公元前 3000 年，人们发明了青铜，青铜是铜和锡的合金，熔点比红铜低，而硬度却是红铜的近 5 倍，所以不管是从锻制难度还是实用价值来看，青铜都远胜红铜。此后相当长的一段时间里，青铜成为制造各种工具、武器、装饰品的主要材料，真正的金属时代也是从青铜器的出现开始的。世界上最早进入青铜时代的是两河流域和埃及等地。

最后一阶段是人类进入了铁器时代。人类很早就认识了铁这种金属，早在利用天然金属的时候就有铁的踪迹，大约在公元前 4000 年的埃及和两河流域就已经拥有了镶在金子上的陨铁珠子。后来，人们也偶尔提炼磁铁矿，不过早期铁并没有像铜那样被广泛应用，因为这种铁数量极少，而且只能做装饰品。有学者认为，当时出现的铁是冶炼铜的副产品，毕竟在当时的冶铁技术水平下大规模炼铁是不可能的。所以，当时的铁是一种非常珍贵稀有的金属，甚至比黄金还要珍贵。

　　世界上最早发明冶铁技术的，是两河流域北部的米坦尼王国，时间大约在公元前1400年。公元前1370年，赫梯人征服了米坦尼王国，同时也掌握了冶铁技术，之后便垄断、封锁这项技术达200年之久。后来，冶铁术才逐渐传入到两河流域和埃及。欧洲的铁器时代大约从公元前1000年开始。中国人在商代的中后期对铁已经有了初步的认识，在藁城台西商代遗址和平谷刘家河商代墓中发现的铜钺，刃部就为陨铁锻制。但是中国掌握冶铁技术并开始使用铁器，已经是在春秋时代的中晚期以后了。

　　从天然金属到实用价值和石器差不多的红铜，从青铜的大规模应用、取代了石器和红铜，再到更先进、更实用的铁的应用，人类使用金属的历史经历了一个漫长的、不断进步的发展过程。而生产力的大幅进步，也刺激了社会其他方面的进步和发展。金石并用时代，原始社会开始解体，阶级社会开始出现萌芽。不过由于世界各地自然环境和条件的不同，发展水平和历史轨迹也不一样，所以原始社会解体、进入阶级社会的时间也就有先有后。先行一步的是两河流域、埃及还有中南美洲地区，这些地区在金石并用时代氏族制度就已经解体，国家开始出现。而中国、印度还有希腊爱琴海地区则是在青铜时代才开始阶级社会，而罗马还有世界的其他大部分地区则要等到铁器时代才开始进入文明社会。

铜斧

两次社会大分工

人类掌握了冶炼金属等本领，劳动生产能力大幅提升，从农业的层面上看，耕地原来是锄耕，现在是犁耕，从使用木犁或石犁到使用金属犁，人类生产能力和改造自然的能力显著提高。在一些自然条件适合耕种农业的地区就产生了专门从事耕种农业活动的部落；在一些自然条件适合畜牧业的地方，比如山区、草原等地，也就出现了专门放牧饲养畜群的游牧部落。这样，在铜石并用时代或青铜时代，人类历史上第一次社会大分工就发生了——游牧部落从其余的野蛮人群中分离出来。

前面提到过，生产力发展带来的劳动成果日益丰富，已经超出了维持本部落人口所必需的食物总量，不管是在农业部落，还是在游牧部落，都是如此。因此，部落内部也就出现了剩余产品和积累。出于生产生活的需要，农业部落和游牧部落间也就开始了剩余产品的交换，比如游牧部落用牲畜、肉类、兽皮去交换农业部落的谷物和农副产品等。事实上，产品交换不是这时候才出现的，在很早之前就有，不过那时候是偶然性的。那时候生产力没有这时候发达，没有多少剩余产品可以拿出来交换，又不存在社会层面上的大分工，所以并不存在经常性的产品交换，即便偶然发生，多数还带有氏族之间相互馈赠的性质。

这时候生产力发展到了一定的高度，社会大分工已经出现，所以经常性的产品交换的出现也就是顺理成章的了。最初的交换形式是以物换物，通常是由部落的首长做代表出面交换，久而久之，出面负责交换的人就很有可能借着机会将"公共财产"据为己有，也就有了私有财产，这最早出现在游牧部落。

第一次社会大分工的出现和产品交换的繁荣不仅促进了手工业的发展，同时也促成了第二次社会大分工的出现。人类开始定居生活以后，渐渐掌握了纺织、制砖、制陶、建屋等工业技能，但是这时候还只是手工业活动，手工业还没有单独成为一个行业，它还和农业结合在一起。随着农业、畜牧业的日益进步，人类定居生活的逐渐稳定，手工业活动也在不断发展，出现了不少以前未有过的活动，比如酿酒、榨油等。尤其是人类开始使用金属以后，金属的冶炼和金属器、金属工具、金属武器等物品的加工制作都需要专门的技术和设备，这么多的活动由一个人承担，同时再肩负耕种的任务，是不现实的。于是，在青铜时代或铁器时代，第二次社会大分工产生了——手工业从农业中独立出来。

产品的交换在第二次社会大分工之后也有了新的发展。之前的产品交换是部落和部落之间的交换，以部落首领为代表进行交换，后来则出现了个人和个人之间的交换，交换的前提是都有剩余的劳动产品。在第二次社会大分工之后，情况又有了一些变化——以交换为目的的生产出现了。简单地说，拿出来和别人交换的产品不是自己吃穿用之后剩下的，而是本来就抱着去和别人交换的目的而生产的，这样的产品有了一个别名：商品。同时，单个生产者之间的交换在社会上也更为频繁，于是，个人之间的交换逐渐占据了优势，并最终成为唯一的交换形式。

父系氏族社会的发展

生产力的发展是社会一切变革的基础。新石器时代，人类生产力大踏步前进，不仅促进了农业、畜牧业、社会大分工、产品交换等新生事物的出现，也对人类的社会关系发展产生了影响。旧石器时代人类的群婚、母系氏族制度等形式在新石器时代也发生了根本性的转变。

对偶婚的出现与母系氏族向父系氏族的转变

新石器时代是母系氏族制度繁荣发展直至鼎盛的阶段，氏族人口不断增加，原有的通婚制度——族外群婚已经满足不了时代的需要，于是一种新的形式——对偶婚开始出现。对偶婚由一对相对确定的男女组成，但是关系并不牢固，随时可能解体。一对对偶婚男女并不构成经济或者生活单位，当时社会的基本细胞还是母系氏族，对偶婚的男女所生的孩子也随着母亲居住。

对偶婚的发展经历了几个阶段。最早的对偶婚男女并不居住在一起，而是各自居住在自己母亲的氏族内，婚姻的表现形式是丈夫到妻子家拜访，称为

"望门居"。后来，对偶婚这种形式渐渐固定了下来，丈夫开始迁到妻子的氏族内居住，称为"从妇居"。

在第一次社会大分工之后，母系氏族开始向父系氏族转变，促成这一转变的是生产力的发展。在生产力水平极其低下的采集、狩猎经济时代，唯一的社会分工是按性别来分的，即男子负责狩猎，女子负责采集，而女子的劳动成果相对稳定，对维持生活来说是一个较为可靠的保障，所以女子地位高，也就形成了女子占主导地位的母系氏族。进入新石器时代以来，农业、畜牧业繁荣发展，而从事农业、畜牧业都需要相对强壮的体格，因此男子在农业和畜牧业上占据了主导地位，女子从事的家务劳动等工作与之对比起来就显得无足轻重。就这样，地位的天平开始向男子一方倾斜。

从母权制向父权制的转变，是通过新的婚姻和家族形式实现的。"从妇居"这种男卑女尊的婚姻形式，和男子逐步提高并最终掌握主导权的地位之间的矛盾已经不可调和，男子们迫切要求获得与自己的经济地位相称的社会地位，他们想将妻子带回自己的氏族居住，好让子女继承自己的财产。就这样，对偶婚的"从妇居"逐渐转变为"从夫居"。家事的发展要求夫妻间的结合持续而稳定，因此，不太稳定的对偶婚逐步过渡为稳定的一夫一妻婚。

事实上，发生转变的不只是夫妻之间的关系，还有氏族内部的关系。原有的母系氏族制度被推翻，取而代之的是父系氏族制度，家属及亲属从原来的按母系计算改为按父系计算，财产按父系继承，一个氏族的首领也从年长的妇女转为年长的男子。不过，从母系氏族到父系氏族的转变是一个漫长而又复杂的过程，在这一过程中，并不是所有母系氏族制度的东西都被清除掉了，还有一部分残余在很长一段时间里被保存了下来。

父系社会的基本细胞是家长制的大家族，或者叫作家庭公社。家庭公社的成员包括一个父亲所生的几代子孙，还有他们的妻子儿女，大家生活在一起共同从事生产劳动。家庭公社的首领是一位成年男子，他们是生产的领导者和组织者。几个这样的家庭公社组成一个父系氏族。土地虽然仍归氏族所有，但是耕地已分配给各个家庭公社使用，氏族的首领自然也由男子担任。自此，男人开始在社会上居于统治地位，男女不再平等，女子逐渐沦为父权制下家族中料理家事的、不自由的劳动力，甚至是奴婢。

私有制和阶级的形成

生产力的发展催生了私有制的产生。在原始社会，单靠狩猎、采集过活的人们填饱肚子都勉强，根本谈不上有什么剩余的东西，也就谈不上私有财产，那时候的人类心中压根没有"私有"这个概念。大家一起劳动获得的食物等东西，当然是大家一起所有。然而，随着农业革命的发生，这样的情况发生了转变。生产力提高了，人们的劳动产品有了剩余，这就为私有制的产生创造了条件。

生产力的发展还改变了人们的劳动方式。原来都是氏族内部男女老少齐上阵，还不一定能获得果腹的食物，而现在无论是农业还是畜牧业，只需要少数几个人就能生产出足够的生活资料，不仅如此，还有剩余。所以人们逐渐开始以家庭为单位进行生产劳动，渐渐一些一夫一妻制的家庭就从家庭公社中分离了出来。个体劳动要求个体所有，所以最先成为各个家庭私有财产的就是生产工具、牲畜、农产品等动产，后来一部分土地也成了家庭的私有财产。而那些家庭公社的首领们往往会凭借自己掌管公共财产的便利条件，或者利用对外交换产品的机会，将其中一部分据为已有。

原始社会的生活图景

私有制的出现催生了阶级的产生。从事家庭个体劳动的人们为了减轻自己的劳动量，同时生产出更多的剩余产品，就需要更多的劳动力，但到哪里去寻找更多的劳动力呢？俘虏就成了天然的来源。于是，人们不再杀死抓到的战俘，而是将他们变成自己的奴隶。就这样，社会第一次大分工的同时也产生了社会第一次大分裂——社会上的人们开始分成了奴隶主和奴隶、剥削者和被剥削者两大阶级。最初的时候，奴隶只是主人生产时的助手，属于集体财产，地位待遇和主人相比差得不多。但随着生产力的发展，人的劳动力价值逐步提高，奴隶劳动在生产中的地位也逐步提高，所以主人对奴隶的剥削和奴役也就越来越重，奴隶开始成群地被赶到田野和工场中去劳动，奴隶制度俨然已经成为社会制度中的一个基本组成部分。

私有制的出现也使氏族内部成员之间出现了贫富分化。原来人人都没有自己的财产，东西都是大家的，所以没有什么贫富之分。现在个人有了自己的财产，有的人财产多，有的人财产少，就出现了穷人和富人的差别。个别家族利用种种优势占有较好的或者较多的土地、奴隶、牲畜，成为氏族内部所谓的"名门""大户"，同时他们往往还进一步攫取了氏族内部的管理权力，氏族贵族就此产生。

与少数人成为富人、贵族相比，大部分人没有富裕起来，甚至开始破产。私有制的发展使氏族内部的血缘纽带越来越松弛，一些破产的家庭或者是专门从事手工业、商业的家庭从氏族中迁出来，和没有血缘关系的氏族、部落杂居在一起。氏族对没有血缘关系的家庭也没有什么排斥的心理，大家杂居在一起的原因也逐渐和血缘脱离了关系。就这样，以血缘关系为基础的父系氏族逐渐解体，以地域关系为基础的农村公社开始形成。农村公社是一种新的社会组织形式，它是公有制的氏族社会向私有制的阶级社会过渡的一种形式，因此具有双重性。一方面，每个家庭都有自己的私有财产，比如房屋、牲畜、农具等；另一方面，耕地还是公有的，只不过是定期分配给各家庭使用。后来，随着公有制被进一步破坏，农村公社这种过渡形式也就解体了。不过在某些落后地区还是可以看到部分农村公社残留的痕迹。

国家的产生

国家的产生标志着原始社会的终结，它是私有制产生后阶级矛盾激化的产物。

在父系氏族社会末期，私有制不断发展，穷人和富人、奴隶和奴隶主之间斗争不断，矛盾逐渐不可调和。手握既得利益的奴隶主贵族当然不愿意放弃地位、财富，他们对待反抗的奴隶和群众唯有暴力镇压。就这样，统治人民的暴力工具——国家诞生了。

国家的产生是一个渐进的过程，它的"底本"大概是原来氏族部落的议事机关。私有制的产生和奴隶制度的出现使掠夺邻近部落的财富成为一件极其有利可图的事情，所以部落之间的战争成了家常便饭。一些相互有姻亲关系的部落为了抵御其他部落的侵犯，或者为了共同掠夺其他部落，就联起手来结成部落联盟。部落联盟虽然保留了氏族的民主传统，但增加了新的军事因素，其管理机构称为军事民主制。联盟需要一个统一的权力机关来协调行动，这个机关往往由三部分组成，分别是人民大会、议事会和军事首领。人民大会权力最大，不过参加成员不是全族的男女老少，而是武装的战士，基本就是成年男子；参加议事会的都是各氏族部落的首领，本质上就是贵族会议；军事首领则是共选出来的、受到众人尊敬的能征善战的人。

最开始的时候，人民大会还能起到一定的作用，不过以掠夺为目的的战争加速了私有财产的积累和贫富的分化，军事首领和贵族们的权力越来越大，人民大会则逐渐被边缘化，直到无足轻重。此时，原有的氏族制度已经走到了崩溃的边缘。联盟对外发动掠夺战争获得大量财富，这些财富首先落到了军事首领、贵族等氏族内部的上层分子手中，最后到下层时已是所剩无几。而上层分子通过掠夺战争大量获利，自然热衷继续掠夺，便驱使全联盟成员为自己一小部分人的利益而战斗，这样贫富差距进一步拉大，上层和下层的矛盾也在进一步激化。面对社会分裂为阶级，以及阶级斗争的不断激化，没有任何强制手段的氏族制度已是无能为力。此时已经过时的氏族制度必将被一个新的制度所取代，这个新的制度需要有一个强制机关，一个能调节阶级之间冲突的机关，这就是国家。

以军事首领和氏族贵族为代表的奴隶主阶级最终攫取了全部权力，最后的胜利者成了一国之王。原来氏族社会下表达人民意志的工具——议事机关已经转变成了它的对立面，即对外掠夺其他部落、对内压迫自己人民的统治机关——国家。

国家建立在氏族制度的废墟之上，因此它和氏族有两点根本的不同。第一，氏族是以血缘关系为纽带的，国家则和血缘关系没什么关系，它以地域来划分界限；第二，国家有公共权力机关，氏族则没有这些。

荷马雕像

相传荷马创作了古代希腊著名史诗《荷马史诗》，讲述了古代希腊从氏族社会过渡到奴隶制时期的历史。

04

史前文化

原始人类在长期的劳动实践和生活当中创造了原始的精神文明。尽管以我们现代人的眼光去看史前文化，可能会觉得部分显得幼稚、贫乏，甚至不明所以，但那毕竟是人类发展的最初阶段，没有这些史前文化，也便不会有后世愈加光辉灿烂的人类文明。

原始宗教

原始社会时期的人们对自然界和自身的认识都是相对浅显的，有很多事情当时的人们都理解不了。时间久了，在当时人们的头脑中就形成了这样一种意识，即在现实世界之外还存在着一种超自然的力量，它主导着人类和自然界的命运。原始人类对这种力量表示敬畏，这就是原始宗教的萌芽。

图腾崇拜和祖先崇拜

原始宗教萌芽于旧石器时代中期，当时的人类已经懂得埋葬死人。在法国的圣沙拜尔、莫斯特、费拉西，巴勒斯坦的斯虎尔等地旧石器时代中期的尼安德特人遗址中，曾发现一些最早的墓葬，当时的人们将一些动物、小饰物以及工具之类的东西和死者埋葬在一起。在圣沙拜尔遗址，一段野牛的腿骨放在一个尼安德特人的胸膛上，周围还放着不少兽骨，还有燧石工具；在莫斯特遗址，一个尼安德特人的头部枕着一堆碎石片，手边是手斧，周围摆着野牛骨。这说明，在旧石器时代中期，人们的头脑中已经产生了灵魂的概念，他们觉得人死了以后灵魂还活着，所以还需要食物、工具以及装饰品之类的东西。

为什么会产生灵魂的观念呢？因为在原始社会，人们还不能解释梦和死亡是怎么一回事，于是就产生了这样一个独立于肉体之外的概念。思维和感觉都是灵魂的活动，灵魂生活在肉体之内，但是离开了肉体也可以继续存在。灵魂暂时离开肉体，表现在人身上就是做梦，种种梦境就是灵魂在游荡。灵魂如果永久地离开了肉体，那么这个人就是死了，不过他的灵魂还存在着。原始人不仅相信灵魂的存在，还相信超自然力量的存在。动物、植物还有自然界的各种现象和事物都存在这种超自然的实体。所以，图腾崇拜、祖先崇拜、自然崇拜等原始的宗教形态便产生了。

图腾崇拜是最古老的宗教形态之一，它产生于旧石器时代晚期。"图腾"一词来源于印第安人的阿尔衮琴部落，原意是"它的亲属"，在这里是标志或者象征某一群体或个人的一种动物、植物或其他物件的意思。简单地说，图腾崇拜就是相信自己的氏族和某一种动物或植物有血缘关系，那种动物或植物是自己的祖先或者是保护者，因此这种动物或植物受到全族上下的崇拜，氏族也以它的名字命名。图腾动物是被禁止杀害的，只有在特殊的场合，举行隆重的仪式时才能吃，人们认为这时候吃图腾动物的肉可以获得祖先们赐予的力量。图腾崇拜反映了旧石器时代晚期的生活。当时人们还生活在氏族内，周围都是和自己有血缘关系的亲属，并且人们的生活来源无非就是采集、狩猎，也就是从植物或动物那里来的。因为原始人类对自然的认识程度非常有限，所以就把某种在经济上和自己关系非常密切的植物或动物认作了亲属，认定其和自己有血缘关系，或者干脆认定它就是自己氏族的祖先。

最早的宗教形态除了图腾崇拜以外，还有祖先崇拜。原始人相信祖先虽然死了，但是他们的灵魂还在，还可以影响活着的人，所以对祖先表示崇敬，祈求他们的灵魂保佑自己。母系氏族时期崇拜的是女性祖先，到了父系氏族时崇拜的就是男性祖先。祖先崇拜经常和图腾崇拜混杂在一起，很多人相信自己的祖先就是某种动物或者植物，也就是"图腾"。

神像
出土于匈牙利的神像。此神像呈坐姿，肩膀上挂着镰刀，推测可能是掌管农业丰收的神。

自然崇拜

自然崇拜的出现要比图腾崇拜和祖先崇拜晚一些，它出现于新石器时代。当时农业和畜牧业已经出现，人类对自然界的了解已经不是笼统概括式的了，而是将其分成了若干组成部分，其中对人类的农业生产活动有重大影响的部分，如土地、山、水、雨、日、月等受到人们崇拜。当时人类的认知能力有限，对这些自然事物既依赖又畏惧。在他们眼中，这些事物都是具有生命、意志和超凡能力的，所以对其无比崇拜。因为世界各地的地理环境不同，所崇拜的自然对象也就不同。比如住在山区的崇拜山神，住在河边、海边的崇拜水神，地处多风地带的则崇拜风神。至于对土地、火、日、月这些世界各地都赖以为生的对象的崇拜，则是共通的。

自然崇拜中有一类崇拜比较特别，那就是性崇拜。原始社会的人们认知能力有限，无法对自身的性行为与生殖现象有一个正确的认识，所以便对其产生了一种神秘感和敬畏感。性崇拜可以分为三部分：生殖崇拜、生殖器崇拜和性交崇拜。现代考古学发现，很多古代文化留存下来的神像、图腾和图画中，都可以发现不同形式的性崇拜痕迹。

在上述种种原始的宗教形态发展之时，巫术也产生了。原始人不能理解各种自然现象的客观规律及其之间的因果关系，所以他们相信自然界对于人有着一种看不见的影响，同时人也可以按照自己的愿望，采取相应的方式去对自然界和其他人产生影响，这就是巫术。巫术的种类有很多，其中主要的有比拟和模仿两种形式。比如说求雨，就是含一口水在嘴里，然后向外往四处喷洒，模拟出降雨的过程。

到了原始社会末期，私有制和阶级产生，因此有一些重要人物死后也加入了被崇拜之列。这样一来，被崇拜的鬼神越来越多，原始宗教也越来越复杂，于是渐渐形成了一个新的阶层——僧侣或者祭司，他们专门负责宗教事务，进行宗教活动是他们的特权。于是，在公有制不断被破坏、私有制逐渐巩固的过程中，一些氏族贵族等上层分子便利用人们对鬼神的盲信，拉拢僧侣或者祭司一起装神弄鬼，争权夺利，排斥异己。可以说，这些所谓的宗教人士在原始社会的解体中起到了不可估量的作用。

原始文化艺术与科学知识

　　和其他形式的社会意识形态一样，艺术也是对现实生活的反映。原始人类在漫长的演进中，逐步发展出了自己的思维、语言和感官能力，产生了审美意识和将自己的感情表达出来的要求，而艺术正是来源于这一要求。同时，在长期的生产劳动等实践活动当中，原始人类逐步积累经验，对自然界的某些事物及其相互关系有了初步的认识，虽然这些认识还有很大的局限性，但是文明时代的科学知识正是从这里萌芽的。

史前艺术

　　原始的艺术大约出现在旧石器时代中期，约5万年前尼安德特人就已经学会用动物材料——赤鹿的趾骨、牛的肩胛骨还有狐狸的犬齿串起来做成垂饰，还会用手在石板上涂抹红色颜料，描绘条纹和点纹，这可能就是人类最早的艺术品。不过在旧石器时代中期，艺术还只是萌芽，大量的艺术作品要在旧石器时代晚期才出现，表现形式有绘画、雕刻、音乐、舞蹈等。

　　绘画是最古老的艺术形式之一。在原始人类遗址的山洞里或者岩石上，可以发现他们创作的大量绘画作品，日常的狩猎行动是其中最常见的题材。这些绘画里的动物有动有静，形态逼真，如果画者不是对野生动物有长期的观察，是不可能绘出这样的作品的。原始绘画也经历了一个由简到繁的过程，早期绘画多是线条简单、颜色单一的作品，到了后期就已经发展为线条复杂、具备明暗色调的单色画和彩画了。在法国的方哥默、尼奥、佩什·梅尔和西班牙的阿尔塔米拉等岩洞遗址里都发现了很多精美的原始绘画。在撒哈拉沙漠中部发现

公牛厅
位于法国南部拉斯科山洞的一个彩绘石厅，因用黑色线条勾勒的多头巨型欧洲野牛而闻
名，是旧石器时代洞穴艺术的典范。

的岩画上，大多描绘的是象和水牛，这也是非洲最古老的绘画。中国目前还没
有发现旧石器时代的绘画，不过新石器时代仰韶文化的彩陶显示出当时的人们
已经具备了相当高的绘画艺术能力。

雕刻也是一种古老的艺术形式。世界上很多地区都发现了原始人类的雕刻
作品，不过不同的雕刻所使用的材料有很大区别，有的是刻在岩石上，有的则
是刻在动物的骨头、牙齿上。这些作品按照表现手法可以分成两类：一类是用
石块、骨器等坚硬锋利之物在石板、工具或者饰物上刻出线条、符号、图案等，
这又可细分为深线刻、浅线刻、轮廓线刻等不同的类型。已知最早的这类艺术
作品发现于法国的费拉西遗址和勒斯·厄伊泽埃地区，在这两处遗址内发现了
一些刻在石板上的图案和符号，定年约为 3 万年前，属于旧石器时代晚期的奥
瑞纳文化。另外一类雕刻是各种浮雕、立雕和透雕作品，相对复杂和进步一些。
这其中最著名的要数用象牙或者石头雕刻而成的小型妇女像。这类雕像通常刻
意夸大女性的独有特征，比如高耸的乳房、凸起的腹部、硕大的臀部等，这是
当时生殖崇拜的一种体现。

音乐和舞蹈也起源于原始社会。声乐的出现要早于器乐，人类很早就会发
声呼喊，不过最初的形式只是同一呼声或言辞的重复，还算不上"歌唱"，直
到后来才有了旋律。器乐最早出现的是打击乐器，后来才出现管乐器，这都是
人类在长期的生产实践中摸索出来的。舞蹈在原始人的生活中有很重要的作用，
在狩猎、出征等活动之前，都要跳舞以鼓励士气。在属于旧石器时代晚期的洞

威伦道夫的维纳斯
出土于奥地利威伦道夫的雕像，此雕像头部被卷发缠绕，身材矮小但充满女性特征，被认为是旧石器时代的标志性艺术作品。现存于维也纳自然历史博物馆。

穴壁画上，经常可以看到表现当时人跳舞的题材，更有一部分跳舞的人带着野兽面具，假装野兽。有学者认为这种舞蹈很可能是巫术活动的一部分。

科学知识的萌芽

农业和畜牧业的产生对人类发展的意义毋庸置疑，而农业和畜牧业之所以产生正是基于原始人类积累的科学知识，具体地说，是动植物知识。人类在狩猎和采集植物果实的过程中，渐渐地掌握了一些植物的生长规律，也发现了一些野生动物的生活习性，这才有了耕种农业和畜牧业。

地理和天文知识也是原始人类了解得较早的知识。生活条件的艰苦使原始人类不得不熟悉自己生活的地区，还有周围的自然界，所以他们能清楚地辨认周围的地形，记住去过的地点，也会给小溪、山丘、悬崖等地理元素取个名字。原始人类已经学会了一点粗浅的"观天象"知识，就是利用一些星辰的位置来辨别方向，根据月亮的圆缺判断时间，也会根据自然界的一些征兆来判断天气会出现什么变化。

最粗浅的医学知识也发源于原始社会。原始人类能分辨一些病症，并且已经懂得一些动植物、矿物具有治病的功效。考古学的研究表明，三四万年以前的克罗马农人已经会用燧石工具进行外科手术。但是，原始的医学活动通常都和巫术纠缠不清，在用科学知识治病的同时也会掺杂着咒语之类的迷信活动。

原始人类的数学知识则处在最基本的萌芽阶段。原始人类的思维能力比较差，还没有抽象计数的概念，只知道"多"或者"少"，后来慢慢学会了用具体的东西作为计数的工具，最后才形成了抽象的数的概念。直至原始社会末期，原始人类才发明了用刻痕、算筹或者结绳等方式来计算数字的方法。总的来说，在原始社会，计数和数字概念都还处于萌芽状态。

文字的萌芽

文字也在原始社会的末期衍生出了萌芽。文字最初是将语言保存下来或者传递出去的一种符号系统。有了文字，很多文明成果才能传承下去，所以说，文字的出现对文明的发展起到了至关重要的作用。

文字的发展经历了一个漫长的过程。语言的产生要比文字早，而且要早很多，在文字出现之前的许多年中，原始人类始终是用语言作为主要的交际工具。不过随着生产力的发展和生活内容的不断丰富，说完就消失、不留任何痕迹的语言已经无法满足社会的需要了。此时社会的需要是将语言保存下来，并将语言中包含的信息传递给生活在不同空间或者不同时间的人们，于是，记录语言和含义的符号和文字慢慢地就产生了。

前面提到过的初步数学知识中的"刻痕"和"结绳"的法子，也被用到了保存信息上。考古学家在中非发现过带有一组组刻痕的骨块，上面有几个到几十个不等的刻痕，年代约为公元前 6500 年。在世界的其他地方也发现过上面刻画着点、线的骨块，年代为几万年前。现在人们还不了解这些痕迹到底要表达什么意思，但是，它的出现无疑证明，早在旧石器时代晚期，原始人类就已经尝试用这样一种方式将某些信息记录下来，帮助记忆。另外一种保存信息的尝试方法是"结绳"，就是在绳子上打结，绳子的长短、粗细，还有打结的数量、大小及相隔的远近都代表一定的含义。在世界上的很多地方，比如中国、波斯、日本、埃及、墨西哥以及秘鲁等地都流行过结绳记事，其中最发达的要数古代秘鲁的印第安人，他们用来打结的绳子名为"魁普"，就是"结子"的意思。

"刻痕"和"结绳"都是人类尝试保存信息的最初形式，但是这两种方式都只能表达数量信息，信息量太少，无法保存更多的信息。后来人类想出了更高明的方法，那就是图画文字，用画图来表达思想、记录事实、传递信息。这种方式产生于新石器时代，古人通常在树皮、石、骨或者皮革上刻画一整套图画，以记录某个事件或表达某种思想。图画文字同样出现于很多地区，北美的印第安人、因纽特人、西伯利亚北部的一些部族、美拉尼西亚人、密克罗尼西亚人等都很擅长图画文字。

图画文字比"结绳""刻痕"进步很多，它能表达的内容相对丰富，但是它也有缺点，就是它只能反映所要叙述的内容，而不能反映语言的形式，在表现抽象和复杂的概念上也是有心无力——要记录在 10 天前用 100 只鸡和别人换了 20 头牛该如何画图？难道要画出 100 只鸡和 20 头牛吗？"10 天前"的概念又如何表示？

不过，图画文字已经介于图画和文字之间了，属于文字产生的第一阶段，象形文字就是在它的基础上发展而来的。象形文字是用一定物体的形象符号来

巨石阵

位于英国英格兰威尔特郡索尔兹伯里平原上的史前遗址。因为石块的排列方式
同天象和季节存在对应关系，所以巨石阵被认为具有天文台的属性。

表达一定意义的文字，并有了一定的读音，这才是真正意义上的文字。人类创造出来的符号不仅表示一定的意义，还能代表一定的发音，这是文字发展史上非常关键的一步。象形文字的下一个阶段是表意文字，这时的形象化符号已经被定型化符号所代替，并且和一定的读音相联系起来了。

鱼形刻划符号

上古篇（上）

01

古埃及文明

古埃及是人类文明的发祥地之一，古埃及人民在这片看起来荒凉干旱的土地上，创造了当时世界上最璀璨夺目的文明。直至在今天的埃及大地上，我们仍可以看到雄伟的金字塔和狮身人面像等奇迹，它们似乎在向人们诉说着这片土地上昔日的辉煌。

古埃及早期历史

　　埃及地区之所以能诞生出世界上最早的文明，和这里有一条举世无双的尼罗河有着莫大的关系。有古希腊历史学家曾经说"古埃及是尼罗河的赠礼"，此言不虚，古埃及人正是在尼罗河两岸开始了最早的文明征程。

生活在尼罗河畔

　　古埃及地处非洲的东北部，北面是地中海，东面是红海，南面是努比亚地区，西面是利比亚。从地理环境上看，古埃及具有一定的孤立性：东西两侧都是荒无人烟的大沙漠，北面是一望无际的大海，只在东北面通过狭窄的西奈半岛能和西亚地区有来往。然而这在人类文明发展的早期不失为一种优势：沙漠、大海对于当时的人类来说是不可逾越的屏障，所以躲在屏障之后的古埃及人民可以较为安定地发展，而不受外界的干扰。

　　尼罗河纵贯埃及全境，它由发源于埃塞俄比亚高原的青尼罗河和非洲中部的白尼罗河交汇而成，上游山高水急，下游水势平缓。每年的 7 月到 11 月，尼罗河上游暴雨倾盆、山洪泛滥，沿河两岸的土地都被洪水淹没。等到洪水退后，地面上则会覆盖上一层肥沃的黑色淤泥，这是洪水从上游带来沉积于此的泥沙，其中含有大量的矿物质和腐殖质，极其适合农作物的生长。所以，古埃及人就开始在这片肥沃的土地上创造灿烂的农业文明。古埃及人将自己的国家称为"凯麦特"，意思就是"黑土地"。

　　古埃及地区从地理上可以分为两部分，一部分是狭窄的河谷地区，称为上埃及；一部分是地势相对开阔、平坦的尼罗河三角洲地区，称为下埃及。上埃及气候干旱，常年无雨，尼罗河是唯一的水源。下埃及则因为受到地中海季风的影响，气候相对湿润。

事实上，古埃及人并非最早便在尼罗河边上发展，现在埃及西部的干旱地区可能才是他们最早的定居之所。现代考古学家在那里发现了一条古河道的踪迹，于是推测这条古河道有可能是尼罗河的古河道，当年这里水草丰美、适宜人居，但是后来随着气候逐渐干燥、土地逐步沙漠化，人们便逐渐迁移到了现在的尼罗河边定居。

操哈姆语的北非土著和操塞姆语的西亚人，共同融合在一起形成了古代的埃及人，其语言属于哈姆－塞姆语系。不过他们开始融合的时间现在还没有定论，只知道这是一个开始得很早、很漫长的过程。考古学家根据现存的大量古埃及雕刻和绘画总结出古埃及人的体态特征，一般是头发乌黑、额头低平、睫毛浓密、黑眼睛、直鼻子、宽脸盘、黑皮肤、身材高挑、肩宽背阔、体态健壮，这和古利比亚人、努比亚人和古亚细亚人都有着明显区别。

古埃及文明的产生

古埃及是人类文明的发祥地之一，在石器时代这里就已经创造出了非常璀璨的文化，比如属于新石器时代的梅里姆达文化、法尤姆文化、巴达里文化等，这些都是农业、畜牧业混合型的文化。早在公元前 6000 年到公元前 5000 年左右，古埃及的农业文化就已经非常发达，已经使用上了铜器，这也为古埃及早期文明的出现奠定了坚实的基础。

古埃及早期文明，即从文明出现到公元前 3100 年左右，可以分为两个时期，即埃及前王朝 I 时期和 II 时期，又称涅伽达文化 I 时期和 II 时期。

古埃及前王朝 I 时期，又称阿姆拉特时期，时间段约为公元前 4000 年到公元前 3500 年，这一时期私有制和阶级开始萌芽。考古学家在属于这段时期的墓穴里出土的陶器上发现了一些符号，并且来自同一个墓穴的陶器的符号是统一的，学者据此推测这大概是表示此物私有的记号。涅伽达遗址 1610 号墓中出土的一个黑顶陶罐，年代属于古埃及前王朝 I 时期末期，在陶罐上发现了一个红冠形象（以眼镜蛇作为标志），这是王权的标志之一。另外在属于古埃及前王朝 I 时期和 II 时期之交的一个墓穴（涅伽达 1540 号墓）中出土的陶片上，还发现了荷鲁斯鹰神的形象，这也是王权的标志之一。这说明，此时的古埃及王权已经开始萌芽。在狄奥斯波里·帕尔伏还发现过一段城墙的模型，这说明当时的社会可能已经出现了不安定的因素，甚至可能已经爆发了战争。

古埃及前王朝Ⅱ时期，又称格尔塞时期，时间段约为公元前3500年到公元前3100年，在这几百年间，私有制逐步确立，阶级逐渐形成。考察这一时期的社会状况还是主要根据其墓葬。在涅伽达和希拉孔波利斯两地发现了一些普通人的十分简陋的墓穴，与此同时也发现了一些相对非常"豪华"的墓穴，这些墓穴用砖坯砌成，墓墙上绘有图画，画的是战争场面，这可能是墓主人生前的活动情景，有学者推测这墓穴的主人便是国王。墓穴的简奢对比反映了当时的阶级分化。在格伯林发现的一块纺织品残片上的绘画也颇有意味，画上是一些船，船上有一些人在划桨，还有一个人端坐在船上，地位显然要比划桨的人高。这一时期文字也开始出现了，不过还处于很原始的阶段。

在前王朝Ⅱ时期的末期，随着私有制的正式确立和阶级的形成，古埃及出现了国家。这些国家从一些农村公社演变而来，面积很小，人口也不多，古埃及人称这种小国家为"斯帕特"（古希腊人称为"诺姆"）。当时在尼罗河两岸有40多个这样的小国家，每个小国家都有一个以政府机关、王宫和神庙为中心的城市，也都有自己的主神和图腾，他们为了争夺土地、水源和财富，互相混战，兼并不断。反映这一时期战争的雕刻和绘画数量也不少，除了前面提到的墓穴中的图画以外，还有阿拉克出土的象牙刀柄上的水陆战图等。这一时期王权已经形成，不过还处于初级阶段，贵族的势力还很

女性小雕像
此雕像展现的是一位古埃及女性正在晒日光浴的场景，时间应在涅伽达文化Ⅰ时期。现存于大英博物馆。

强大，国王的权力受到贵族们的约束，还算不上专制君主。此外，考古学家在希拉孔波利斯还发现了前王朝末期的两个国王——蝎王和卡王的文物，在北方开罗附近的图拉也发现了刻有蝎王名字的文物，再结合蝎王权标头上的图刻内容，学者们推测，蝎王在位的时候很可能征伐过北方，甚至有可能控制过这一地区，这也是最早的有关古埃及统一的证据。

总而言之，在公元前 3100 年左右，这些小国家中的一个强大了起来，统一了埃及，古埃及历史正式进入早王朝时期。

早王朝时期、古王国时期和第一中间期

> 早王朝时期（约公元前 3100—公元前 2686 年）是古埃及历史的正式开始。传说中的美尼斯在公元前 3100 年左右建立了第一王朝，统一了上、下埃及。在随后的古王国时期（约公元前 2686—公元前 2181 年），古埃及又实现了大发展。从第 7 王朝开始，古埃及历史进入了第一中间期（约公元前 2181—公元前 2040 年），埃及大地进入严重分裂和崩溃的时代。

早王朝时期

古埃及的历史学家曼内托（生活在公元前 4 世纪和公元前 3 世纪之交的一位埃及祭司）将埃及的古代历史（截止到希腊人征服时）分为 31 个王朝，最初的第一、第二王朝通常合称早王朝，大概是从公元前 3100 年到公元前 2686 年。

在曼内托的记载当中，美尼斯建立了第一王朝，统一了上、下埃及，正式成立了埃及这个国家。美尼斯最初是在南方的上埃及地区建立国家，随后北进三角洲地区，统一了埃及。为了巩固对下埃及地区的统治，他在上、下埃及交

界的地方建立了一座城池，叫作白城，古希腊人称之为孟斐斯城。传说美尼斯在位 26 年，最后在一次打猎中意外身亡。不过现在还没有发现任何可以证明美尼斯存在的物证，很多学者甚至认为，美尼斯和有实物证明的那尔迈就是同一个人。

美尼斯到底是谁，或者说这个人到底存不存在先放在一边，更多的考古研究发现，早王朝时期的历史在埃及古代史上的地位极具特殊性。19 世纪末 20 世纪初考古学家们在希拉孔波利斯、阿拜多斯等地进行的发掘，还有 20 世纪 30 年代到 50 年代在开罗附近、尼罗河西岸的塞加拉进行的发掘表明，古埃及的统一，以及君主专制政权的建立是一个逐步完成的过程。从第一王朝建立，甚至更早的时候就已开始，但一直到第二王朝末期才正式完成。古埃及并非是在美尼斯或者那尔迈的一己之力下完成统一的。

考古学家们在希拉孔波利斯发现的那尔迈调色板和那尔迈权标头，暗示着国王那尔迈曾对北方的尼罗河三角洲地区进行过大规模的征伐，并大获全胜。因为在那尔迈权标头上刻着他从北方凯旋时带回的 12 万名俘虏、40 万头大牲畜和 142 万头小牲畜。那尔迈调色板的正面所画的那尔迈戴着象征上埃及王权的白冠，背面所画的那尔迈戴着象征下埃及王权的红冠，这表示他对上、下埃及的统治。不过，实际上那尔迈并没有完成对北方下埃及的征服，也没有统一整个埃及。

第一王朝共有 8 位国王，一般将那尔迈视为第 1 位国王，在已发现的那尔迈以后的国王文物中也有一些传达着关于统一战争的信息。属于第 2 位国王荷尔－阿哈的一件文物上画着俘虏，还有"得到上、下埃及"的铭文。一处属于第 5 位国王的雕刻上，国王头上不仅戴着白冠和红冠，还头一次使用了象征上、下埃及王权的双重王衔，这位国王大概是以此来表示自己已经是上、下埃及之王。

古埃及在这个时候真的完成统一了吗？出土的文物给出了否定答案。考古学家们发现过一座国王的雕像，这位国王是第二王朝末期的哈塞海姆威。在这座雕像的基座上刻着他杀死"北方的敌人 47209 人"和"48205 人"的字样，这表明当时还存在对北方的战争，而且规模还不小。他可能是在这些战争取得胜利以后才彻底征服了北方，统一了全国。所以他的继任者卡塞凯姆威（有学者认为这两个国王其实是一个人）才得以拥有"荷鲁斯和塞特"双重王衔，他的完整名字后边也附着"在其中的两个神和睦相处"字样，这显然表示古埃及传说中的两个部分——以塞特为象征的上埃及和以荷鲁斯为象征的下埃及的统一。

古埃及的统一是符合当时政治、经济、文化的发展要求的，同时也是发展的必然结果。上、下埃及的统一使尼罗河成为联系南北的交通纽带，同时，尼罗河的上下游统一在一个政权之下，也有利于在更大规模上对这条古埃及人民

那尔迈调色板

那尔迈调色板展现了那尔迈国王强大的力量和征服对手的实力，通常被认为是那尔迈对上、下埃及的主权宣言。现存于埃及博物馆。

的母亲河加以利用，从而大大促进了古埃及社会经济的发展。《巴勒莫石碑》中对尼罗河每年的水位涨落情况的记载就是一个有力的证据。

　　国家是阶级统治的工具，统一后的埃及国家规模比原来的"斯帕特"要大得多，阶级矛盾也尖锐得多，原来"斯帕特"那种小国寡民的国家机器过于薄弱，已经无法满足统治阶级的需要。所以在早王朝时期，埃及的国家机构中出现了很多新的机关，这些新的机关设置明显是以国王为中心的，王权在逐步加强，君主专制制度也在逐步形成。同时，国王聚敛了大量的财富，构成了王室经济。早王朝时期的国王、贵族墓穴和前王朝时期的相比，可以明显看出君权的不断扩大，同时国家财富日益集中到以国王为首的统治阶级手中。前王朝时期的墓穴，最奢华的也不过是在墓穴中绘画，墓室只有一个，没有地上建筑。而第一王朝时的王墓和贵族墓不仅在地下有很多个墓室，还有地上建筑。因为这些地上建筑的形状好像现代阿拉伯人放在院子里的长凳，所以阿拉伯人用"马斯塔巴"（意为"长凳"）形容这些墓穴。这些墓室众多的墓穴除了放置国王的尸体以外，还放着国王的妻妾、近臣以及奴仆的尸体——他们是陪葬的，最多的可以达到一二百人，此外还有不少墓室是用来放食物、用具、衣服等物品的。古埃及人认为，可以通过某种巫术或魔法使死去的人继续享用这些物品。第一王朝有位国王名叫卡，他的墓地占地达 690 平方米，规模在众多国王墓中首屈一指。有一点值得注意，那就是第一王朝的国王通常有两个墓，一个在阿拜多斯，一个在塞加拉，但是其中只有一个是真墓，另一个是纪念性的假墓，至于孰真孰假，学术界现在还没有统一的意见。

古王国时期

　　古王国时期（约公元前 2686—公元前 2181 年）是古埃及获得真正统一后的第一个时代，也是古埃及社会政治、经济、文化等各方面都全面发展的第一个伟大的时代。古王国时期包括第三到第六王朝，都城在孟斐斯。因为古埃及从此时期开始修建金字塔，同时最大的金字塔也是在这时期修建的，所以古王国时期又被称为"金字塔时期"。

　　古埃及的统一为社会经济的发展提供了一个稳定安宁的环境，农业、手工业、畜牧业和商业都有了较大的发展。其中，水利灌溉系统的完善促进了农业的发展，后世人民在埃及这片土地上种植的主要作物，包括大麦、小麦、亚麻、葡萄、无花果等，在古王国时期都已经出现。在农具方面，出现了由两头牛牵拉的重犁，这比简单的木犁要先进很多。从这时期的壁画可以推测出，虽然这一时期的农业技术总体上还比较落后，但是因为尼罗河水泛滥后的沉积淤泥十分肥沃，所以收获的粮食还是足以供养这时期庞大的国家机器以及广大的手工业者。

粮食供给充足是各个行业发展的前提。在古王国时期，埃及的手工业门类已经相当齐全，采矿、建筑、冶金和金属加工、造船、酿酒、制陶、纺织、艺术手工业等应有尽有。考古学家们在第五王朝国王乌塞尔卡夫的金字塔入口处发掘出几百尊青铜雕像，这表明当时手工业的水平已经很高，古埃及这时可能已经进入了青铜时代。规模宏大的金字塔及神庙等附属建筑物的存在，说明当时古埃及的建筑业水平也很高，同时采矿业和运输业也有了很大的发展。此外，考古学家们还在西奈半岛发现了古王国时期一些国王的名字，说明这时的古埃及人已经会到西奈半岛开采铜矿，再运回埃及了。

畜牧业在古埃及古王国时期的社会经济中也有一定的地位，当地人以饲养猪、羊、牛、驴等牲畜为主，水草丰美的尼罗河三角洲地区很适合畜牧业的发展。

国家统一，社会经济大发展，在这样的社会环境下，埃及的国内外贸易也获得了发展，不过这时的国内外贸易还停留在以物易物的阶段。考古学家们曾在一处贵族墓穴中发现一幅壁画，画的便是市场上以物易物的情景。这时期保留下来的买卖房屋的契约也可以证明，手工业者的工资都是用油、面包、蔬菜、衣物等实物来支付的，偶尔也会支付给他们铜，但是这并不是货币，也是实物的一种。对外贸易则和普通民众无关，它们由国家机关或者是国王控制着。国王经常派出大臣或率领船队，或带着驮畜，运送物产到地中海东岸或努比亚等地去以物易物，换回来的可能是矿石、优质木材，也可能是象牙、金、银，甚至是奴隶。但这种对外贸易通常是和对外掠夺结合在一起的。

在埃及古王国时期的社会经济中，王室经济、神庙经济和官僚贵族奴隶主经济占据绝对的统治支配地位，王室、贵族还有各级官僚奴隶主占有大量的土地和劳动力，经济实力极为雄厚。同时，在这些经济个体内部，门类齐全，农业、手工业、畜牧业、渔业等一应俱全，完全可以实现自给自足，所以这些经济个体很少到市场上去买东西，和市场的联系极少。

古埃及古王国时期是奴隶制国家，不过受残酷压迫的不只是奴隶，还有很多丧失了土地等生产资料的劳动者。随着越来越多的土地、财富集中在统治者手中，也就有越来越多的弱小劳动者破产，因此他们不得不去奴隶主的土地上劳动，换取口粮、衣物等物品维持生存，或者租种奴隶主的土地，向奴隶主

抄书吏雕像
此雕像为古埃及古王国时期的一位抄书吏，雕像双腿盘坐，神情肃穆，手捧莎草纸，正做出书写的样子。现存于法国卢浮宫。

交租纳税。出土的埃及贵族墓穴壁画上，有描绘交不起租税的农民被吊起来毒打的情景，可见这种劳动者的处境比奴隶也强不了多少。除此之外，压在古王国时期农民肩上的重担还有劳役和兵役，可见他们的负担之重。

古王国时期，古埃及的君主专制制度开始确立。国王是国家权力的象征，他凌驾于全体臣民之上，一切臣民都是他的奴仆，臣民见了国王只能吻他脚下的泥土。曾有一位驸马被允许吻国王的脚就让其感到无比荣幸。此时的王权被有意地神化，而且王权的保护神也换了人选。在前王朝时期和古王国初期，王权的主要保护神是荷鲁斯，第四王朝的哈夫拉国王的雕像上就有展开双翅的荷鲁斯保护着他的头的刻画，当时的国王还都有一个荷鲁斯名（王衔名）。但是，随着时间的推移，古埃及人民逐渐发展起了对太阳神拉的崇拜，并在第五王朝占了上风，拉直接取代了荷鲁斯王权保护神的地位。其实从第三王朝时起，国王的名字就开始写在一个椭圆形的框子里，这个框子象征的就是太阳照耀的区域，意思是国王为太阳神所保护。根据《魏斯特卡尔纸草》记载，第五王朝的前三个国王都宣称自己是拉神之子，就是拉神的后代。且古王国时期很多国王的名字末尾都附有"拉"字。王权的神化还有另一种手段，那就是拉拢神权势力。国王们为了获得神权势力的支持，捐赠给神庙大量的土地和劳动力，使神权势力跻身统治剥削阶层。

除了神化王权以外，国王们还通过各种手段将国家的行政、经济、军事等方面的权力牢牢控制在自己手中。古王国时期的国王直接占有大量土地、劳动力等财富，还控制着国家的灌溉系统和对外贸易。他们可以征调全国的人力物力为己所用，比如修建金字塔。可以说，全国的财政都在国王的掌控之下。古王国时期的埃及有一支很强大的军队，由国王直接统率，这也是君主专制统治的重要力量。国王经常御驾亲征，有时也派人率军远征，但是率领军队的人也要随时向国王报告情况、请示行动，可见国王对军队控制之牢。国王还控制着司法权力，他颁布的敕令可以作为法律。国王还可以越过世俗法庭直接任命法官审理一些案件，《大臣乌尼传》中就提到国王任命乌尼为法官，去审理内宫的秘密案件。

国王对国家权力的绝对控制在行政上体现得最为明显。首先是国王对中央的行政控制。国王之下设有各级官员，其中最高的是宰相（现代埃及学家称其为"维西尔"）。宰相主持日常政务，行政、司法、经济和宗教事务都归他管，看起来有很大的权力，但实际上却没有决策权，决策权在国王手中。宰相每天早晨要觐见国王汇报工作，接受国王的指示命令。宰相和其他高级官员都是由国王任命的，他们各司其职，对国王负责，对国王感恩戴德。其次是国王对地方的行政控制。古王国时期，埃及地方上的行政单位是诺姆（相当于州），行政长官叫"诺马尔赫"（州长）。诺马尔赫有的是国王任命的，也有的是世袭的，不过世袭的可能也得走一个由国王任命或者批准的形式，以此显示国王至高无上的权力。古王国时期的诺马尔赫多半是地方上的旧贵族，他们在当地有着极大的势力和影响力。在中央和诺姆之间还有一层机构，那就是上、下埃及官邸。上埃及官邸在第五王朝末期就已设立，大臣乌尼就做过上埃及官邸的长官。下埃及官邸的设置时间还有争议，有的学者认为下埃及官邸很晚才设立，可能是在第十一王朝时期，但是在《大臣乌尼传》中曾提到上、下埃及各首长和祭司头目的官职，这似乎表明在古王国时期下埃及官邸就也已经设立了。上、下埃及官邸的长官由国王任命，从《大臣乌尼传》中的记载看，这两位长官负责代表国家征税，战时统率地方上临时征召的军队，还可能负责监视地方上诺马尔赫的言行等。

在古王国初期，王权还能控制住地方贵族，但到了古王国末期，君主专制的权力大大削弱，君主不得不依靠地方贵族维护统治，从他们当中选拔高级官员甚至是宰相。这样，王室成员垄断国家要职的特权被打破了，地方贵族的势力和祭司阶级的势力日益增大，这也为古王国走向衰落并崩溃埋下了伏笔。

古王国的衰落和第一中间期

古王国末期，国王因为长期实施暴政导致阶级矛盾激化，王权统治不得不依赖神权势力和地方贵族，君主专制制度发生了动摇。国王为了拉拢神权势力和地方贵族，将越来越多的土地、劳动力还有其他财富赐给他们，又豁免神庙的赋税，如此一来，神庙和地方贵族的势力大大膨胀，而王权却走上了下坡路。

第六王朝的珀辟二世国王（据说他6岁登基，活了100多岁）死后，古王国终于走向了崩溃，君主专制不复存在，大一统局面也开始四分五裂，古埃及历史进入了第一中间期（约公元前2181—公元前2040年）。整个第七、第八王朝时期，古埃及地区就是一片分裂、混战的局面。根据曼内托的记载，第七王朝——这个王朝的统治只有短短70天——竟然有70个国王，这些国王当然不都是互相承袭的，而是同时并立的关系。"70天70王"的说法真实性也许还存在异议，但是古埃及当时混乱、分裂的局面却是毋庸置疑的。从第七王朝开始，埃及境内小国林立，几乎一个诺姆就是一个小国家。原来的诺姆行政长官诺马尔赫都觉着自己不再受制于人，自己应当是独立王国的国王，是自己城市的统治者。他们也学起了王权神化的那一套把戏，把地方神的名字放在自己的称号当中。为了扩大地盘、争夺利益，小国之间战争不断，使局面更加混乱。法老名义上还存在，但是已经成了摆设，根本无法掌控局面。

沉重的剥削、不断的战乱导致经济生产无法继续发展，古埃及历史上的第一次人民大起义就在这种情形之下爆发了。据相关史料记载，无数的奴隶、穷困农民、手工业者都拿起武器，加入了起义者的队伍。他们聚在一起冲进王城，杀死大臣贵族，捣毁殿宇神庙，开仓放粮，没收奴隶主聚敛的一切财富。当时史料作者站在奴隶主的立场上发出哀叹："那原来没有财产的人，现在成了财富的主人了。……财富的主人却变成没有财产的人了。"人民大起义给予奴隶主们沉重打击，起义一直持续了几十年，才被镇压下去。

一片混乱当中，两个小国脱颖而出。一个是位于埃及中部的赫拉克列奥波里，逐步强大起来的它统一了北部的尼罗河三角洲地区和中部埃及的广大地区，建立起第九、第十王朝。赫拉克列奥波里大肆开发法尤姆地区，发展农业生产，颇有励精图治的架势，因此称雄一时，大有重新统一埃及的势头。但是赫拉克列奥波里并不具备这样的实力，因为它内有人民起义、贵族叛乱，外有北面来自西亚的贝都因人的入侵，南有同样兴起的底比斯的争霸。第十王朝的国王阿赫托伊给他的儿子美里卡拉留下了一份名为《对美里卡拉王的教谕》的政治遗嘱，详细地阐述了继任者应该实行的施政纲领，包括如何对付贵族、平民、起义的人民，如何对付入侵的贝都因人和南边的底比斯，还重点论述了如何加强王权。

古王国土崩瓦解，君权神授的理论也随之破产，且第一中间期草头王林立的状况也表明，君权根本不是什么神灵授予的，只要有实力就可以称王称霸。

阿赫托伊自然也明白这一点，所以在《对美里卡拉王的教谕》中虽然还在鼓吹君权神授的理论，但这只是幌子，他所强调的王权存在的必要性、合理性才是值得注意的。他认为，王权之所以伟大，并不是因为什么豪华的仪式，或者说国王具有什么超人的力量，而是国王要为臣民服务，王权才伟大。《对美里卡拉王的教谕》还指出，贵族阶层是王权依靠的主要阶级基础，所以王权一定要加强同贵族的关系。与此同时，他也注意到了新兴的平民阶层——涅杰斯的作用。另外《对美里卡拉王的教谕》也提到了军队对于维护政权的作用，主张给军队土地或其他财富，从物质上给予厚待，使军队归心于自己。

不过，赫拉克列奥波里还是没有能够统一埃及，完成这一事业的是它在南方的争霸对象——底比斯。底比斯凭借有利地势，将周围地区团结在自己身边，对赫拉克列奥波里统治下的各诺姆采取了刚柔并用的手段。就这样，底比斯战胜了站在赫拉克列奥波里这一边的喜乌特，将颇具实力的赫尔摩波里拉拢过来，又夺取了提尼斯，使赫拉克列奥波里王朝连遭重创。之后，底比斯建立了第十一王朝，并在第十一王朝中期彻底战胜了赫拉克列奥波里的第十王朝，一统埃及。古埃及历史正式进入中王国时期。

中王国时期和第二中间期

在埃及南部崛起的底比斯重新统一了埃及，开始了中王国时期（约公元前 2040—公元前 1786 年）。中王国时期包括第十一、十二王朝。从第十三王朝开始，古埃及历史进入了长达 200 多年的第二中间期（约公元前 1786—公元前 1567 年），埃及大地又重新陷入了分裂、衰落的状态。

王权和地方贵族的势力斗争

中王国时期大致在公元前 2040 年到公元前 1786 年，包括第十一、第十二

哈特谢普苏特女王神殿
哈特谢普苏特在古埃及语的意思为"最高贵的女士"，是第十八王朝女王。

王朝，首都在底比斯，主神为阿蒙神。完成重新统一埃及大业的是孟图霍特普
二世，他是第十一王朝中期的国王，在第十九王朝时期的一个王表中，他和美
尼斯还有建立第十八王朝的阿赫摩斯一世并列为开创统一时代的伟大国王。

中王国时期的两个王朝有一根主线贯穿始终，那就是王权和地方贵族的势
力斗争。底比斯虽然统一了埃及，但是在此后相当长的一段时间里，王权势力
仍然软弱，而地方势力相对强大，这和之前的第一中间期地方势力林立、各自
发展自己的势力不无关系。很多贵族势力靠着鲸吞古王国时期的王室地产而迅
速壮大起来。他们有着自己的一套行政机构，用着自己的纪年法，养着自己的
军队，职位当然也是世袭的，他们在自己的势力范围里夸耀着自己的丰功伟绩
和对百姓的恩惠。不管是统一未成的赫拉克列奥波里，还是成功统一的底比斯，
他们为了争夺霸权都不得不借助地方贵族的势力。所以，那些势力大的地方贵
族虽然依附于其中一方，但是却有着相当大的独立性。赫拉克列奥波里统治下
的赫尔摩波里和喜乌特就是例子。后来赫尔摩波里站在了底比斯的一边，这也
对底比斯和赫拉克列奥波里的两强争霸产生了重要影响。

底比斯统一埃及之初，面临的是一个王权软弱、地方势力强大的局面。孟
图霍特普二世想加强自己对中央和地方政权的控制，先后任命了三个底比斯人
为宰相，任命一个王族成员做下埃及地方官邸的长官，还任命一个王族成员做
喜乌特的诺马尔赫（原来的诺马尔赫支持赫拉克列奥波里）。不过，孟图霍特
普二世能做的也仅有这些，其他的那些地方贵族他还奈何不得。赫尔摩波里对
底比斯重新统一埃及贡献不小，底比斯不得不允许赫尔摩波里的诺马尔赫享有
一些特权。至于其他诺姆的诺马尔赫，也就是那些地方贵族，底比斯也还要倚
重他们，这样一来，地方贵族们在底比斯重新统一埃及后仍然尾大不掉，王权
在他们面前还做不到为所欲为。

中王国时期初期，地方势力强大、王权相对孱弱的另一个原因是王权本身
的势力就弱，同时，古王国时期那一套君权神授的理论已经破产，新的王权理
论还没有确立，所以地方贵族势力敢于明目张胆地拥兵自重，甚至敢于截留中
央税收和王室岁入，至于侵占相邻诺姆的领土、扩大自己地盘就更不在话下了。

这种情况在第十二王朝得到了改变。第十一王朝地方贵族占了上风，第
十二王朝则颠倒了过来。建立第十二王朝的阿蒙尼姆赫特一世一上台便对以诺
马尔赫为代表的地方贵族势力下手了。他阻止了各诺姆之间旷日持久的征战，
停止了破坏边界的行动，重新划定了一些诺姆之间的边界；还到全国各地巡查，
整顿赋税，确保属于中央的税收顺利进入国库；又任命克赫努姆荷特普一世为

第十二王朝国王辛努塞尔特三世雕像

羚羊诺姆的诺马尔赫，确定了羚羊诺姆和周围诺姆的边界；还对一些诺马尔赫的世袭权力做出了限制；等等。第十二王朝后来的国王承袭了阿蒙尼姆赫特一世限制地方贵族势力、巩固王权的政策，取得了很大的成效。到辛努塞尔特三世之时，地方贵族势力已风光不再，再也没有力量和王权抗争，就这样，古埃及的君主专制制度再次确立起来。

王权的强化和国家实力的逐步增强，使古埃及从第十二王朝起又重新进行对外征战，主要目标是努比亚地区和西亚地区。阿蒙尼姆赫特一世在给他的儿子辛努塞尔特一世的教谕中说："我占领了瓦瓦特（努比亚地区），我俘虏了玛佐依的人民。"发现于埃及南边的第一瀑布与第二瀑布之间的一处铭文中，也提到了阿蒙尼姆赫特一世占领瓦瓦特的战争，就发生在他继位后的第 29 年。阿蒙尼姆赫特一世以后的国王从此经常对努比亚用兵，尤其是辛努塞尔特三世。根据铭文记载，辛努塞尔特三世曾四次征伐努比亚，直至将中王国时期的南部边界正式确立下来。为了巩固胜利果实，他还在第二瀑布附近修建了几座要塞，抵御敌人入侵，这几座要塞的遗址现在还可以看到。

中王国时期的社会经济发展

统一、安定的环境是经济迅速发展的大前提。中王国时期，社会经济在农业、手工业以及商业贸易方面都有了不小的发展。

首先是农业。农业是古埃及的经济命脉，在这样一个干旱少雨、特别依赖尼罗河的国度，水利事业的发展与农业有着莫大的关系。中王国时期，战乱平息，社会稳定，水利灌溉系统也得到了修复和发展，对法尤姆地区的开发就可以证明这一点。法尤姆地区地处上、下埃及的交界，这里本是一大片沼泽，一年一度泛滥的尼罗河水在这里汇成一个湖泊。在赫拉克列奥波里王朝时，这里进行过初步的开发；在中王国时期，这里又得到了进一步的治理。法老征调大批奴隶、农民将湖泊周围的积水排干，筑起堤坝、凿开渠道，将湖水和河水连通起来，中间又建有可随时调节水量的水闸，沼泽地变身良田，湖泊也成了水库。

在尼罗河第二瀑布附近的舍门赫和库麦赫发现过记录尼罗河涨水高度的痕迹，这说明在中王国时期，对尼罗河的监测范围已经扩大到了这里，这当然是对农业发展有利的事情。同时，中王国时期的农业技术也有进步，比如农具的改进，装有横木把手的犁取代了古王国时期的直把犁。在中王国时期保留下来的资料中，和饥荒有关的信息明显减少，这也足以说明当时的农业发展取得了很大进步。

其次是手工业。手工业的进步首先体现在青铜器的使用上。在中王国时期，青铜器更加广泛地应用在人们的生产生活当中。根据中王国时期的墓穴壁画可以推测出，当时的纺织业已经用上了卧式织布机，这是一个不小的进步。同时，一个新兴的部门出现在手工业中，这就是玻璃制造业，有些玻璃制品甚至保存至今。此外，古埃及还加大了开采西奈半岛铜矿的力度，改变了酷暑季节停止采矿的规范，表明当时对铜的需求有所增长。

第三是商业贸易。在农业和手工业发展的促进下，中王国时期的商业贸易，不管是国内贸易还是国际贸易都有了不小的发展。卡呼恩是当时法尤姆地区附近一个新兴的工商业城市，在这里发现了不少当时的商业文书，人们可以据此了解不少当时的商品货币关系以及城市生活的信息。一些古埃及故事也能反映出当时的贸易情况，比如根据《一个能言善辩的农夫》可以知道，早在第一中间期的时候，尼罗河流域和其西部绿洲之间就发展起了贸易关系；在《辛努海的故事》中，曾提到古埃及和叙利亚之间活跃的商业往来。

中王国时期，古埃及国内经济发展的同时，同世界其他地区的经济交往也在不断增多。当时古埃及正位于环地中海世界经济最发达的地区，根据考古发现，当时的古埃及和现在的巴勒斯坦地区、腓尼基、叙利亚、巴比伦、克里特岛等地都有商业往来。耶路撒冷西北部有一个名叫盖塞尔的古代城市，人们在这座城市的遗址中发现了属于古埃及的砂岩和花岗岩雕像，还有各种古埃及的象牙制品等工艺品。除此之外，这里还有一些古埃及风格的建筑物，很可能是到这里经商的古埃及人建造的。古代腓尼基有个地方叫毕不勒，在这里发现了属于中王国时期的埃及器皿、狮身人面像等物品。以上都是在其他地区发现的古埃及的东西，以此证明两者有商业往来。而在古埃及发现的其他地区的东西，同样也可以证明两者有商业往来。比如在1935年，人们在古埃及的一个神庙遗址里发现了4个箱子，里面的东西大部分都是巴比伦风格的印章和护身符。在卡呼恩，人们还发现了典型的来自克里特岛的卡马瑞斯式陶器的残片，这都证明了在中王国时期，古埃及和其他地区已有商业往来。

除了和腓尼基、克里特岛这些北面的邻居发展商业关系以外，中王国时期的古埃及和南边、西南边的邻居也有商业往来。当时古埃及的东南方是蓬特，即现在的索马里附近。根据第十一王朝时一个名叫赫努的官吏的铭文钟记载，当时的古埃及曾经组织了一支规模庞大的商队远征蓬特。还有一个颇为传奇的故事也能反映一些信息：一个水手乘船去西奈半岛，结果在途中遇到了大风，船被吹到与西奈半岛完全相反的方向，结果到了蓬特，船也撞坏了，船上150名水手只活下来一个，最后这个人带着大量珍贵的香料、肉桂、檀香木等物品回到了埃及。此外，对于努比亚，古埃及人在第二瀑布附近修筑了要塞，禁止尼格罗人到埃及的境内放牧，但是他们却允许尼格罗商人来埃及经商。

中王国时期，经济大有发展，是毋庸置疑的事实，但是，经济进步的果实基本都落在了统治阶级的手中，这也是事实。根据《杜阿乌夫之子赫琪给其子柏比的教谕》和一些其他资料可以了解，当时广大下层劳动者的生活处境仍然非常艰难。《杜阿乌夫之子赫琪给其子柏比的教谕》描绘了很多手工匠人，包括雕刻匠、金工、磨制宝石的匠人、纺织工、制箭的人、鞋匠、信差、佃农、渔人等，他们有的劳动条件非常艰苦，有的生命都得不到保障，还有的终年劳作却难以糊口。赫琪让他的儿子去首都底比斯读书，希望儿子将来能逃脱下层劳动者的命运，去做一名书吏，免受风雨之苦，还能填饱肚子。"*如果你会书写，那么你的境遇就会比我讲给你的那些职业要好很多……*"书中后面还提到过西奈半岛上的铜矿工人在炎炎烈日之下开矿，不仅劳动环境非常恶劣，头上还会不时飞来工头的棍棒。新兴的工商业城市卡呼恩，西部是贫民区，矮小的

有关涅杰斯的壁画

房子拥挤在一起；东部是富人区，房子又宽敞又漂亮，有的富人家足有 70 间屋子。富人区和贫民区中间是一道坚固的围墙，这形象地反映了当时贫富之间的分化和对立。

中王国时期，是古埃及奴隶制极盛时期的开始，这一时期社会经济发展的一大特点就是私有奴隶制经济的发展，和这一点相适应的是另一个新的政治力量的出现，即中小奴隶主阶层——"强有力的涅杰斯"。

涅杰斯的崛起

中王国第十二王朝时，以国王为代表的王权势力一举扭转第十一王朝时的不利形势，沉重地打击了地方贵族势力。这与奴隶制经济的发展"强有力的涅杰斯"的成长壮大并坚定地站在王权这一边是分不开的，这支力量是王权的重要支柱。

涅杰斯这个词的原来含义是"小人"，即非出身贵族门第的人，和贵族、大人物相对。他们来源于下层自由民，最早在古王国末期出现。在第一中间期时，"涅杰斯"们逐渐形成了一个小私有者阶层，是当时各诺姆军队的主要来源之一，所以当时有野心、想当霸主的诺马尔赫们都很重视这一支力量，比如喜乌特的诺马尔赫梯弗比就说"我不反对涅杰斯"，这是因为涅杰斯能给他带来赠礼。《对美里卡拉王的教谕》中也提到要注意调整贵族势力和小人涅杰斯的关系，就是要将涅杰斯拉到自己这一边来。

涅杰斯是社会经济发展的必然产物，而随着社会经济的进一步发展，涅杰斯内部也分化成两个阶层。这种分化在第一中间期的时候就开始了，可以说，涅杰斯从诞生之日起就开始分化，到了中王国时期，这种分化还在继续。

一部分涅杰斯因为种种原因富裕了起来，他们占有土地，但自己不种，而让农民来耕种，再向他们收租。这部分富裕起来的涅杰斯被称为"强有力的涅杰斯"。他们有的做生意，有的是富裕的手工业作坊主，还有一部分人跻身官僚队伍，比如在第十一王朝的孟图霍特普一世时期，一位名叫伊提的涅杰斯就当上了底比斯财政大臣这样的高官，他的铭文中说他是靠着自己的手腕而发迹的，他有大量的财产且支持国王。还有的"强有力的涅杰斯"进入军队当上了军官，比如一位名叫虎舍贝克的军官就是涅杰斯，国王曾经两次赏赐给他奴隶，这些奴隶加起来有100个左右。但不是所有的涅杰斯都有这样的好命运。另一些涅杰斯越来越贫困，不得不自己耕种土地，有的还丧失了财产，最终沦为乞丐甚至是奴隶。赫尔摩波里的一个诺马尔赫曾说过，在他当政的时候，没有一个涅杰斯从自己的土地上被赶走。言外之意是有的涅杰斯从自己的土地上被赶走过，就是说他们丢失了自己的土地。

涅杰斯的成长和分化是中王国时期社会发展的主要标志之一。"强有力的涅杰斯"是中王国时期支持王权和地方贵族进行斗争的主要力量之一，因此他们也跻身了统治阶级。但是，当时古埃及商品货币关系发展的总体水平还很低，所以涅杰斯这个阶层的力量还不是很强大。

中王国的衰落和第二中间期的开始

中王国时期，奴隶制经济不断发展，促进了社会阶层的不断分化，不仅是涅杰斯分化为"强有力的涅杰斯"和贫困的涅杰斯，其他社会阶层也在分化。主要表现为少数奴隶主聚敛了巨大的财富，他们残酷剥削、奴役本国人民以及外族奴隶。与此同时，大量普通居民濒临破产，陷入贫困，甚至沦为奴隶。当时社会贫富差距巨大，阶级矛盾越来越尖锐，而统治者不断发动的对外战争，更是雪上加霜。此外，统治者内部的矛盾也很尖锐，除了王权和地方贵族有矛盾以外，王室内部的争权夺利也很激烈。《辛努海的故事》中提到，在第十二王朝初年，阿蒙尼姆赫特一世去世后，宫廷内部矛盾迅速激化，害怕祸及自身的辛努海便逃到了叙利亚，这个故事或许可以作为那段历史的一个旁证。

在这些矛盾危机的重压之下，中王国只持续了两个王朝就走向了衰落。从第十三王朝开始，古埃及进入了第二中间期，埃及地区重新陷入分裂。

第二中间期（约公元前1786—公元前1567年）包括第十三王朝到第十七王朝，不过这5个王朝不是先后承接的，而是割据一方的地方王朝。首先在南方建立的是第十三王朝；在尼罗河三角洲西北部的地方势力重新强大起来以后，他们以克索伊斯为中心建立了第十四王朝；后来来自西亚的喜克索斯人建立了第十五、十六王朝；第十三王朝后来又为第十七王朝所取代。直至第十七王朝的阿赫摩斯将喜克索斯人赶走，建立起第十八王朝，古埃及历史进入新王国时期。

中央王权衰落，地方势力崛起，尼罗河三角洲的西部最先走向了独立，和南方形成对峙之势。但是南北两方的政局都非常动荡，据说从公元前1786年起的153年里，南方王朝经历了60个法老的统治；而北方也"不甘示弱"，在183年里迎来了76位法老。在南北对峙的混乱当中，努比亚脱离了埃及的控制，东北方地区又被喜克索斯人统治了一百多年。这让本就已混乱无比的埃及地区更加混乱，而这就是第二中间期的基本形势。

混乱的局势下，古埃及爆发了第二次人民大起义。这次起义的一些情况在一篇名为《伊普味陈辞》的材料中有所记录，即使这篇材料的作者敌视起义者，通篇充满了对起义者恶毒的谩骂攻击，不过当时起义的一些情况也可见端倪。

当时参加起义的有农民、手工业者还有奴隶，都是下层劳动人民，他们提出的口号是"让我们镇压我们中间的有势力者"，还提出"反对那蛇标、拉"，显出这次大起义反对王权、反对神权的革命精神。起义力量顷刻间横扫全国，"国王被暴徒废黜"。"金字塔所掩盖的已经空虚"，"国家的首长逃亡"，"国家的长官被驱逐到各地"。"政府机关已被打开，它们的清单已被夺去。"（书吏）已经被杀，他们的文件已被夺走。""地籍书吏的文件已被毁损，埃及的谷物已经成了公有财产。""议事室的法律纸卷已被抛撒到公共场所，任人们在上面践踏，在街头任贫民将其撕碎。"起义者没收了贵族和奴隶主手中的土地、牲畜、房屋、谷物以及"所有的一切"。"大地像陶钧一样被翻转了过来"，"穷人成了珍宝的主人"，"奴隶成了奴隶的主人"。有一点值得关注，那就是中王国的政治舞台上的重要角色"强有力的涅杰斯"在这次起义中成了被打击的对象，他们不禁发出哀叹："多么可怕啊！我该怎么办呢？"

　　《伊普味陈辞》的作者对这一切感到无比的愤恨，但是又无可奈何。这次起义和第一中间期的第一次人民大起义一样，爆发的具体时间、原因、过程等细节问题现在我们均无从知晓，不过结果是显而易见的——起义被镇压下去了。大起义进一步摧毁了残存的政权，使社会秩序更加混乱，农田荒废，仓库空虚，甚至造成了饥荒，也使得喜克索斯人得以乘虚而入，就像《伊普味陈辞》中说的，"蛮人已经从国外进入埃及"。

喜克索斯人入侵

　　现在关于喜克索斯人的资料非常非常少，所以要想将喜克索斯人入侵这一事件详细、具体而又确定无疑地描述一遍，还有一定的困难。

　　喜克索斯人的组成成分非常复杂，主要组成部分可能是塞姆人，但是其中还有别的民族成分，比如胡里特人。他们原来可能是住在今叙利亚、巴勒斯坦地区，而且是在这些地区和古埃及临近的地方，因为在喜克索斯人入侵埃及的时候，叙利亚、巴勒斯坦地区的主要文化正常发展，并未有中断的迹象。现在学者大多认同喜克索斯人入侵埃及，并不是采取几次大规模武装入侵的方式，而是一个和平渗透的过程。他们之所以想进入埃及，大概是因为他们的原住地发生了干旱，放牧受到了影响，为了寻找新的牧场，他们就来到了水草丰美的埃及尼罗河三角洲地区，最开始人数很少，渐渐地人多了起来。当时古埃及境内处于分裂的状态，没有力量阻止这些外来者。最终，这些喜克索斯人在三角洲地区站稳了脚跟，并且建立起自己的政权。这一过程大概用了半个世纪的时间，大约在公元前 1674 年，他们在埃及的土地上建立起了第十五、十六王朝。

　　喜克索斯人将新王朝的首都定在三角洲东部的阿发里斯，现在找不到关于其行政机关的任何资料，不过他们很可能直接沿袭了古埃及的统治方法。喜克索斯人的首领原来叫作"牧人王"，因此他们建立的王朝被称为"牧羊王朝"。喜克索斯人尽可能地将自己"埃及化"，比如国王也自称法老，并称为"拉之子"，名字中也有"拉"字，也像原来的古埃及法老一样，把自己的名字写在一个椭圆形的框子里；古埃及人崇拜的神他们也都崇拜。

　　喜克索斯人建立的第十五、十六王朝大概持续了 100 多年，在希安王和阿波皮一世时比较强盛。喜克索斯人的统治领域大体就在尼罗河三角洲地区，可能通过附庸、封臣间接统治过下埃及地区和部分上埃及地区。喜克索斯人最早和第十三、十四王朝对峙，在最强盛的时候可能曾经让南方的第十三王朝以及后来的第十七王朝称臣纳贡。据《萨勒纸草Ⅰ》记载，阿波皮一世在位时，有一次他派了一个使臣去南边的底比斯，让第十七王朝的国王把底比斯城郊池塘里的河马都杀掉，因为这些河马的吵嚷声让远在阿发里斯的他无法入睡。第十七王朝的国王如命照办，这表明当时他们对喜克索斯人处于臣服的状态。

喜克索斯人以武力奴役埃及人民，征收重税，破坏城市，毁坏神庙，可以说，当时的古埃及人民身受本国奴隶主和外族统治阶级的双重压榨。直到100多年以后，南方第十七王朝的法老才将喜克索斯人驱逐回巴勒斯坦。不过，喜克索斯人也为古埃及带来了养马等先进技术，还简化了埃及的文字，为古埃及文明也作出了一定的贡献。喜克索斯人有一些技术相对于古埃及人是进步的。使用马车、鳞片铠甲、短剑、弯刀、木头或兽角制成的弓矢等一些新式武器装备，使得喜克索斯人的战斗力比较强，这可能也是在一段时间内喜克索斯人对古埃及人占上风的一个原因。

新王国时期以及后王朝

第十七王朝的阿赫摩斯将喜克索斯人赶回了巴勒斯坦，建立第十八王朝，古埃及进入新王国时期（约公元前1567—公元前1085年）。随后，新王国大肆扩张，建立了一个强大的、地跨亚非的埃及帝国。

重归统一与大肆扩张

继第十三王朝之后，埃及南部的底比斯建立起了新的王朝，这就是第十七王朝，同一时期的北方是喜克索斯人建立的第十六王朝。不过当时第十六王朝正在强盛时期，第十七王朝无力与其争锋，甚至还曾臣服于喜克索斯人。七八十年以后，第十七王朝强大了起来，并开始发动驱逐喜克索斯人的战争。

率先发难的是第十七王朝的末代国王卡莫斯。尽管当时北方的同胞处在异族的奴役之下，但卡莫斯手下的大臣们却不愿和喜克索斯人开战，因为他们的牲畜正在喜克索斯人统治的北方自由放牧。这样的看法显然是鼠目寸光，卡莫斯无法忍受喜克索斯人的侮辱，不想有别人来和他分享古埃及的统治权。就这样，卡莫斯发动了驱逐喜克索斯人的战争。根据1954年发现的涅西石碑铭文记载，喜克索斯人并没有坐以待毙，而是想联合卡莫斯南方努比亚地区的库施王国南北夹击卡莫斯。不料，喜克索斯人派去给库施王国送信的人落到了卡莫斯手里，南北夹击计划宣告破产。卡莫斯驱逐喜克索斯人的战争取得了巨大胜利，他占领了从南方的库施到北方的涅菲努西斯地区，将喜克索斯人赶到了基诺波里，还夺取了阿勒格什。

古埃及人接下来的复国统一大业是由卡莫斯的兄弟阿赫摩斯完成的。在阿赫摩斯统治的第17年，大约是公元前1553年，阿赫摩斯攻占了喜克索斯人的首都阿发里斯，随后一直追击到巴勒斯坦，狼狈逃窜的喜克索斯人自此在历史上没了消息。

异族入侵者已经被驱逐出境，古埃及重获统一。阿赫摩斯建立起第十八王朝，古埃及历史进入了新王国时期（新王国时期包含第十八、十九、二十王朝，公元前1567—公元前1085年）。新王国的法老们并没有停下开动战争机器的手，他们的目光转向了埃及以外的地区。古埃及的战士几乎没有停下他们的脚步，但是这一刻已经是第二场战争，性质上相比第一场战争有着本质区别。之前他们是驱逐外来侵略者，是正义的民族解放战争；现在则是侵略他国的非正义战争，他们已经扮演起喜克索斯人的角色了。阿赫摩斯先是对南方的努比亚用兵，之后是出兵东北方向的叙利亚、巴勒斯坦。接替阿赫摩斯王位的是阿蒙霍特普一世，他在位期间不仅南征努比亚到了第二瀑布附近，还将侵略的矛头指向了西方的利比亚。

阿蒙霍特普一世之后是图特摩斯一世，他是阿蒙霍特普一世的女婿。在他在位期间，古埃及帝国初具规模，称他为埃及帝国的奠基人当不为过。在南方，他将古埃及的边境推进到尼罗河第三瀑布以外。阿尔科岛上发现的一篇铭文可以证明，这位勇武的国王曾经到过第三瀑布以南60多米的地方。另外根据图勒的传记铭文，他在图特摩斯一世在位的时候当上了努比亚总督，这说明当时埃及已经稳稳地占领了努比亚。在北方，图特摩斯一世的对手名单上除了叙利

阿赫摩斯一世雕像

亚、巴勒斯坦人，又新增加了米坦尼人。经过激烈的争夺，图特摩斯一世最终将埃及帝国的北部边界推进到了叙利亚北部、幼发拉底河上游。

　　埃及帝国在著名的图特摩斯三世在位时最终形成。图特摩斯三世大约于公元前 1479 年继位，不过这时由太后哈特谢普苏特摄政，他一直到继位 20 多年以后才正式掌权。图特摩斯三世征战一生，战胜了由米坦尼王国支持的、以卡迭石为首的叙利亚联军，进而战胜了米坦尼王国，使其放弃对埃及的敌对态度而变成了埃及的盟友，这也使得埃及在叙利亚的统治更加稳固。图特摩斯三世在叙利亚的胜利使整个西亚都震动了，很多国家开始争相向埃及示好，和埃及建立友好关系，比如亚述和巴比伦尼亚，后者的国王还主动联姻，将自己的女儿送给图特摩斯三世为妃。图特摩斯三世将古埃及的北部边境推进到了幼发拉底河上游的卡赫美什。在南方，图特摩斯三世将古埃及的边境推进到了尼罗河第四瀑布之外。古埃及帝国正式形成。完成这一事业的图特摩斯三世志得意满，他自称"胜利之王""诸国之王"，大肆夸耀自己的丰功伟绩。接替图特摩斯三世的阿蒙霍特普二世也曾对西亚大举用兵，甚至曾俘获十万敌兵，不过他并未能进一步扩大埃及帝国的地盘，他的行动主要是镇压当地人民的反埃起义，巩固图特摩斯三世远征的战果。

图特摩斯三世雕像

　　在 100 年左右的时间里，第十八王朝的法老们率领着军队南征北战、纵横驰骋，古埃及从一个只统治尼罗河上游河谷和下游三角洲地区的区域王国，变成了地跨西亚北非的奴隶制大帝国。帝国的形成是古埃及的统治阶级使用野蛮的侵略战争手段实现的。从客观上说，侵略战争促进了东部地中海地区的经济文化交流，但是它更造成了巨大的破坏，旷日持久的掠夺性战争给当地人民带来了无穷无尽的苦难，使人们生活在水深火热当中。侵略战争给古埃及本身带来了双重影响。一方面，帝国版图急速扩大，大量的财富、劳动力涌入古埃及，埃及奴隶制经济因而大大发展；另一方面，侵略战争带来的财富以及战争的创伤也加速了古埃及国内的阶级分化，国内阶级矛盾不断激化，为新王国最后的崩溃埋下了祸根。

帝国的统治

　　当时的古埃及是地跨亚非的奴隶制大帝国，规模空前，国力空前，不过新王国时期的古埃及仍然实行中央集权的君主专制制度。新王国时期的统治阶级成分有了一定变化，主要表现在官吏队伍的来源变化。在古王国时期，大部分官吏出身王室家族或者皇亲国戚，范围较窄；而新王国时期，官吏是从整个统治阶级中挑选，这表明这时君主专制的阶级基础有所扩大。新王国不再是王室家族、皇亲贵族等少数人的政权，而是整个统治阶级的政权。

新王国时期的最高官员还是维西尔，也就是宰相。因为帝国空前庞大，也为了避免权柄操于一人之手，新王国时期设立了两个维西尔，两人"分片儿"管理庞大的古埃及帝国，以埃及中部的赫尔摩波里为界，一个负责上埃及地区和努比亚地区，一个负责下埃及地区和西亚地区。通常来说，前一个维西尔的权力更大一些，法老领军出征的时候，基本由他代行朝政。维西尔负责所辖地区的行政、司法、经济还有神庙等事务。根据图特摩斯三世给他的维西尔列赫米留的训令可以看出来，土地诉讼、分家析产、农事、赋税、遗嘱等他都管，可见，维西尔基本是执行法老意志的工具。

维西尔之下设有负责各种具体事务的机构和官员，大家各司其职。比如有的负责管理北方的港口，有的负责管理"南方大门"即要塞，还有的负责管理土地，但是维西尔以下机构的具体层次以及权力大小现在还不清楚。地方上，诺姆还是主要的行政单位，但是有关资料非常少，这可能是因为新王国时期的地方诺姆权力大减，已经不可能和中央王权分庭抗礼，他们只是庞大的中央集权帝国下的一级地方政权，已不是政治舞台上的闪耀角色，所以没有留下多少资料再正常不过了。

新王国时期的军队成分也出现了变化，不仅有埃及本国人，还有外国的雇佣军。当时有一支名叫"沙尔丹"的雇佣军很出名，在埃赫那吞时代的浮雕中出现过，第十九王朝时期拉美西斯二世同赫梯争霸的战场上也出现过他们的身影。到了第二十王朝，在《维勒布尔纸草》中，还出现过雇佣军士兵"沙尔丹"租种神庙的土地、"沙尔丹"的仆人租种土地的记载。新王国时期的军队中还出现了一个新的兵种，那就是战车兵。这是北方入侵的喜克索斯人传进埃及的，古埃及人消化学习了这项技术。在对外征服战争中，战车兵发挥了巨大的作用。新王国时期，军队中的战车兵一般都出身富家，打仗的时候还要带上奴隶，奴隶负责伺候他们的起居、饲养战马以及维护战车，大概战车和马匹是他们自备的。

新王国在新征服的地区设置总督管理，还有精锐部队驻防，也会利用当地的王公贵族实现自己的统治。每占领一个地方，埃及人都会把当地统治者的孩子送到埃及去接受教育，同时也是作为人质，等孩子们的父辈去世以后，再放他们回去继位。这样，常年受埃及教育的人很多都成了埃及的忠实木偶，对埃

埃赫那吞全家祭奠阿吞神

及言听计从。此外，努比亚的总督一般是由法老的儿子担任，他们被称为"库施王子"，这样做大概是想让他们熟悉政事，锻炼能力。

社会经济状况

使这样庞大的帝国维持运转，雄厚的经济基础必不可少。新王国的财政收入有两个主要来源，一是收缴国内人民的赋税，二是从国外征服地区的人民那里得到的贡赋，包括金属、牲畜和奴隶等。古埃及当时非常强大，新王国时期经济的较大发展是其重要原因之一。具体来说，这一时期社会经济的发展体现在四个方面。

第一个方面是农业。出现了一批以梯形犁、金属镰刀等为代表的新型农具，进一步修缮了水利灌溉系统，出现了一种提水工具，名为"沙杜夫"，从而具备了开发高地地区的条件。沙杜夫的结构并不复杂，将一根长杆的中间挂在横梁上，分别在两端挂上水桶，绑上石块或者其他配重物，取水时将水桶的一端浸入水中，等到水灌满之后，再利用另一端配重物的作用升起水桶，等水桶达到预定高度后，便把水倒入水渠中。在河岸较高的地方，就要多安装几个沙杜夫，将水一层一层地提上去。直到今天，这种简便的装置还在一些地方使用。

第二个方面是手工业。首先是冶金业，当时已经开始使用脚踏风箱，一个人可以踩两只风箱，大大提高了炉温，这是冶炼青铜和铁的必要条件。人们还改进了铜制品的铸造方法，新的铸造法虽然对工艺水平要求很高，但也极大地提升了效率。其次是玻璃制造业，在新王国时期已经达到了非常高的水平，这一点可以由曾经在底比斯发现的多座玻璃工厂遗址来证明。古埃及当时已经有能力生产多种不同颜色的玻璃，比如白色、黑色、红色、蓝色、黄色、棕色以及无色透明的等等。再次是纺织业，原料以亚麻和羊毛为主，技术方面的进步也很大。人们以图特摩斯四世和图坦卡蒙墓中发现的一些亚麻织物的残品为依据，推测出当时的纺织技术水平很高。纺织机械也更为先进，古王国时期以卧式纺织机为主，到了新王国时期，则逐步被垂式织布机替代，这种纺织机只需要一个人就可以操作，还能够织出比较宽的布匹。第四是建筑业。作为手工业的主要组成部门之一，建筑业留下了许多重要遗迹，比如我们现在看到的卡尔纳克和卢克索两大神庙，其主要建筑都修建于新王国时期。在埃赫那吞改革时期，又有一座新的城市由古埃及的手工业者建造完成，应有的主要设施，如王宫、神庙、政府机关、贵族们的府第等一应俱全，十分完备。第十九王朝拉美西斯二世在位时，曾经建造了一座新的都城培尔－拉美西斯，位于三角洲东部，并成为向西亚进军的前哨阵地。这些工程规模之大、数量之多，足以证明当时埃及所拥有的建筑队伍十分庞大且技术精湛。

第三个方面是运输业与国际贸易。其中运输业的显著进步之一，是民间运输逐步使用了原本只在军中使用的轮车，这与"肩挑牲口驮"相比可以说有着质的飞跃。古埃及国际贸易的活动范围，在新王国时期也变得更加广阔了。当时埃及的主要贸易目的地是地中海东岸，此外还与小亚细亚、希腊、红海南岸、爱琴海上的岛屿等地都有一定的贸易交流。经叙利亚的港口转运，也会有新商品从两河流域和波斯湾地区到达埃及。古埃及进口的物品种类非常多，有小亚细亚和黎巴嫩出产的木材，叙利亚出产的酒、油类、树脂，克里特岛出产的精美陶瓶、金属武器、饰物等。古埃及也出口谷物、麻布、皮革、纸草等，数量都很可观。

随着商业贸易活动的大发展，与之相关的商品货币关系自然也得到了一定程度的发展。以铜、青铜、白银和黄金为主的金属作为流通手段的情况逐渐增多，但是仍然没有铸币出现，其中通常以白银作为价值的尺度，按照重量来计算。商人的出现，或许成为新王国时期商品货币关系发展的标志之一。有两位零售商人被记载在《第11号波拉克纸草》中，分别叫明·纳克赫特和舍利布恩，他们出售肉、葡萄酒和糕点等食品。

不过，商品货币关系在新王国时期仅仅是有了一定的发展，从总体上看仍然不够充分。得出这个结论的一个最主要依据，就是当时还存在着普遍的以物易物的情况，衣物、谷物、牲畜以及各种器皿都可以与其他物品互相交换。租用、买卖奴隶和土地虽然以多少白银来注明，但是交易的方式还是以物易物。虽然当时已经出现了商人，但数量极为稀少，并没有对整个社会的经济生活产生多么大的影响，更谈不到在政治上有什么影响了。商品货币关系发展缓慢的主要原因，还是王室、神庙和贵族奴隶主手中掌握了大部分生产资料，他们这样的经济个体，具有庞大的规模和齐全的门类，自给自足毫无问题，不需要与市场有什么关联。并且，可以用作货币的如黄金、白银等贵金属，大部分也都聚集在国王和奴隶主手中，并不作为货币进行流通，而是被用来打造成不同种类和样式的装饰品。对外贸易在当时也都在国王和王室的控制中，普通人根本无法参与。

　　第四个方面是奴隶制度在新王国时期进一步发展，最主要的表现就是大量增加的奴隶人数。究其原因，便是旷日持久的、大规模的对外战争所产生的战俘成为奴隶的充足来源。其实，奴隶主阶级之所以在对外发动侵略战争时表现出热衷的态度，一个主要目的就是可以把敌人的士兵和平民变成自己的奴隶。奴隶本身就是财富的一种，国王等高级统治者可以把奴隶赏赐给有功劳的人，与赏赐土地和牲畜没有区别。另外，这一时期奴隶主阶级的成分也发生了一定变化。在古王国及其之前的时期，只有极少的人拥有奴隶，一般只包括王室、神职人员以及官僚贵族等，很难有破例的情况出现。"强有力的涅杰斯"在中王国时期的出现，使这一情况有所改变，他们也拥有了奴隶，只是数量仍然很少。到了新王国时期，情况再一次发生变化：奴隶主阶级的范围得到了明显扩大，在拥有大量奴隶的王室成员等上层以外，如牧人、商人、手工业者、雇佣兵等

沼泽猎禽壁画
古埃及新王国时期的洞室墓穴壁画，展现了当时猎禽和捕鱼的场景。现存于大英博物馆。

不少中下层人，也可能拥有奴隶。当时形成了一个新的阶级，名为"涅木虎"，便可以证明这个情况的存在。

"涅木虎"一词最早是在中王国后期出现的，原本是"孤儿""贫穷的人"的意思。到了新王国时期，"涅木虎"被赋予了新的含义，指与贵族相对立的人。涅木虎被允许经营王室的土地，因此也有着"王室土地的涅木虎"之称。这类人享有世袭租佃权，身份也世代承袭。涅木虎还可以为军队提供服务，或者为国王提供其他的服务。于是，涅木虎逐渐发展成为一个中小奴隶主阶层，他们拥有奴隶，担任官职，是王权社会不可或缺的支柱之一。埃赫那吞改革时，一大批涅木虎曾得到提拔，在中央和地方担任官吏，然而改革失败后，对改革持支持态度的涅木虎也全都遭到了报复和打击。

作为奴隶主的财产，奴隶和属于奴隶主的土地、牲畜并无区别，同样可以被买卖、转让和出租，也有被没收的可能，地位十分低下，不被看作"人"。新王国时期，奴隶的状况也发生了一些变化，一些幸运的奴隶得到释放成为自由民，还有更幸运的成为奴隶主的养子，有的自己租土地耕种成立了自己的家庭，甚至还有的拥有了自己的土地。然而即便这样，幸运者们的境遇也未必就有多好。在开罗曾发现一块石碑，上面提到了一个奴隶卖掉了自己的土地，原因是自己"过着穷困的生活"，不得已才卖地。记载在《维勒布尔纸草》中的那些租种神庙土地的奴隶，能租到的土地也十分有限，同时还要交非常重的税，想要养家糊口是十分不易的。因此，过着"不是人"的生活的奴隶们尝试了不同的办法，有逃亡、怠工甚至起义等，希望以此来改变自己的命运。

在土地关系方面，新王国时期与古王国时期相比变化并不是很大，国王、神庙和官僚贵族奴隶主手中掌握着大部分的生产资料。不过，这种情况在社会经济发展，尤其是商品货币关系发展的同时，也有了细微的变化，那就是中下层居民也得到了少量的生产资料，甚至有的奴隶也拥有了土地，虽然数量可能非常少。

奴隶主通过租佃的形式经营自己拥有的土地。现代发现的《维勒布尔纸草》，是一份记录神庙和王室土地的丈量和租佃情况的清册，神庙和王室的一部分土地情况得到了详细的记录，内容包括每块土地属何人所有，地块的位置和面积，以及租佃者的姓名、职业、应缴纳多少租税等。从这些信息可以判断出租佃人有着非常复杂的成分，不仅有女市民、农民、奴隶，还有养蜂人、牧人、马厩长官和小祭司等；每个人租佃土地的多少也不同，多的可以达到几百斯塔特（古埃及面积单位），少的却只有三四斯塔特甚至更少。显然，那些租的非常多的人并不亲自耕种，因为这么多土地不是一个人能种完的，那就很可能是由奴隶或其他人租种了。向别人租种土地，需要缴纳多少租税呢？有人以《维勒布尔纸草》上的信息为依据进行了推断：当时的租佃者要从收成中拿出一半作为租税上交。也有学者认为不需要这么多，最多只要上交收成的1/7就可以了。另有学者以《波隆纸草1086号》的铭文为依据，推算出当时一个农民一年要交纳的租税为200袋谷物。如果租佃的人无法交纳租税，就会陷入悲惨的境地。第二十王朝时期的《兰辛克纸草》中说，未能上交租税的人会遭到捆绑、吊打的惩罚，可能会受到牵连的有他的家属甚至邻居。另外还有资料中提到，交不起租税的人可能会被收回手中的土地，比如有一个为国王养马的马夫，他的租地也在毫无理由的情况下被强令收回了。至于那些并非奴隶身份的向他人租种土地的人，虽然名义上是自由民，但也不能摆脱奴隶主的奴役，再加上兵役、劳役同样沉重，社会中下层中的大部分人都生活得非常艰难。总之，社会经济在新王国时期有了大幅度的发展，但却并未使大部分劳动者的境遇得到明显改善，而是只有少数人享受到了这一发展的成果。

王权和神权的斗争

王权和神权在政治上结成同盟是古埃及君主专制的一个特征。双方互相利用，法老作为王权的代表要用神权势力来神化、巩固自己的统治，同时神权势力也要借助王权势力为自己谋求政治上、经济上的各种利益。因为神权势力曾经为王权的巩固作出很大贡献，所以历代法老都厚待神庙，经常赐予神庙很多的土地、奴隶等财富。新王国时期，国家的主神是阿蒙神，也是王权的主要保护神，所以阿蒙神庙属于诸多神庙中最主要的，所受的国王赏赐也最多，经济实力也最为雄厚。在新王国时期，除了法老，最大的土地拥有者、奴隶主、富翁就要数阿蒙神庙了。

但是，神权和王权的同盟也不是铁板一块，神权也有其自身独立的利益要求，有的时候就会和王权利益发生矛盾，所以神权势力也会和地方贵族联合起来反对王权，但是这一般都发生在王权衰弱的时候。王权强大之时，神庙势力还不敢造次。在古埃及，神权势力是统治阶级的唯一精神支柱，所以法老们还不能将他们彻底打压，还要依赖他们，这就为自己埋下了一个潜在的对手。渐渐壮大的神庙势力逐渐拥有了政治野心，他们不甘心只做财富巨大的奴隶主，也想在政治上有一番作为，他们也在渴求政治权力。直到第十八王朝中叶时，哈特谢普苏特同图特摩斯三世之间的争权斗争，给了祭司集团一个插手政治并攫取权力的机会，站对队的祭司集团自此在政治上的影响就更强大了。

哈特谢普苏特是图特摩斯三世父亲图特摩斯二世的正妻，也就是图特摩斯三世的嫡母，但不是亲生母亲。图特摩斯二世去世时，图特摩斯三世还很年轻，王后哈特谢普苏特掌握了大权，后世也有学者将她列为第十八王朝的一位女王。她的两个宠臣——总管森穆特、维西尔哈普辛涅布都是阿蒙神庙祭司。直到哈特谢普苏特去世（或者说失踪，图特摩斯三世的突然掌权至今都是个谜团），图特摩斯三世亲政，祭司们又立下了拥戴之功，图特摩斯三世自然对祭司集团感激不尽，每次对外征战归来都赏赐给神庙很多的战利品。在他的有意提携下，祭司集团的政治和经济实力都迅速膨胀，不仅开始危及其他奴隶主的利益，也渐渐对王权产生了威胁。

王权和神权的矛盾在图特摩斯四世继任者阿蒙霍特普三世时还有所控制，到了阿蒙霍特普四世时则彻底爆发。

阿蒙霍特普三世在位时对神权威胁王权的情况已经无法忍受，他将祭司兼维西尔的普塔赫摩斯免职，任命非祭司集团的拉莫斯为维西尔。此外，阿蒙霍特普三世还对阿蒙神的信仰产生了怀疑，他准备用对阿吞神的崇拜来取代对阿蒙神的崇拜。对阿吞神的崇拜并非阿蒙霍特普三世首创，早在图特摩斯四世时代，一个古老的太阳圆盘神阿吞神便被抬了出来加以崇拜。有一次，图特摩斯四世远征西亚纳哈林胜利以后，将胜利归之于阿吞神的保佑，奉上了大量的战利品，这在以前可都是阿蒙神的待遇。阿蒙霍特普三世继承了图特摩斯四世的做法，他不仅不顾包括神庙贵族在内的贵族阶层的反对，立出身平民的泰伊为王后，还加强了对阿吞神的崇拜。已知阿蒙霍特普三世的一个卫队就以阿吞神的名字命名；他还为泰伊王后修了一个供她们游玩的湖，湖中游船的名字就叫"阿吞的闪光号"；他还在底比斯为阿吞神修建了一座神庙。

此时已经坐大的祭司集团当然不会坐以待毙，他们便想通过干预王位继承人的方式来确保自己的既得利益不受损害——选一个听话的傀儡上台，而不让阿蒙霍特普三世选定的阿蒙霍特普四世继位。但是这一计划没有成功，约公元前1379年，阿蒙霍特普四世成功继位，终于对阿蒙神庙势力动手了，这就是闻名后世的阿蒙霍特普四世的宗教改革，又称埃赫那吞改革。

阿蒙霍特普四世的改革首先从祭司集团的旗帜——阿蒙神开始，他禁止对阿蒙神和其他地方神的崇拜，只准崇拜阿吞神这唯一的太阳神。这样一来，法

古埃及王后哈特谢普苏特雕像

老本人就成为人民与神交流的唯一中介，底比斯的阿蒙神庙祭司们失去了存在的基础。他又下令关闭全国所有的阿蒙神庙，没收其所有财产，与此同时，他开始大肆兴建阿吞神庙。不管是埃及本土，还是努比亚和叙利亚，没收的阿蒙神庙财产全部转交给了阿吞神庙。为了消除阿蒙神在人们心中的影响，阿蒙霍特普四世下令将所有建筑物上的阿蒙字样全部除掉，又将自己的名字改为"埃赫那吞"，意思是"阿吞光辉的灵魂"。第二年，他将都城从底比斯迁到了埃及中部、尼罗河东部的阿马纳。这些措施表明，法老埃赫那吞已经彻底和以阿蒙神庙祭司为代表的神权势力决裂了。

埃赫那吞改革得到了军事行政奴隶主，还有当时中小奴隶主阶层——涅木虎的支持。这两方都对神权势力非常不满。对外战争中，军队为帝国的建立立下汗马功劳，行政官吏们为庞大的帝国辛勤操劳，但是，他们得到的回报却远远没有神庙里的祭司们多。在他们看来，祭司们几乎没做什么有用的事情，就这样他们还不满足，还要插手世俗政权，还想做维西尔等高官，大有将世俗奴隶主们都挤到一边、唯他们独尊的势头，世俗奴隶主们不仅是嫉恨，更有一种危机感。所以，奴隶主集团联合起来支持王权，支持埃赫那吞改革。由此可见，这场改革名义上是宗教改革，本质上却是一场争夺利益、重新分配权力的政治斗争，只不过是披着宗教的外衣。埃赫那吞提拔了不少涅木虎，比如有一个名叫麻伊的涅木虎就当了大臣，在他的铭文中这样写道："我——从父母双方来说都是涅木虎，君主玉成了我，而（以前）我是一个没有财产的人。他使我得到（很多的）人。我将我的兄弟们提拔起来，他让我的所有的人都关心我。当我成为一村之长时，他下命令，使我兼任大臣和'王友'，而（以前）我曾（要过）面包。"

神庙势力以及站在他们背后的一切旧贵族奋力还击，他们采取各种措施，包括但不限于向埃赫那吞的母亲泰伊王后施加压力，让她去新都城劝说埃赫那吞放弃改革；在古埃及的属地西亚煽动叛乱；谋划刺杀埃赫那吞；等等。

双方的斗争异常激烈，而反对改革的势力极为强大，又极富有斗争经验。渐渐地，胜利的天平开始向神权一方倾斜，不过这也是因为支持埃赫那吞的阵营内部出现了裂痕。首先是军队方面。埃赫那吞在改革之时便停止了对外战争，而军队没有仗打就得不到战利品，法老的赏赐更无从谈起，所以军队很快就离开了改革的阵营。军队总司令霍连姆赫布更是以军务繁忙为借口一直没去新都阿马纳。同样是在改革时期，古埃及的注意力没有放在西亚属地上，这使得古埃及在叙利亚的很多属地都脱离了埃及，他们或者独立，或者被赫梯吞并，这样一来，军队和其他统治阶级的人都对改革不满，渐渐也对改革失去了热情。其次，广大的劳动群众没有从改革中得到任何实际的好处，相反，修建新的都城又要他们付出更多的汗水，而且改变根深蒂固的信仰也不是一件容易的事情，所以，他们对改革基本没什么热情。

奈菲尔提提雕像
古埃及国王埃赫那吞的王后——奈菲尔提提。现存于柏林的埃及博物馆。

　　埃赫那吞最终没有顶住重重压力，选择了妥协。他派他的女婿、共治者施门克赫卡勒去了底比斯，可能是去讲和，但最终却当了人质，一直到死他也没有回到阿马纳。埃赫那吞的王后奈菲尔提提则是搬出了先前住的王宫，住到了城北的另一个王宫，显然她和埃赫那吞发生了分歧。

　　埃赫那吞改革最终失败。埃赫那吞死后，继位的图坦卡蒙放弃了改革，重新崇拜起阿蒙神，阿蒙神庙被没收的财产如数发还，首都也迁回了底比斯。在此之后的法老也都继续了这一政策。阿蒙神庙及其他神庙势力重新得势，之后气焰更加嚣张，大肆排除异己，使得支持过改革的涅木虎们都遭受了严重迫害。王权又和神权勾结在了一起，甚至对神庙势力的依赖程度更深了。可以说，最终新王国的衰弱乃至崩溃，也有祭司集团过分强大的原因。

与赫梯的争霸战争

新王国时期古埃及的对外征战曾经遇到了一个势均力敌的对手，那就是也曾强盛一时的赫梯帝国。双方在叙利亚、巴勒斯坦地区缠斗了几十年，谁也没能战胜谁，最后选择了握手言和。

叙利亚、巴勒斯坦地区和古埃及一样，也是一个古老的文明地区。20 世纪70 年代，在叙利亚北部发现的埃勃拉国遗址，其历史可以追溯到公元前 3000年。这里非常富庶，又地处亚非欧三大洲交界处，为商道要冲，历来就是兵家必争之地。不过，这里虽然是历史悠久的文明发祥地，但是自埃勃拉国以后却一直没有形成一个统一的国家，所以无力抵挡来自南边的埃及、北边的米坦尼和赫梯、东边的巴比伦尼亚等国家的威胁，一直是这些国家的盘中餐、砧上肉。叙利亚、巴勒斯坦地区很早就是古埃及的扩张征服对象。第十八王朝时，法老们曾经在这里和西亚大国米坦尼王国开战，后来因为亚述崛起，感受到压力的米坦尼转而和埃及结盟。但是之后崛起的赫梯打败了米坦尼，直接和古埃及来了一场旷日持久的强强对话，战场就是叙利亚地区。

古埃及和赫梯的直接对话史还要从埃赫那吞的宗教改革时说起。当时的古埃及因为忙于内部争斗，对埃及在西亚的属地有所放松，所以这些属地一部分独立，另一部分则投入了赫梯的怀抱。然而，当时不少属地的王公贵族对埃及仍然很忠实，他们多次向埃赫那吞求助，但不仅没求来援助，还挨了他的训斥，说他们干扰了他的宗教改革。就这样，西亚地区一片混乱。在图坦卡蒙执政时期情况大概有了一些好转，但是他继位的时候只有 9 岁，在位也只有 10 年。他去世以后，他的寡后曾向赫梯国王苏庇路里乌玛一世提出，让他送一位王子来埃及与自己结婚，并做埃及的法老。不料这位赫梯王子却在埃及被杀，可能是反对这桩婚事的贵族所为。于是，埃及和赫梯开战。本来埃及连遭失败，但因为赫梯士兵被埃及战俘传染上了瘟疫，随后瘟疫在赫梯人居住的地区流行开来，最后双方都无力再战，这场战争才算中止。

在第十九王朝，古埃及的前几位法老，拉美西斯一世、塞提一世等都曾出兵西亚，也取得了一些胜利，但是赫梯人仍是气势逼人，双方还是谁都不能将对方彻底地消灭或征服。

古埃及和赫梯的争霸在拉美西斯二世统治时期（公元前 1279—公元前1213 年）达到了高潮，当时和拉美西斯二世对阵的是赫梯国王穆瓦塔里。拉美西斯二世一心想恢复图特摩斯三世时期的帝国版图，自然要重占叙利亚，为此他厉兵秣马，扩军备战。他新组建了普塔赫军团，再加上原有的阿蒙军团、赖军团和塞特军团，以及努比亚人、沙尔丹人等组成的雇佣军，总兵力在 3 万人左右。赫梯国王穆瓦塔里也没有闲着，为了和埃及争霸，他把首都从哈图沙迁到了离叙利亚更近的达塔萨。当时整个局势对埃及来说很严峻，有若干个叙利亚地区的公国，包括阿尔瓦德、纳哈林、卡迭石、卡赫美什、科迪、努格什、乌加里特和阿勒坡等都站在赫梯一边。

图坦卡蒙黄金面具
古埃及法老图坦卡蒙的木乃伊上所佩戴的面具。现存于埃及博物馆。

拉美西斯二世的计划是先控制住叙利亚的沿海地区，取得落脚点，同时打通海上交通线，确保能与埃及本土保持海上往来。就这样，公元前 1286 年，埃及首先出兵占领了腓尼基沿岸、南叙利亚的别里特（今贝鲁特）和比布鲁斯。第 2 年的 4 月末，叙利亚的雨季已经过去，拉美西斯二世决定御驾亲征，率领 4 个军团从尼罗河三角洲东部的要塞城市沙苏出发，沿里达尼河谷和奥伦特河谷挥师北上进入叙利亚，目标是夺取军事重地卡迭石。卡迭石位于奥伦特河上游西岸，这里河水湍急，峭壁耸立，地势险要，地处联结南北叙利亚的咽喉要道，也是赫梯军队的军事重镇和战略要地。拉美西斯二世的计划是先攻克卡迭石，控制北进的咽喉，然后再大举北进，重新占领整个叙利亚。

但让拉美西斯二世没有料到的是，赫梯国王穆瓦塔里早就通过安插在埃及内部的间谍知道了他的动向。穆瓦塔里的计划是以卡迭石为中心，扼守要点，以逸待劳，诱敌深入，将埃军北进的作战计划彻底粉碎。就这样，穆瓦塔里集结了2万军队，2500辆战车，埋伏在卡迭石附近。为了让埃及人钻进自己的圈套，穆瓦塔里还派出两名"逃亡者"去诱骗拉美西斯二世上当。果然，拉美西斯二世抓到了这两名逃亡者，这是两个贝都因人，他们说赫梯的军队主力还在百里之外，卡迭石城现在守备空虚。拉美西斯二世信以为真，亲率阿蒙军团孤军深入，一直冲到卡迭石城以南地区，结果深陷赫梯军队的重重包围，这时他的另外3个军团还落在后边。赫梯军队向被围的埃及军队发动猛攻，拉美西斯二世奋力抵抗，但还是损失惨重，只能将护身的"战狮"放出来护驾。据说，当时赫梯人不知道拉美西斯二世也在包围圈当中，只顾着抢夺战利品，这才让拉美西斯二世幸免于难。

待古埃及的一支援军赶到以后，以严整的战斗队形（呈三线配置，一线以战车为主，由轻步兵掩护，二线为步兵，三线步兵和战车各半）开始向赫梯军队的侧翼发起冲击，最终将拉美西斯二世解救了出来。此时的赫梯人不甘落后，也派出大量战车和步兵参战，猛冲埃及的中军，又令要塞中8000名守军出击配合作战，战斗十分激烈。到了晚上，赫梯军退守要塞，拉美西斯二世也无力再夺取要塞，于是率军退回埃及。这就是著名的卡迭石战役，双方势均力敌，胜负未分。

卡迭石一战，埃及和赫梯双方都损失惨重，也都已无力再战。再加上还有一些战场实力以外的因素，比如新崛起的亚述对两国的威胁，还有两国国内各自的困难等，也决定了双方再也不能发动如此大规模的决战。所以在此后的十几年里，双方虽然小战不断，但是规模都不大。拉美西斯二世吸取了卡迭石战役轻敌冒进的教训，改取稳进战略，一度回到了奥伦特河。对手赫梯也采取了固守城堡、力避会战的策略，因此双方都没有取得过决定性的胜利。

直到公元前1259年，两国争霸史才终于画上了一个句号。这一年，赫梯国王哈吐什尔三世向埃及提出缔结和约，拉美西斯二世同意，两国长达几十年的争霸战争正式宣告结束。和约中规定，双方实现永久和平，永远保持和平友

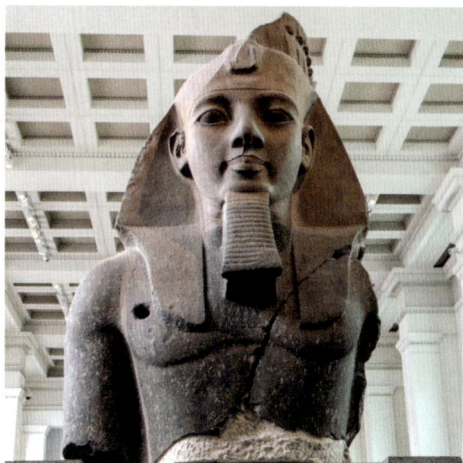

拉美西斯二世雕像

好的关系；双方实行军事互助，共同防御任何入侵的敌人；双方承诺不得接纳来自对方的逃亡者，同时有义务引渡逃亡者。一般认为这是目前发现最早的、有文字记载的战争和约。缔结和约以后，拉美西斯二世娶了赫梯国王的女儿为妻，通过政治联姻进一步巩固了双方的同盟关系。埃及和赫梯也通过这一纸和约瓜分了叙利亚、巴勒斯坦地区，确立了各自的势力范围，使其对这一地区的占领合法化。同时，这个和约又有军事同盟条约的性质，双方都保证在面临第三国的威胁时予以军事支援，甚至国内发生危险也要互相支援。

　　古埃及和赫梯的争霸战争，表面上看只有这两个国家参与，其实周围的米坦尼、亚述、巴比伦尼亚等国也先后不同程度地卷了进来，这标志着在当时东地中海一代的各文明古国已经不是各自独立发展，而是相互之间有了密切的联系，日益成为一个有机的整体。

　　古埃及和赫梯在叙利亚、巴勒斯坦地区大打出手，一打就是几十年，让这里的人民遭受了巨大的灾难。同时双方长达几十年的军事较量，也让双方的实力都遭到严重削弱。拉美西斯二世是古埃及帝国最后一个强有力的法老，当时的赫梯也正处于鼎盛时期，但是，双方都是强弩之末。对于古埃及来说，战争并没有使其达到恢复亚洲领地的目的，拉美西斯二世的继任者们面临的是日益混乱、内外交困的局面，强盛一时的新王国时期也开始走向衰落。

新王国的衰落

新王国后期，几件大事耗尽了埃及这个强盛一时的帝国的体力，虽然没有直接让它灭亡，但却使它迅速从巅峰走向衰落。一件是和赫梯的长期争霸，一件是埃赫那吞的宗教改革，还有一件就是"海上民族"的入侵。现在一般认为，"海上民族"是居住在地中海东南沿岸的古代居民，这些被埃及和赫梯称为"海上民族"的人们就像海啸一样，经常对沿海的埃及、赫梯等国家发动侵袭。他们对埃及的大规模入侵一共有两次：第一次是在第十九王朝中后期，法老美楞普塔在位之时。美楞普塔的铭文中说，他击退了"海上民族"的这次入侵，斩获甚多——杀死敌人8500多人，俘虏1万多人。第二次则是在第二十王朝的拉美西斯三世时期。

新王国中后期可谓内外交困，外有"海上民族"入侵，内有王权和神权的争端又起。法老美楞普塔不崇拜阿蒙神，他崇拜孟斐斯的普塔赫神。在埃及击退了"海上民族"的入侵后，美楞普塔认为这是普塔赫神而不是阿蒙神在保佑埃及人民。阿蒙神庙势力自然又开始进行强力反击，大概这场争斗的胜利者又是神权势力，因为到了第二十王朝时期，法老们对神庙势力的依赖，或者说神庙势力对王权的控制明显进一步加强，拉美西斯三世在名为《哈里斯大纸草》的遗嘱中提到的给神庙的捐赠就是例子。有的学者根据它推断当时各类神庙掌握着全国15%的土地、2%的全国劳动力。也有的学者认为这个比例还是小一些，因为纸草是"残篇"，仅剩1/3，实际上神庙名下的土地和劳动力只会更多。

新王国时期的侵略、掠夺、阶级压迫和繁重徭役使得劳动人民和统治阶级的矛盾异常尖锐。在第十九王朝末期，爆发了一场奴隶大起义，领导者是叙利亚籍奴隶伊尔苏。《哈里斯大纸草》中这样描述这场起义："埃及国家曾被抛弃，每人各自树立'自己的'正义'标准'。直到某一时期之前，有许多年他们都没有首领，埃及的土地为大家和地方首领所有，人们互相残杀，不管是高贵的人或者卑贱的人都是这样。随后的一段是空虚的年代，这时，一个叙利亚人在他们之中自立为王。整个大地都成了他的附属物。人们参加他的队伍为的是抢掠别人的财产。他们对待神像对待普通人一样，对神庙不作任何供奉。"这段记录表明，当时的起义规模很大，起义者们没收奴隶主的财产，同时还反对神权，祭司集团势力也受到了打击。第十九王朝就是在这次起义的打击下崩溃的。

古埃及第二十王朝时期又多次爆发底比斯造墓工匠的罢工。这些造墓工匠本来待遇就很少，政府还经常拖欠他们的粮饷，无法生活的他们扔下工具离开工地，直到粮饷领足罢工才宣布结束，这样的罢工发生过很多回。

同样在第二十王朝，古埃及在亚洲的属地丢失殆尽。一直以来，这里的人民一次又一次地遭到包括埃及在内的异族的奴役和蹂躏，劳力、财富一次次地丧失，所以他们经常奋起反抗。随着埃及帝国的日薄西山，这些属地纷纷摆脱了埃及的统治。《乌奴阿蒙游记》中提到，埃及使者乌奴阿蒙出使黎巴嫩，当地官员接待他已经不像从前那样恭敬，而是很冷落。乌奴阿蒙去黎巴嫩运取木材，当地的官员则答复他，要是以前会给他木材，但是现在不行了，因为埃及已经不是这里的主人了。

内外交困的新王国时期在第二十王朝末期画上了句号。公元前1085年，阿蒙神庙祭司赫里霍尔篡夺了王位，第二十王朝寿终正寝，新王国时期也正式结束，古埃及历史进入后王朝时代。

后王朝时代

后王朝时代包括第二十一王朝到第三十一王朝，从公元前1085年到公元前332年。这是一段支离破碎的历史，埃及大地上再也没有出现过像之前中王国时期和新王国时期那样统一、强大的帝国，有的只是分裂、混乱和异族的入侵。

第二十一王朝时的埃及分裂为南北两部分，法老统治北部，南部则由底比斯阿蒙神庙的大祭司及其家族掌权。埃及的西部邻居利比亚人早在拉美西斯三世时就不断地向三角洲地区移民，并逐步充斥了整个三角洲北部地区。利比亚军事贵族和地方祭司势力结合在一起，成为一股新的政治势力。公元前945年，第二十一王朝法老普撒塞尼斯二世死后，利比亚人的军事首领舍尚克一世在布巴斯提斯建立起第二十二王朝。公元前818年，三角洲的王公帕杜巴特斯在莱翁特坡里斯称王，他是第二十三王朝的建立者，这时正是第二十二王朝国王舍尚克三世在位之时。第二十二王朝、第二十三王朝并存，南方的阿蒙神庙势力更倾向于后者。公元前727年，三角洲舍易斯地区的统治者泰夫那克特建立了第二十四王朝。南方的努比亚人也趁埃及衰落分裂之机入侵埃及，建立了第二十五王朝。后来，第二十四王朝灭亡，古埃及进入努比亚时代。从第二十一王朝到第二十四王朝又被称为第三中间期（有的说法将第二十五王朝也算在内），和第一、第二中间期一样，也是埃及国家分裂、权力分散的衰落时期。

公元前 7 世纪，亚述人称雄一时，经常入侵别国，埃及也是其目标之一，所以努比亚王朝在维护其统治之时，经常要和入侵的亚述人作战。公元前 671 年，亚述国王率军入侵古埃及，攻陷了孟斐斯。舍易斯地方的统治者、利比亚军事贵族普萨美提克一世不甘心向亚述人俯首称臣，所以他以舍易斯为首都建立了第二十六王朝，驱逐了亚述人，随后又统一了埃及，埃及的混乱分裂局面正式结束。第二十六王朝因此又被称为"埃及的复兴时代"。第二十六王朝时期，铁器和金属货币已经普遍流行，商业和经济生活也都非常繁荣。普萨美提克一世的儿子尼科二世曾主持开凿尼罗河通向红海的运河，还曾派遣腓尼基水手开辟航道，绕非洲航行。此外，尼科二世还有他的继任者也和新巴比伦王国在叙利亚、巴勒斯坦地区展开了争夺霸权的战争。

埃及第二十八王朝遗址

公元前 525 年，波斯帝国入侵埃及，俘虏了第二十六王朝的末代法老普萨美提克三世，建立了波斯人统治的第二十七王朝。波斯人在埃及实行残暴的统治，埃及人民苦不堪言，于是在公元前 460 年到公元前 455 年之间相继爆发了伊那路斯和阿米尔泰乌斯领导的大起义。公元前 404 年，波斯人统治的第二十七王朝被推翻，埃及重获独立，之后又相继建立了第二十八、第二十九、第三十王朝。

公元前 343 年，波斯国王阿尔塔薛西斯三世率军亲征埃及，灭亡了埃及第三十王朝，恢复了波斯人的统治，建立起第三十一王朝。不过这个王朝的寿命只有短暂的 12 年。公元前 332 年，马其顿帝国崛起，亚历山大大帝率军入侵埃及，结束了波斯人的统治，埃及也开始了"希腊化时代"。至此，延续了3000 年之久的古埃及法老时代正式结束。

古埃及文化

古埃及是世界四大文明古国之一，古代埃及人在长期的生产实践中逐渐掌握了丰富的科学文化知识，创造了灿烂的文化，为丰富人类文化宝库作出了杰出的贡献。

象形文字与文学

公元前 3000 多年，古埃及人创造出象形文字。蝎王权标头上的蝎子大概就是蝎王名字的象形文字写法，也是迄今为止发现的最早的象形文字。象形文字是由图画文字发展而来的，它由三部分组成，分别是表意符号、表音符号和限定词符号。看表意符号就可以看出来象形文字和图画文字的传承关系，比如表示太阳的符号、表示山的符号都和原物很像。表音符号则有几种情况，如一音一符、二音一符、三音一符、四音一符，此外还有组合字等。埃及的象形文字只有辅音，共 24 个，没有元音。因为两个或三个辅音符号之间的元音有可能是不一样的，所以容易组成不同的词。针对这种情况，古埃及人发明了限定词符号（和汉字的部首符号类似），以此确定这个词要表达的是哪一个意思。古埃及文字一般是从右往左写，从上往下写，但是也有从左往右写的，可以根据象形文字中人和动物的面朝向判断文字的方向。

象形文字非常复杂难学，当时只有祭司和书吏掌握，一般的老百姓基本都不会。当然，在几千年的使用过程中，古埃及象形文字也在不断演化，包括但不限于在第一中间期时曾演化出一种祭司体，在后王朝的时候又演化出来一种世俗体，在希腊、罗马人统治的时候又发展为科普特文字等。后来因为古埃及的象形文字实在过于复杂，不易学习和掌握，所以在希腊、罗马人统治埃及的时候，象形文字便逐渐被人遗忘，最终成为一种死文字。

后世的人不认识这种文字，所以曾经长期无法解读文物上面的描刻。一直到 1822 年，法国语言学家商博良根据罗塞塔石碑和一块方尖碑上的铭文，逐步辨认出若干符号还有许多名字，读出了一些句子，这才算取得了重大进展。他的后继者又经过了几十年的不懈努力，才将这种文字渐渐解开。古埃及象形文字虽然已经死亡，但是对世界文化却有着非同一般的影响。古埃及象形文字的 24 个辅音符号对腓尼基人创造的字母文字影响很大，而现在世界上大多数国家所用的字母又都是在腓尼基字母的基础上发展而来的。

罗塞塔石碑

古埃及人没有留下什么大部头的文学著作，但是也有很多种类的文学作品，比如诗歌、小说、祈祷文、教谕、神话、格言、传记、战记等，人们根据这些作品可以了解古埃及当时社会生活的方方面面。古埃及人发明了纸草作为书写材料。纸草取材自一种盛产于下埃及地区沼泽当中的水生植物。人们将其采来，将茎皮撕掉，再把茎剖成一条条的薄片，排齐压平，再粘连在一起，最后磨光晒干，就成了一页一页的纸草了。纸草粘在一起就成了长卷，可以书写更多的内容。纸草不仅应用于地中海东部地区，后来还曾经远渡欧洲。古埃及人用削尖的芦苇秆蘸着颜料在纸草上书写，有些纸草卷被保存了下来，为现代人研究古埃及历史提供了珍贵的材料。

天文历法

古埃及人在应用科学，如天文、历法、医学、数学等方面也都有不小的成就。天文方面，古代埃及人很早就开始观测天体，从中发现吉凶祸福的征兆，这是祭司的职责，这也或许是最早的占星学。发现于第十二王朝墓穴中的星图，是迄今为止发现的最早的古埃及星图。哈特谢普苏特女王的宠臣、祭司高官森穆特的墓穴天花板上也发现了一张天文图。除此之外，还出土过属于第十九王朝、第二十王朝的星位表和星座图。据推测，到了新王国时期，古埃及人已经知道了至少 43 个星座。

古埃及时期的很多文物、建筑都表现出当时的人们已经具备了相当多的天文知识。胡夫金字塔就是个例子。它的高度是 146.59 米，乘以 10 亿，正好就是地球到太阳的距离。而且通过塔身的子午线，正好可以将大陆和海洋平分成相等的两半。在北纬 30 度以南 2000 米处还有一座金字塔，进入这座金字塔地下宫殿的通道和地面呈 30 度夹角，正好可以看到当时的北极星。在第一瀑布以南的尼罗河岸边还有一座由新王国时期国王拉美西斯二世兴建的神庙。他本人高大庄严的神像安放在约 55 米深的内殿中，每年只有两天，阳光能照射到神像上，而这两天正好是拉美西斯二世的生日（2 月 21 日）和加冕日（10 月 21 日）。这些都说明，古埃及人已经掌握了相当多的天文知识。

在对天文现象的观察基础上，古埃及人制定了世界上最早的历法。他们最早用的是阴历，后来改用阳历。经过长期的观测，古埃及人发现，在三角洲地区，每当天狼星在清晨的地平线上升起的时候，尼罗河就会涨水，两次涨水之间相隔 365 天，于是他们将这段时间定为一年。一年分为 3 个季节，分别是泛滥季节、播种季节、收获季节，每个季节 4 个月，每月 30 天，12 个月就是 360 天，年终再加 5 天节日。这种历法虽然比太阳年（地球绕太阳一周所需的时间）少 1/4 天左右，但是却为大多数国家现在通用的公历奠定了基础。人们还在一份纸草的背面发现了一些记录当时历法的信息，从中推断古埃及人已经有了星期的原则，这是人们过去所不知道的。通常认为，古埃及人使用的比月更小的时间单位是旬，也就是 10 天。

医学

根据现在发现的若干古埃及医学文献可以推断，古埃及的医学也相当发达。现在发现的最古老的医学文献就是古埃及的《史密特医学纸草》，上面主要记录的是外科手术的内容。1872 年，在埃及的千年古都底比斯发现了《艾贝尔斯纸草》(以购买此纸草的德国人的名字命名)，纸草长约 20.5 米，可以说是古埃及医学百科全书。这上面记载了各种病症及感觉，还有治疗的方法，一共收录了 900 个医治各种疾病的处方，甚至还有如何美容的内容，比如如何去皱、如何除痣、如何改变肤色、如何矫正视力等等。

古埃及人用来治病的药物取材广泛，动物、植物、矿物中的有效成分都可以用来制作药剂。古埃及人还对疾病的起因进行探究。在中王国时期，古埃及人已经提出了各种疾病的基础是心脏和血管变化的理论，虽然这种理论从现代医学的角度看未必科学，但是这说明古埃及人已经初步认识到心脏和血液循环与疾病的关系，这在当时已经算是了不起的成就了。

古埃及的医学在外科技术上尤为发达，这可能和他们解剖尸体、制作木乃伊有关，木乃伊的制作令他们对人体内部结构有了初步的认识。木乃伊就是人工制成的干尸体，古埃及人相信人死了以后灵魂不会消亡，会附着在尸体或者雕像之上，所以法老等人死后都会被制成木乃伊。制作木乃伊的过程基本如下：先将死者的脑浆和内脏取出，脖子以下用盐水或者其他防腐液浸泡，将油脂、表皮泡掉，晒干之后再在腔内填充香料，外表涂上树脂，再用细麻布缠上包好，这样一来，木乃伊就制作成了，并且可以历经千年而不腐。可以说，法老和贵族的木乃伊，为人们了解那个数千年前的时代提供了最直观的例证。

数学

古埃及人的数学知识达到了相当高的水平，他们的数学知识基本上是从生产和生活实践中总结而来的。比如每年尼罗河水都要泛滥，人们都要重新丈量土地、划定田界，此外还要修建金字塔、确定给劳动者的报酬、按照土地面积进行征税、计算粮食数量等，所以可能在统一的埃及国家兴起之前，埃及人就已经积累起来了初步的数学知识。

现代考古研究中发现了不少古埃及人有关数学的纸草文献，包括《莫斯科纸草书》《兰德纸草》《阿那斯塔西纸草》等等。在《兰德纸草》的开头是这样一句话："获知一切奥秘的指南。"这说明古埃及人对数学是非常重视的。从这些文献也可以推断出古埃及人的数学知识水平。

古埃及人将数学知识分为算数、代数、几何三个方面。在算数方面，古埃及人主要使用叠加法，乘除法也化作叠加步骤来做。在代数方面，古埃及人已经会解一次方程。他们创造了自己的十进位计数制度，还有一些表示数（包括分数）的象形文字符号，那时还有位值制，所以写一些数字的时候会用到很多个符号，有些烦琐。比如要写 853 这个数字，就要用 8 个表示 100 的符号、5 个表示 10 的符号和 3 个表示 1 的符号。在几何方面，古埃及人已经会计算长方形、三角形、梯形和圆形的面积，推算圆周率到 3.16，也会计算柱体的体积等。

古埃及人还将数学知识和其他科学知识结合起来，一起为生产生活服务。比如，他们将数学知识和天文学知识结合起来，用来推算历法；将数学知识和建筑学知识结合起来，用于修建金字塔、神庙等大型建筑。金字塔上面的石块层层叠加，没有灰浆黏结，但是却非常平整，严丝合缝；金字塔下面的地下走廊和墓室承受着重压，却能屹立千年而不倒，这些都让后人不能不为古埃及人的设计之严密、计算之精确、技艺之高超而拍手叫绝。

建筑和雕刻

现在在埃及还能看到很多古埃及时期的建筑，从保存年代之久远就能看出古埃及人高超的建筑才能。古埃及分为上埃及和下埃及两个区域，分别都有自己的代表性建筑物。下埃及的代表性建筑物是举世闻名的金字塔，上埃及的则是丝毫不逊于金字塔的神庙。二者一南一北，交相辉映。

最著名的神庙有两座，分别是在古都底比斯附近的卡尔纳克神庙和卢克索神庙，它们都是用来敬奉古埃及的主神阿蒙的。这两座神庙在中王国时期开始

阿布辛贝神庙前的巨型拉美西斯二世雕像

兴建，但是当时规模都不大，到了新王国时期才开始大肆扩建，直到成为辉煌宏伟的建筑群。哈特谢普苏特女王、图特摩斯三世、阿蒙霍特普三世、拉美西斯二世等诸王都对神庙的修建做出了很大贡献。

卡尔纳克神庙和卢克索神庙都以其众多而巨大的圆柱闻名于世。卡尔纳克神庙共有 134 根圆柱，其中 12 根高达 21 米，柱子上有 70 吨重的横梁，作开花状的柱顶可以站下 100 人；其余 122 根圆柱也有 13 米高。这两座神庙的圆柱和墙壁上满是雕刻、绘画和铭文，既可以找到图特摩斯三世远征亚洲的画面，也可以看到拉美西斯二世在卡迭石战役中的景象。在卢克索神庙的巨柱间，还立有法老拉美西斯二世的巨大石像。这些绘刻的内容题材相当广泛，有的歌颂法老们的丰功伟绩，有的描写贵族富人们大排筵宴或者狩猎行乐的场面，还有的描写农民、手工业者的劳动场面，这些都有助于后人了解当时的社会生活。

古埃及留下了丰富的艺术作品，这其中就包括众多的雕刻作品。雕刻分为浮雕和圆雕。浮雕经常出现在神庙和坟墓的墙壁上，还有权标头、调色板等物品上，这些作品反映了古埃及社会生活的各个侧面，包括生产、生活、宗教、对外征战等，是研究古埃及历史不可多得的珍贵资料。现存的圆雕数量不少，但大小作品体积差异极大，大的如狮身人面像、阿布辛贝神庙前的巨大雕像、孟农巨像等，小的如埃赫那吞的王后奈菲尔提提像等。现代欧美各大博物馆中也都收藏了古埃及的大量雕刻作品。

金字塔与狮身人面像

金字塔是法老的坟墓，因为它的外形像汉字的"金"字，所以中国人称其为"金字塔"。

现存的金字塔大部分底座呈正方形，四面向上倾斜，从侧面看每一面都是一个三角形，上端为一尖顶。第一个修建金字塔作为自己坟墓的是第三王朝的法老乔塞尔。设计师伊姆霍特普一开始在塞加拉为他设计了一个巨大的石造马斯塔巴（低矮的长方形结构单层陵墓），但是乔塞尔和伊姆霍特普都不满意，于是伊姆霍特普又在其上加了 5 个马斯塔巴，一层比一层小，这样就成了一座阶梯金字塔。它高 61.2 米，底边东西长 123.3 米，南北长 107.4 米。金字塔的下面建有墓室以及走廊，旁边建有祭庙，外边有围墙将整个建筑群围起来，这便是最古老的金字塔。

现存金字塔的通常样式——角锥体金字塔出现在第四王朝的第一位国王斯尼弗鲁时期。这位国王一共建造了三座金字塔，第一座美杜姆金字塔，原来是一座层级金字塔，后来他下令把各层的阶梯填平，这样就成了角锥体的金字塔。第二座角锥体金字塔由于设计失误，只建成了一座菱形金字塔。斯尼弗鲁当然不满意，又命人在达舒尔再建一座角锥体金字塔，这次他如愿以偿了。

现存最大的金字塔是胡夫金字塔，它是在第四王朝的法老胡夫在位时修建的，高 146.59 米，底座每边边长约为 230 米。据说当年修建它用了 230 万块大小不一的石头，最重的有 15 吨，平均起来也有 2.5 吨重。据希罗多德记载，这些石头是从山地开采而来，运到这里还要渡过尼罗河，当年修筑运石头的道路还有墓室就用了 10 年的时间。后来修建金字塔本身又用了 20 年，每年用工 10 万人，在艰苦的劳役之下，大批劳动者丧命。

和金字塔齐名的是狮身人面像，又叫斯芬克斯，它属于第四王朝的法老哈夫拉。哈夫拉在为自己修建金字塔的同时，立了一座狮身人面像来显示法老的威严。这座狮身人面像用一整块石头雕成，长约 57 米，高约 20 米，据说人面就是按照哈夫拉的相貌雕刻而成的。古埃及人认为，狮子是进入天国门户的守护者。

　　古埃及现存约 80 座金字塔，最早的始建于第三王朝，最晚的到第二中间期。第二中间期以后，新王国时期的王墓摒弃了金字塔的形式，而采用岩墓的形式，金字塔的历史自然也就画上了句号。这些金字塔分布在孟斐斯附近的尼罗河西岸，在它们的周围还有很多贵族的马斯塔巴，规模虽然远不如金字塔宏伟壮观，但也象征性地反映了君主专制制度下贵族的阶级地位。

狮身人面像和哈夫拉金字塔

　　法老们为什么要将自己的坟墓修成金字塔形？一般的说法是，这是王陵自然发展的结果。从前王朝时期的画墓，到早王朝时期的马斯塔巴，再到乔赛尔的阶梯金字塔，最后到角锥体金字塔出现，这是一个一脉相传、顺理成章的结果。但有英国学者对此有不同看法，他将古埃及人的宗教崇拜和金字塔联系在了一起。古埃及人认为，人死后灵魂会升天，而阶梯金字塔正是国王灵魂升天

阿蒙神和图坦卡蒙

的阶梯。1955 年在胡夫金字塔旁的地下发现的大木船，也可以理解为运送国王灵魂升天的工具。而角锥体金字塔则反映了古埃及人的太阳神崇拜，金字塔的四条棱线正像是太阳发出的光芒。斯尼弗鲁时期是阶梯金字塔向角锥体金字塔转变的时期，也是这两种不同的宗教观念转变的过渡时期。

金字塔是古埃及文明的象征，是古埃及人民智慧和汗水的结晶，其规模之宏大、结构之精巧令现代人叹服。但是当年修筑它们却给人们带来了无穷无尽的苦难，所以它们又是劳动人民惨遭奴役的铁证。修建金字塔不仅加重了古埃及人民的负担，使阶级矛盾日益尖锐，也大大消耗了国家的财力，削弱了君主专制的权力。希罗多德和狄奥多拉都记载说，人民对修建金字塔都是满腔怒火。古王国的衰落并最终灭亡，和修建金字塔也不无关系。从某种角度上说，法老们在为自己修建金字塔的同时，也在为古埃及掘下坟墓。

宗教

因为古时的科技水平还不够发达，所以古埃及人也和其他地方的居民一样，在大自然的威力面前无能为力，进而相信在冥冥之中有神灵在主宰着人的命运，因此，原始的宗教信仰——自然神崇拜产生了。古埃及是多神崇拜，有些神是自然现象的化身，比如天、地、太阳、月亮，有些则是动物，也有植物。

古埃及人对神的崇拜由来已久，早在早王朝时期，在刚刚形成的各小国内，就已经有了各国崇拜的主神。在古王国时期，埃及实现了统一，也出现了全国统一崇拜的主神。这个主神最开始是荷鲁斯，后来是太阳神拉，中王国以后是阿蒙神，原来各小国的主神则降为各地方诺姆的神。在古埃及诸神中，太阳神的地位最为崇高，拉、阿蒙、阿吞都是太阳神的不同称谓，荷鲁斯后来也被认作正在升起的太阳神。埃及各地有很多神庙都是为了敬奉太阳神而兴建的，由此可见它在古埃及人心中的崇高地位。除了这些，还有一些神也是全国崇拜的，比如农业神和冥世神奥西里斯。古埃及人相信人死了以后灵魂不灭，所以想将死者的遗体很好地保存起来送进坟墓。他们相信奥西里斯是冥世的主神，人死以后灵魂都要受到他的审判，在《亡灵书》中就记录了这样一段独白，是一个死者的灵魂在向奥西里斯表白：

"我在这，我到您面前来了；我带来的是正直，我曾经制止过错误的发生。"

"我不是一个对别人做错事的人。"

《奥西里斯的审判》

奥西里斯是古埃及神话中的冥王，《奥西里斯的审判》描绘了奥西里斯将亡者的心脏和象征公理与正义的玛阿特羽毛一起称量。若心脏较沉，亡者会被怪兽吞噬；反之则说明亡者德行无亏，可通过审判得到永生。

"我不是一个谋害亲属的人。"

"我不是一个用谎言代替真话的人。"

"我不知道背叛。"

"我不是一个故意损害的人。"

除了太阳神和奥西里斯以外，其他重要的神还有生命之神伊西斯、恶神塞特、起自孟斐斯的普塔赫神（又是各种技艺和工匠之神）等。在新王国时期，因为古埃及和属地叙利亚来往甚密，所以叙利亚和巴勒斯坦地区崇拜的诸神在古埃及人中间也获得了一些信徒。

古埃及的宗教、政治关系异常密切，法老需要神化自己的统治，所以，祭司集团成了统治阶级的重要组成部分，他们有权有钱又有势。在古埃及几千年的历史中，国家的主神也有过变化，从这也可以看出，各路神灵其实都只是统治阶级内部不同集团之间争权夺利的工具。比如在新王国时期埃赫那吞改革时，埃赫那吞曾经推出阿吞神取代阿蒙神，作为全国唯一崇拜的神，禁止其他所有神的崇拜，此举的背后目的就是要剥夺日益膨胀、已经威胁到王权的祭司集团的势力。后来在美楞普塔时期，也曾推出普塔赫神以取代对阿蒙神的崇拜。

02

古西亚文明

　　古代西亚地区是人类文明的发祥地之一。在这片广袤的土地上大致有三个文明中心区域，分别是两河流域、小亚细亚地区和地中海东岸地区、波斯地区，它们都曾创造出光辉璀璨的人类文明。

❧

两河流域文明

　　两河流域的"两河"指的是幼发拉底河和底格里斯河，它们都发源于今天的土耳其和亚美尼亚地区的群山峻岭当中，随后在伊拉克东南部交汇成阿拉伯河，最终注入波斯湾。"两河流域"通常指这两条河的中下游地区，大致上就是现在伊拉克的疆界范围。两河流域别名美索不达米亚，这是希腊人对这里的称呼，意思是两河之间的地方。两河流域文明主要由苏美尔－阿卡德文明、巴比伦文明和亚述文明三部分组成。

苏美尔文明：古苏美尔时期

　　两河流域最早出现的文明是苏美尔文明。这里自古以来就分为南北两部分，以现在的希特－萨马腊一线为界，北边称为亚述，南边称为巴比伦尼亚。巴比伦尼亚又以尼普尔（在今伊拉克努法尔）为界，北边称为阿卡德，南边称为苏美尔。

　　两河流域气候干旱，农业灌溉完全依靠河水。每年春天，北部山区的冰雪融水流入两河当中，河水暴涨，容易暴发洪水。两河流域的北部多是山地，河岸地势较高，所以河水即便泛滥也只能危害沿岸小片地带。下游的冲积平原地势平缓、一马平川，大部分地区经常被洪水淹没。所以说，南部下游地区由于地势平坦，灌溉条件要好于北部山区，但是这里也容易发生洪涝灾害。因此，在人类的防洪与排水技术达到一定水平之前，南部地区是不适合人类居住的。现代考古研究资料也证明了这一点，两河流域的旧石器时代文化遗址基本都在北部山区，哈苏纳文化、哈拉夫文化等新石器时代农业文化遗址也都位于北部的丘陵地带。在哈拉夫文化结束以后，两河流域南部的苏美尔地区才逐步被人类开发、居住。

最早居住在这里的居民是谁？现在还是个谜。目前只知道，在约公元前5千纪后半叶，两河流域的南部就已经有人居住了，他们在考古学上被称为"欧贝德人"，因欧贝德遗址而得名。但是欧贝德人的起源至今还不清楚。后来苏美尔人来到了两河流域南部，他们的起源情况，现在也还是一个谜团。外来的苏美尔人逐步与欧贝德人融合，成了这里的主要居民。移居到这里的苏美尔人并不寂寞，因为此后还有不少居民迁居到这里或者是附近的地区。公元前3千纪初，一支语言上属于塞姆语系的游牧部落来到了巴比伦尼亚的北部，他们被称为"阿卡德人"，他们成为将来一段时期内两河流域舞台上的主角。此后，又有操塞姆语的阿摩利人、亚述人、迦勒底人先后来到这里。同时，还有一些别的部落居住在两河流域的周围，比如东边的古提人、加喜特人和路路贝人，东南的埃兰人，北面的苏巴里人和胡里人等。可以说，两河流域的历史，就是一部多民族相互影响、相互承袭的历史。

众多部落当中，走在前面的是两河流域南部的苏美尔人。公元前4300年左右，继哈拉夫文化之后，苏美尔人进入铜石并用年代，氏族社会开始解体，向文明过渡的过程也正式开始。这段时间大约是从公元前4300年到公元前2900年，又被称为"古苏美尔时期"。这段时期从考古学的角度可以分为三段，分别是埃利都·欧贝德文化期、乌鲁克文化期和捷姆迭特·那色文化期。

首先是埃利都·欧贝德文化期（约公元前4300—公元前3500年）。在这一时期，苏美尔人形成了规模较大的村落，人们住在用泥土和芦苇筑成的小屋当中。在埃利都遗址，人们发现了一些泥砖神庙，它们建立在高大的土台基上，面积广大。在遗址的第8层，有一座面积达252平方米的神庙，这和居民住的芦苇泥屋形成鲜明对比，说明当时氏族内部已经出现了阶层的分化。此外，苏美尔人还已经在农业生产中初步使用了人工灌溉技术。与此同时，渔猎活动和放牧业也在经济生活中占有重要地位。当时属于铜石并用时代，虽然大部分的劳动工具还为石制和骨制，但也已经出现了铜制的工具，比如铜制的鱼叉等。这些进步促进了社会成员间的分化，奠定了文明的基础。在埃利都遗址中还发现了一座男性雕像，其左手中有一根泥制的棍棒，这很可能表明这座男像代表的是氏族部落的军事首领，手中的棍棒则是后世王权和权标的雏形。此外，出土的女性雕像也说明，此时处于从母系氏族社会向父系氏族社会的过渡阶段。

　　接下来是乌鲁克文化期（约公元前 3500—公元前 3100 年）。农业上，人工灌溉技术有所进步；手工业上，铜器大量出现，陶器制作中也已经普遍使用陶轮。生产力的进步进一步加速了社会分化。在乌鲁克遗址里曾发现一件石膏瓶，上面的浮雕清晰地展示了当时阶级的对立——奉献劳动产品的裸体群众和高高在上的祭司或者氏族贵族。和埃利都·欧贝德时期一样，乌鲁克时期的神庙规模宏大。比如在乌鲁克遗址里发现的"镶锥宫"装饰华丽，墙壁饰有红、白、黑三色的镶嵌锥体；建在高大的台基之上的柱厅高大宽敞，圆柱直径可达 2.62 米，有两道阶梯通往庭院的北端。显然，这样豪华壮丽的神庙是为氏族贵族以及祭司们所独享的。居住环境上，当时普通人的住所从村落"升级"，一些居民迁到较大的村落居住，形成居民中心；几个较大的、相近的居民中心又聚合成了小镇甚至是城市。乌鲁克城就是由埃安那、乌鲁克和库拉布这三个居民中心聚合而成的。有学者估计，在公元前 3200 年左右，在两河流域南部大概有村落 112 个，小镇 10 个，小城市 1 个。从农村到城市的发展历程，表明原有的以血缘关系为基础的氏族组织，正在被以地域关系为基础的农村公社所取代。

　　乌鲁克文化期出现了文字。在基什附近的奥海米尔土丘出土的一块石板，年代约为公元前 3500 年，上面刻着图画符号和线形符号，这是现在世界上已知的最早的文字。到了乌鲁克文化期末期，文字发展迅速，已经出现了大约 2000 个文字符号。这些事实都表明，初期的文明已经产生。

　　古苏美尔时期的最后一个阶段是捷姆迭特·那色文化期（约公元前 3100—

埃利都神庙遗址

公元前 2900 年），文字的大发展是这一时期的突出特征，所以这一时期又被称为"原始文字时期"。苏美尔人创造的文字，因为人们用方头芦秆笔在泥版上压出一排排符号，呈楔形，故而得名"楔形文字"。楔形文字广泛应用在各种文书当中。在经济文书中，男奴被称为尼塔库尔，意为外邦的男人；女奴被称为姆鲁斯·库尔，意为外邦的女人。可见当时奴隶的主要来源是战俘。经济文书还经常提到以下几类人，包括恩（最高祭司、统治者）、恩·萨尔（最高女祭司）、格尔·萨布（商人首领）、帕·苏尔（指挥官）、图格·迪（首席法官）等，显然他们是氏族的贵族或者官吏，地位远在平民之上。

当时在两河流域的南部已经形成了几十个奴隶制城邦，其中主要的有拉格什、乌玛、舒鲁帕克、埃利都、乌尔、乌鲁克、尼普尔、基什、西帕尔等。公元前2900 年左右，捷姆迭特·那色文化期结束，苏美尔文明进入早王朝时期。

苏美尔文明：早王朝时期

苏美尔早王朝时期（公元前 2900—公元前 2371 年）可谓城邦林立。当时的城邦国家是由一个中心城市连同周围的农村公社共同组成的，领土面积都不大，比如乌尔城邦不过 90 平方千米。大的城邦有十几万人口，小的城邦有两三万人口，每座城市都以神庙为中心。

在早王朝时期，神庙是一个核心关键词，无论是经济上还是政治上都是如此。首先看经济方面。在伊拉克北部一个和欧贝德文化有关系的神庙遗址里发现了大量的印章，这说明神庙在氏族部落的经济生活中发挥着比较大的作用。在乌鲁克神庙里还发现过一份捷姆迭特·那色文化期的神庙文书，上面提到每天供给 50 个人的口粮，这说明神庙已经拥有了不少的土地。在氏族部落时期，神庙的土地是部落的共同财产，国家形成以后，神庙的土地转为城邦国家所有，土地的数量也有了很大的增长。有人估计，在苏美尔早王朝后期，拉格什城邦的神庙土地可以占全国土地的 1/4 甚至是 1/3。神庙经济内部分工细密、门类齐全，农业、畜牧业、渔业应有尽有，手工业和商业也在神庙的掌控当中。当时城邦人口中的很大一部分都在神庙的经济体系当中，有人估计拉格什城邦的第二大神庙巴乌神庙，曾经拥有奴隶和依附民达 1200 人。在早王朝中期，舒鲁帕克城邦的人口总数在 17000 人左右，其中一半都和神庙有经济联系。

以城邦首领为首的奴隶主贵族们控制着神庙经济，占有大量土地。一份文献显示，一位"努邦达"（神庙主要监督者）拥有 0.48 平方千米土地，另一位管理草料的官员有 0.32 平方千米的土地，而一般劳动者的土地则少得可怜，有的只有 3400 平方米。最下层的奴隶更凄惨，他们只能领到一点儿基础的生活资料，甚至没有土地。在早王朝后期，城邦首领逐渐将神庙土地变成王室土地，神庙经济也在向王室经济转化。

苏美尔城邦的农村公社也占有一部分土地，但是规模一般比较小，彼此之间往来较少，所以，农村公社在城邦经济生活中的地位一般没有神庙重要。农村公社的土地分配到各个成员手中，拥有份地的公社成员就是城邦的公民，他们要向国家纳税，要服兵役。公社的土地可以买卖，这一点从早王朝中后期的不少经济文献中都可以看出来。很多奴隶主贵族大肆兼并普通公民土地。比如一份文书提到，约公元前 26 世纪的拉格什王恩赫加尔买了 150 布耳（合 9.525 平方千米）的土地；舒鲁帕克城邦的一件土地买卖文书则记载，一位公民出售 2 甘（约合 7000 平方米）的土地。土地买卖数额有大有小，说明当时土地买卖已经是一件很常见的事情。不过，公社成员丧失土地的同时也失去了公民的身份，他们中的大部分会沦为神庙或者别的世俗奴隶主贵族的附庸，还有的沦为奴隶，更有甚者，会将整个家庭都交给债主抵债。可见当时苏美尔城邦内部阶级分化之严重，奴隶主和奴隶、贵族和平民间矛盾之尖锐。

塔庙

塔庙是苏美尔人的独创，它们不但在苏美尔人以及后来的巴比伦—亚述人的宗教生活中起着重要作用，而且还成为古代城市的一大景观。

《乌尔之旗》

这件出土于伊拉克乌尔古城遗址的马赛克作品由白色的贝壳、红色的石灰石和产自阿富汗的青金石共同镶嵌而成，画面上有"战争"场面，也有"和平"场面，是苏美尔早王朝时期的重要艺术作品。现存于大英博物馆。

其次看政治方面。苏美尔城邦的政治制度是从氏族制度演变而来的，所以在最初的时候还可以看到一些氏族社会末期军事民主制的残余。一个城邦有三个政治机构，分别是城邦首领（也可以称为王）、贵族会议和人民大会，分别由军事民主制时期的军事首领、议事会和人民大会演变而成。不过其本质已经发生了变化，此时城邦的政治机构已经成为奴隶主贵族阶级的统治工具。

城邦首领被称为"恩""恩西"或者"卢伽尔"，这三个称号没什么区别，大概后者是较为强盛的城邦首领称号。城邦首领既是世俗首领，又是宗教领袖。作为世俗首领，他们主管城邦水利工程的修筑，平时参与政事，战时统帅军队作战；作为宗教领袖，他们是城邦主神的最高祭司，平时就住在神庙内，主持祭祀活动，掌控神庙经济。

贵族会议（阿巴·乌鲁）和人民大会（古鲁什·乌鲁）在苏美尔语中有一个共同的别称——"温肯"，意思是"人民组织"，即城邦会议。现在关于苏美尔早期城邦会议的资料非常少，所以学者们通常都从流传至今的苏美尔神话和史诗中寻找相关线索，然后进行推测。比如在《创世纪》等苏美尔神话中描绘了一个神的世界，那里也有大事要商议、要裁决，众神大会有权选举神界之王，决定战和大事等。操纵众神大会的是以众神之父恩利尔和天神安为首的"决定命运的七神"。这背后显然有当时城邦会议的影子。众神大会就是人民大会，而所谓的"决定命运的七神"，就是贵族会议。考古的发现从侧面证实了这种推断。在乌鲁克遗址中，有一座大庭院，面积达 600 平方米，庭院中有土砖垒起的平台，上面有柱子，原来是有顶盖的。有学者认为，这座大庭院就是人民大会会场，院中的小土台则是贵族会议的场所。小土台要高于院落中其他的地方，这说明当时贵族会议的地位高于人民大会，人民大会在城邦政治生活中已经无足轻重，沦为城邦首领和贵族会议操纵的工具。

早王朝时期的苏美尔逐渐从一个神权势力和世俗贵族联合操纵的国家发展为建立王权独裁统治的国家。神权势力是苏美尔早王朝时期不可忽视的一支政治力量。神庙是城邦的经济中心和政治中心，实际上充当了国家的行政机关，很多职位都由神庙人员把持。与此相对，城邦首领虽然是城邦主神的最高祭司和贵族会议的首领，但是地位并不显赫。在权力上，城邦首领要受到高级祭司还有世俗贵族的很大限制，根据早期文献资料显示，当时的城邦首领世袭制还没有完全确立；在经济上，神庙经济实际上被散伽（主持祭典的大祭司）等高级祭司掌握，城邦首领的权力也很有限；在重大事情上，城邦首领无权做决定，得征求城邦会议的意见。史诗《吉尔伽美什与阿伽》中就记载了这样一件事情：基什城邦入侵乌鲁克城邦，乌鲁克城邦首领吉尔伽美什主张抵抗，但是却遭到贵族会议的反对。直到后来他得到了公民大会的支持，他的主张才得以实现。可见当时的公民大会已经成为城邦首领和贵族会议相互争权的工具，这种争权斗争还相当激烈。之后，吉尔伽美什通过招募年轻人修筑城墙等举动扩大自己的权力，当地贵族们对此非常不满，于是贵族们借助神权势力将吉尔伽美什处以短期流放。由此可见，城邦首领的权力还是没有贵族会议大。

随着奴隶制的发展和王权的日益扩大，这种以神权势力和贵族会议为统治核心的政治体制已经不能满足奴隶主阶级的需要，建立集权的君主专制政体已是大势所趋。这一点基什、埃利都等地发现的王宫遗址可以提供旁证。在基什发现的一处王宫，面积达 6000 平方米；在埃利都发现的一座王宫，则由两座面积为 2925 平方米的建筑物组成，外边还有两道距离 1.2 米的围墙。王宫的建筑规模如此宏大，足以表明当时的城邦首领大概已经脱离了神庙，建立起个人的专制统治了。拉格什城邦的情况则更能清楚地说明，该城邦已经形成了世袭的君主政体。拉格什的乌尔南什王朝，大约从公元前 25 世纪中叶到公元前 24 世纪下半叶，这一百多年间父子、兄弟相传，经历了数位国王。国王的下面是一个世俗的官僚机构，在铭文中提到的官吏有苏卡尔（国王的助手）、萨格苏尔（可能是地方首脑）、持杯者、书吏等，他们各司其职，辅助国王处理政务。

在早王朝后期，苏美尔各邦先后形成了君主政体。基什、乌鲁克等邦先后强大一时，各城邦之间为了争夺财富和霸权打个不停。基什王麦西里姆称霸的时候，曾经调停过拉格什城邦和乌玛城邦的边界冲突。拉格什和邻国乌玛的战争持续了一百多年，直到乌尔南什在拉格什执政时，拉格什才开始称霸苏美尔。当时铭文中说："地尔姆（即现在的巴林）的船从外国带给他作为贡物的木材。"这说明当时波斯湾以外的地方也在乌尔南什的控制当中。后来安纳吐姆继位，战胜乌玛，立安纳吐姆鹫碑以铭记两国之盟。他的头衔是"纳姆·卢伽尔"，意为苏美尔诸邦的霸主。

在早王朝末期，两河流域南部形成了南北两大军事同盟，南方同盟（拉格什除外）以乌尔和乌鲁克为首，北方同盟以基什为霸主。两大同盟的成立标志着在苏美尔城邦，各自独立的小邦开始向统一的国家过渡。

城邦之间不断争霸，城邦内部的阶级矛盾也在激化。长年对外战争使大批的公民破产，甚至沦为奴隶。有人估计拉格什城邦在恩铁美纳在位时（约公元前 25 世纪下半叶），只剩下了 3600 名公民。与此同时，王权在对外战争中不断扩大，以祭司为代表的贵族们自然不甘心就这样交出权力和利益，所以统治阶级内部的矛盾也很尖锐。在公元前 24 世纪初期，这种矛盾终于爆发了。据说埃纳纳吐姆二世，这位乌尔南什王朝的国王只在位 4 年左右就被高级祭司恩恩塔尔基篡夺了王位，但恩恩塔尔基和他的儿子卢伽尔安达显然背叛了他们出身的祭司贵族的利益，成了新的专横君主，站在了祭司贵族们的对立面。《乌鲁卡基那改革铭文》中提到，卢伽尔安达大肆侵吞神庙财产，向高级祭司散伽征收贡税，同时广大平民也没有逃过王室官员的横征暴敛。卢伽尔安达的倒行逆施激起了拉格什城邦各阶层的一致反对，在公元前 2378 年左右，获得平民支持的、贵族出身的乌鲁卡基那推翻了卢伽尔安达的暴政，开始上台执政。随后，他进行了一系列的改革活动，可以说这是迄今为止世界上最早的社会改革。

乌鲁卡基那的改革目的就是缓和当时尖锐无比的社会矛盾。他采取了一些有利于平民的措施，但是这些措施大多都有一个前提，就是不可触动奴隶主贵族的现有政治经济地位。比如他下令禁止贵族以低价强买平民房屋、牲畜等财产，实际上还是允许兼并，平民最根本的土地问题并没有得到彻底解决。与此同时，乌鲁卡基那的改革是王权向神权势力做了一些妥协并维护其利益的改革，他废除了卢伽尔安达时期向祭司征收的重税，又重新制定给祭司的口粮和开支的定额，还将神庙的地产归还给神庙，于是，神权势力大大加强，王权相对削弱。不过，乌鲁卡基那的部分措施在客观上还是减轻了平民的负担，促进了社会生产的发展，积极的一方面应当予以肯定。

可惜好景不长，乌鲁卡基那执政仅 7 年后，乌玛王卢伽尔扎吉西就率军入侵了拉格什，拉格什惨遭蹂躏。不过乌鲁卡基那改革的一些原则，比如保护小生产者、限制王室以外的社会上层的发展等，还是被两河流域以后的立法者们所继承并发展。后来，卢伽尔扎吉西又先后战胜了其他一些城邦，自称乌鲁克之王，颇有一统苏美尔之势。但他最后还是败在北方兴起的阿卡德国王萨尔贡一世手下，萨尔贡一世统一了两河流域南部，建立起阿卡德帝国。至此，苏美尔早王朝时期结束，两河流域进入阿卡德帝国时期。

苏美尔代祈者组雕
苏美尔早王朝时期的雕像。现存于伊拉克博物馆。

阿卡德王国

阿卡德王国的建立者萨尔贡一世是一个颇具传奇色彩的人物。萨尔贡出身基什城邦，是闪米特人的私生子，他的母亲身份卑贱，用他自己的话说，"*母卑，父不知所在*"。他出生后就被母亲抛弃在幼发拉底河边，后来被一个好心的园丁收养。长大后的萨尔贡到基什王乌尔扎巴巴的宫廷中做了园丁，还兼任"献杯者"，受到了国王的赏识，成为近臣。

当时的两河流域正处在一片混战当中，地处北方的基什曾一度称霸，但是在南方的乌玛城邦出现了一位更优秀的国王，即前面提到过的卢伽尔扎吉西。卢伽尔扎吉西东征西讨，战胜了包括基什在内的诸多苏美尔城邦，成为一方霸主。不过，卢伽尔扎吉西的霸权还不成熟，或者说他建立稳定霸权的条件还不成熟，他只是建立了一个邦联式的、松散的国家联盟，而不是真正的王国。

历史为萨尔贡提供了机会。基什国王被卢伽尔扎吉西打得一败涂地，人民都对国王失去了信心，萨尔贡抓住时机，在公元前 2371 年左右发动政变，夺取了政权，征服阿卡德地区并建立了统一的阿卡德国家。初登王位的萨尔贡审时度势，还继续使用基什国号，自称"基什王"。后来，待局势稳定下来，他便建立了新的首都阿卡德城（这座都城的遗址现在还没有被发现）。再之后，萨尔贡挥师南下，击败了率领多个城邦联军的乌玛王卢伽尔扎吉西。当时的乌玛已经和拉格什鏖战多时，困顿不堪，即使人数更多，但还是没有逃掉覆灭的噩运。卢伽尔扎吉西被萨尔贡当成俘虏，被用拴狗的绳子套着脖子拖到了尼普尔城的恩利尔神庙前，当作祭品祭了神。随后，萨尔贡大举南下，乌尔、乌鲁克、拉格什等城邦先后臣服。最终，萨尔贡的兵锋又指向苏美尔以外的地区。向东，萨尔贡远征埃兰；向北，萨尔贡不仅征服了两河流域北部的苏巴尔图，他的士兵还踏上过小亚细亚的陶鲁斯山区及沿黎巴嫩山脉的地中海东岸地带。萨尔贡一生出征数十次，几乎没有败绩，被称为"真正的王""宇宙四方之王"。当时的铭文中这样说道："*恩利尔把（从）上海（就是北方的地中海）到下海（就是南方的波斯湾）的地区给了他。*"不过，萨尔贡的大军虽然横扫广大地区，但他直接统治的地区，还只限于两河流域的南部，苏巴尔图、埃兰等地还保持着半独立状态，只是阿卡德帝国的属国。

萨尔贡征服两河流域南部地区以及周边地区以后，建立起中央集权统治，当时的铭文记载"*他使全国只有一张嘴*"。萨尔贡以下的中央政府机构配备众多官员，负责管理各项事务。在地方上，萨尔贡以十日行程范围划为一个行政区，当地长官多是王族子弟，阿卡德贵族为统治骨干，这已具备了行省制度的雏形。为了缓和与被占领地区的矛盾，萨尔贡也吸收了一些归顺的当地贵族担任官吏，比如拉格什的乌鲁卡基那晚年就曾做过当地的总督。阿卡德时代的中央集权制度属于草创时期，萨尔贡设置的国家机构并不十分完善，地方旧贵族的势力还很顽强，但是他的实践却为后来者留下了丰富的政治遗产和宝贵的经验。

在军事上，萨尔贡有一项独创的措施，那就是建立了一支约有 5400 人的常备军，由自己直接指挥，这是两河流域历史上第一支常备军，也是萨尔贡在位 56 年、征战数十次从未失手的保证之一。

阿卡德王国时期，社会经济有了新的发展。园丁出身的萨尔贡非常重视农田水利的建设。在他的主持下，两河流域建立起了规模庞大的灌溉网络，农业生产水平因此有了不小的进步。萨尔贡还很重视商业贸易，他统一了王国内的度量衡，发展交通，在他发动的对外战争中，有一些就是想保护商路的畅通。萨尔贡的措施取得了不小的成效，阿卡德王国的对外贸易范围不断扩大，在萨尔贡的时代就已经远达印度河流域。

阿卡德王国时的奴隶制也有所发展，社会矛盾也比较尖锐。萨尔贡以及他的继任者们常年发动对外战争，大量战俘沦为奴隶。根据萨尔贡的儿子里穆什时期的铭文记载，他从乌尔等地抓了 5460 个俘虏，从卡扎卢抓了 5864 个俘虏，

阿卡德国王头像
一直以来学者们认为此头像刻画的是阿卡德帝国的建立者——萨尔贡，但近些年有学者认为此头像刻画的是萨尔贡的孙子纳拉姆辛。现存于伊拉克博物馆。

在阿达布等地则收获更多，俘虏了 14576 人。当时，农村公社进一步分化，根据曼尼什提舒（阿卡德帝国第三位国王，里穆什的哥哥）时期的一个方尖碑上的铭文记载，他在 4 个地方购买了 8 处土地，其中 1 处数目残缺，另外 7 处合计 31.58 平方千米。可见当时存在着严重的土地兼并现象，很多平民丢失了土地，濒临破产，有的甚至沦为奴隶。所以当时阿卡德王国内部，奴隶主和奴隶、贵族和平民之间存在着尖锐的阶级矛盾，社会下层人民不堪残酷的压迫和剥削，经常发动起义。据说萨尔贡在晚年，曾经被声势浩大的起义军围困在首都阿卡德城动弹不得，虽然最后起义还是被镇压下去了，但是阿卡德王国已是元气大伤。

阿卡德王国主要经历了 5 位国王。萨尔贡死后，他的幼子里穆什继位，不过仅仅在位 9 年。之后，他的兄长曼尼什提舒继位，并在在位期间继续对波斯湾沿海国家进行战争，同时大力发展对外贸易。公元前 2291 年，曼尼什提舒的儿子纳拉姆辛继位，在他的统治之下，阿卡德王国的势力再度扩张。纳拉姆辛自称"四方之王""普天下之王"，在西方，他重创埃布拉；在北方，他在铁尔布拉克修建了宫殿；在南方，他在波斯湾上重征马干；在东北方的山区，他还对这里的卢卢比人发动战争。著名的纳拉姆辛纪功碑中就记录了这一场战争。

纳拉姆辛纪功碑

不过，这已经是阿卡德王国的回光返照了。纳拉姆辛死后，阿卡德王国就走向了衰落。纳拉姆辛的继任者沙尔·卡利·沙利在位 25 年后，被一场宫廷政变推翻，他本人也在这场政变中被杀。此后 40 年的历史是一段混乱的历史，这段时期内的国王是谁、有过几位国王尚不清楚。有的历史材料记载，在这 40 年里，大概有过两位或者三位国王，不过统治范围只限于阿卡德城；也有的材料认定，阿卡德王国在公元前 2230 年就彻底灭亡了。现在一般采用前者的说法。40 年的混乱过后，也就是在公元前 2190 年左右，来自东北面山区游牧的古提人大举南侵，阿卡德王国覆灭。

苏美尔文明的短暂复兴：乌尔第三王朝时期

在阿卡德王国之后，苏美尔城邦摆脱了外来民族的统治（在某个角度上看，阿卡德王国是外来的）获得了短暂的复兴。

入侵并灭亡了阿卡德王国的古提人并没有在两河流域的南部建立统一的国家，先前被萨尔贡平定的苏美尔各邦逐渐复兴，不断反抗着古提人的统治。公元前 2120 年左右，出身渔民的乌鲁克人乌图赫伽尔起兵，自立为乌鲁克王，最终推翻了古提人的统治，还俘虏了古提人的末代国王。乌图赫伽尔占领乌尔以后，任命乌尔纳姆治理乌尔。乌尔纳姆和乌图赫伽尔到底是什么关系，现在还是一个未解之谜。有的说法认为，乌尔纳姆是乌图赫伽尔的弟弟，还有的认为乌尔纳姆是乌图赫伽尔的女婿，不过不管他们是什么关系，可能在乌图赫伽尔还活着的时候，乌尔纳姆就已经和他决裂了。公元前 2112 年，乌尔纳姆战胜了乌图赫伽尔，又统一了两河流域南部，建立起强大的中央集权制王朝，这个王朝被称为乌尔第三王朝（乌尔第一、第二王朝在苏美尔早王朝时期）。乌尔纳姆在位 18 年（公元前 2112—公元前 2095 年），他留给后世最著名的就是《乌尔纳姆法典》，这是迄今为止所知的最早的法典。虽然考古发现的只是《乌尔纳姆法典》的残篇，但根据这些残篇和一些资料可以判断，这是一部成熟的法典。这部法典的"序言"中说道："恩利尔从众人中选择了他（乌尔纳姆）。"可以说，乌尔纳姆以法律的形式确立了自己在两河流域南部的统治。

乌尔第三王朝历经五位国王。乌尔纳姆死后，他的儿子舒尔吉继位，这时王权进一步被神化，国王开始被视为神，舒尔吉被称为"神舒尔吉"。舒尔吉之后是他的儿子阿玛辛，他更是被称为"给全国民众以生命之神"。第四位国

《乌尔纳姆法典》残篇

王是舒辛，他是阿玛辛之子，在他统治的时候，西北方的阿摩利人开始入侵。他的儿子伊比辛在位 24 年，最后成了入侵的埃兰人的俘虏，乌尔第三王朝就此灭亡。

在乌尔第三王朝时期，中央集权制度有所加强，王权更是如此。国王独揽军政大权，他可以任免官吏、统率军队、控制法庭，集军政司法大权于一身，官吏被视为"国王的奴隶"。在地方，原来的城邦不复存在，它们都成了中央政府下面的一个地方行政单位。恩西为地方官员，任免由国王决定，主要负责神庙事务，他们从神庙领取俸禄，同时向国家缴纳贡赋。由此可见，地方旧贵族的势力被严重削弱。国王还会经常派遣钦差巡视各地，并在被征服的地区设置总督。

此外，乌尔第三王朝时期的社会经济也有了进一步发展。青铜器已经得到广泛使用，水利设施也在逐步完善。在乌尔纳姆时代初期，乌尔、尼普尔、埃利都、拉格什等地修建了不少水渠，当时还出现了可以用于高地灌溉的扬水器。在农业耕种上，当时已经出现了带播种器的犁，甚至开始用牛挽犁。椰枣、葡萄的种植范围也较以前广泛不少。在畜牧业上，牲畜除了放牧以外，还开始实行圈养。商业上也有了不小的发展，商品种类繁多，其中粮食、油、羊毛、盐、铜等重要商品都由国家定价，白银已经成为公认的商品价值尺度。

当时全国 3/5 以上的土地都控制在王室手中，在这些土地上有规模很大、数量很多的农庄、牧场、种植园，还有手工作坊。主要劳动者是奴隶，还有依附于王室经济的自由民，这两者地位都很低下，每天只能领取一点点仅能维持生活的口粮，所以他们的死亡率非常高。当时的一份文书中提到过，一支女奴劳动队，一个月内就死了 57 人，可见当时王室经济是如何残酷地剥削劳动者的。除了王室经济外，普通的私有制经济也取得了发展。一般阶层，比如牧人、手工匠、商人、士兵、小祭司、神庙的乐师等都可能拥有奴隶。当时买卖奴隶的现象很常见，还有的商人专门就是贩卖奴隶的。有一份文书这样写道："商人乌尔·奴斯库从奴隶主人乌尔·额那里以银 11 舍克勒（合 92.4 克）的价格买了一个叫鲁姆的男奴。"私人家的奴隶境遇要比王室的稍好一些，他们可以有自己的家庭，可以赎身，可以有自己的产业，也可以出席法庭作证，但是国家严格保护奴隶主对奴隶的所有权。《乌尔纳姆法典》第 14 条规定，如果哪个奴隶从主人家逃跑并跑到了城界以外，谁把他带回给主人，主人就要给这个人 2 舍克勒的白银；第 23 条规定，如果哪个女奴将自己和女主人相比，还出言不逊，就要用 1 夸脱的盐擦洗她的嘴。可见当时国家对奴隶反抗的打压是十分严厉的。除了奴隶以外，私有经济中还会使用雇工。大批公社农民破产后，他们有的就会去做雇工，有的则沦为奴隶。一份文书中提到："乌尔杜苦伽，其妻安扎布及其子女宁达达·尼努拉尼、乌尔苏马赫，以三分之二明那又三舍克勒（即 43 舍克勒，合 361.2 克）银子（的价格）甘愿出卖自己。"当时这种卖身为奴的情况非常多见。

乌尔第三王朝晚期时，国内阶级矛盾已经非常尖锐，大量奴隶逃亡，大量自由民破产，甚至已经影响到了国家的兵源。在伊比辛统治的时候，内忧不平又添外患，西面的阿摩利人不断入侵，东南面的埃兰人反叛，乌尔内部军阀四起。比如，伊辛总督伊什比埃拉就趁当时发生了饥荒而囤积粮食要挟国王，后来还曾谋划篡位。大约在公元前 2006 年，入侵的埃兰人攻破了乌尔城，俘获了伊比辛，乌尔城被夷为废墟，乌尔第三王朝灭亡。此后，两河流域南部地区重新陷入分裂的局面。

乌尔第三王朝是苏美尔人最后的复兴，它灭亡以后，历史上再也没有出现过苏美尔人建立的政权，苏美尔人也逐渐从历史上消失，此后在两河流域唱主角的是以阿摩利人为代表的塞姆人。但在巴比伦、亚述等时期，苏美尔语和苏美尔人创造的楔形文字还在被人们使用着。

伊辛和拉尔萨的南北对峙与古巴比伦王国的兴起

在内忧外患的夹攻之下，强盛一时的乌尔第三王朝灭亡了。作为"外患"的两个主要角色之一，埃兰人不久之后就退回了东部山地。埃兰地处现在的伊朗境内，虽然并不属于两河流域，但是却和两河流域的诸政权，如阿卡德帝国、乌尔第三王朝、巴比伦以及后来的亚述帝国等都曾发生过密切的关系，是两河流域政治舞台上的一个重要角色。

埃兰王国的地理位置大致相当于现在伊朗的胡齐斯坦省，从公元前2700年左右进入阶级社会，到公元前639年为亚述所灭，一共有2000年左右的历史。这段历史大致可以分为古埃兰时期（公元前2700—公元前1600年）、中埃兰时期（公元前1400—公元前1100年）、新埃兰时期（公元前800年左右—公元前639年），可以看出三个时期中间有相当长的断层期。公元前2700年以后，进入阶级社会的埃兰经历了一段联邦分立时期，其中最为强大的是阿万王朝。公元前23世纪，阿万王朝的末代君王摆脱了阿卡德帝国的统治，建立了统一的埃兰王国。随后，埃兰的王权落到了西马什王朝手中，这个王朝在公元前2006年灭亡了巴比伦尼亚的乌尔第三王朝，一时间称霸两河流域。公元前19世纪下半叶，来自安善的帕帕提王朝取代了西马什王朝。公元前16世纪下半叶，帕帕提王朝灭亡，古埃兰时期结束。

公元前13世纪，安善王朝卅始崛起，多次对外扩张，埃兰王国进入中埃兰时期。公元前12世纪，埃兰进入全盛时期，这时苏萨王朝的国王舒特鲁克·纳洪特对内加强中央集权统治，削弱贵族势力；对外大肆扩张，灭亡了加喜特巴比伦，还将刻着《汉穆拉比法典》（又译《汉谟拉比法典》）的石柱掳回了埃兰。到了希尔哈克·印舒希纳克时，埃兰王国辖有两河流域及扎格罗斯山以东地区，成了当时西亚的军事强国之一。公元前12世纪末，埃兰王国败在巴比伦第四王朝之手，此后很长一段时间内，埃兰人就从历史资料中消失了。

公元前8世纪左右，埃兰和巴比伦开始共同抵御强大起来的亚述的入侵，不过他们都不是亚述的对手，可以说屡战屡败，埃兰都城以及主神印舒希纳克的神庙多次被毁。公元前639年，埃兰王国被亚述王亚述巴尼拔彻底消灭，土地也先后被亚述、米底、波斯等国家占领。和两河流域纠缠了两千年的埃兰人就此从历史舞台上消失了。

公元前21世纪末，在灭亡了乌尔第三王朝之后，埃兰人回到了原来的地方，而阿摩利人却在两河流域定居了下来。当时的阿摩利人在发展程度上还比较落后，正处于原始社会末期，不过他们很快就接受了苏美尔－阿卡德文化，进入了阶级社会。他们在这里建立了若干个国家，比如苏美尔地区的拉尔萨，阿卡德地区的伊辛，伊辛北面、幼发拉底河中游地区的马里和底格里斯河中游、迪亚拉河流域的埃什嫩那等。

在这些国家中，伊辛比较特殊，因为它是唯一一个以乌尔第三王朝的继承者自居的国家。而伊辛王朝的建立者就是前面提到过的伊辛总督伊什比埃拉。在乌尔第三王朝末期，外部的阿摩利人和埃兰人不断渗透、入侵，内部纷乱四起，一些手握大权的军阀们纷纷独立，伊什比埃拉就是其中之一。大约在公元前 2021 年，他开始使用自己的年号，并发动对外征战扩大自己的地盘，又加固城墙以抵挡埃兰人的进攻。这样一来，埃兰人久攻伊辛不下，便将攻击的矛头指向了日渐衰弱的乌尔城。公元前 2006 年，乌尔城被破，末代国王伊比辛被掳。伊辛从此便成了苏美尔的政治中心。后来伊什比埃拉将盘踞乌尔的埃兰人赶走，成为乌尔王统的继承人，号称"苏美尔和阿卡德之王"。就这样，伊辛王朝在两河流域南部建立了起来。伊什比埃拉以后的几位继任者虽

汉穆拉比国王在做礼拜

然没有一统两河流域，但是他们至少维持住了伊辛的霸权。且在很多方面，伊辛王朝的统治者都在示意自己的国家是苏美尔正朔。比如官方铭文、年名中仍坚持使用苏美尔语而不用阿卡德语，尽管民间已经完全在讲阿卡德语；历任国王还都会举行和苏美尔女神伊南娜的结婚仪式，并仿效乌尔王朝的国王自称为神等。

在伊辛王朝的第五个国王里皮特伊什塔在位之时（公元前 1934—公元前 1924 年），乌尔以北的拉尔萨崛起，拉尔萨王衮古奴开始挑战伊辛王朝的霸权。衮古奴先是从伊辛手中夺走故都乌尔，还曾一度进入尼普尔这一象征着王权的城市，衮古奴也自称"苏美尔和阿卡德王"，至此，两河流域形成了南北两强对峙的局面。

拉尔萨非常强势，接连占领乌尔、埃利都、拉格什、基苏腊等城，使伊辛失去了对南部地区的控制。后来，在伊辛王朝的里皮特恩利勒在位时（公元前 1873—公元前 1869 年），圣城尼普尔被拉尔萨占领了 6 年。这时，先后进入两河流域各地的阿摩利各部落已经站稳脚跟，他们不甘落后，纷纷仿效伊辛和拉尔萨建立自己的王朝。在北方，巴比伦兴起，逐渐成为北方阿卡德地区的霸主；在南方，拉尔萨王朝不断向北扩张，虽然一度让伊辛王朝夺回了尼普尔，但是伊辛王朝的衰败已经是大势所趋。后期的伊辛王朝政治动荡，王位更迭频繁，最后上台的国王又不具备雄才大略，所以，在公元前 1794 年，一度号令天下的伊辛王朝首都被宿敌拉尔萨攻破，王朝覆灭。随后，拉尔萨统一了巴比伦尼亚南部的苏美尔地区。

然而，此后两河流域历史舞台上的主角却并不是拉尔萨，而是北方新兴起的巴比伦。

巴比伦地处幼发拉底河中游，扼守西亚贸易要冲，地理位置优越，战略意义重要。巴比伦作为城市出现得很早，但是成为一个城邦则比较晚，大约是在公元前 1894 年，由阿摩利人苏姆阿布姆建立。当时的巴比伦只是一个小邦，依附于邻国，是政治舞台上一个不起眼的小角色。一直到巴比伦第六代国王，也就是汉穆拉比（又译汉谟拉比）在位时（约公元前 1792—公元前 1750 年），巴比伦才逐步强大起来，开始了统一美索不达米亚的历程。

公元前 1794 年，已经在位 29 年的拉尔萨王利姆辛灭亡了和拉尔萨缠斗了近两百年的宿敌伊辛王朝。之后，尼普尔以南和以东的广大地区都落入拉尔萨手中，拉尔萨一跃成为两河流域的第一强国。随着时间的推移，两河流域除了拉尔萨以外还诞生了 5 个比较强大的国家，即巴比伦、马里、亚述、埃什嫩那和马勒库。利姆辛在位 60 年，晚年逐渐变得骄傲自大，所以在军事和外交上先后出现不少失误，拉尔萨因此由盛转衰。公元前 1763 年，对峙了几十年的拉尔萨和巴比伦决一死战，利姆辛战败被俘，巴比伦占领拉尔萨全境，为统一两河流域奠定了基础。

汉穆拉比的统治和《汉穆拉比法典》

巴比伦灭亡拉尔萨以后，汉穆拉比率军直扑原来的盟友马里，迫使马里臣服。不久，马里爆发叛乱，汉穆拉比派军队进行残酷的镇压，将马里城夷为平地。最终，巴比伦建立起了从波斯湾到地中海沿岸的奴隶制中央集权帝国。

在政治方面，汉穆拉比在统一两河流域的过程中建立了中央集权制度。和以前的统治者一样，汉穆拉比也在极力宣扬王权神授的理念，他说："安努（就是天神）与恩利尔考虑到人类福祉，命令我，荣耀而畏神的君主，汉穆拉比，发扬正义于世，消灭不法邪恶之人，使强不凌弱，使我有如沙马什（太阳、正义之神），昭临黔首，光耀大地。"汉穆拉比还自称是"众神之王"，在他的统治下，专制王权和神权趋向合二为一。

汉穆拉比建立了一套庞大的官僚机构来管理这个前所未有的帝国。国王集政治、军事、外交、宗教等大权于一身，各地官员都由国王任免。在地方上，较大的地区设总督管理，较大的城市由被称为"沙卡那库"的官员管理，小一点的城市则是由被称为"拉比亚努姆"的官员管理。国王严密控制着下层各级官吏，这一点从汉穆拉比给手下官员的许多书信中就可以看出来。比如他曾下诏让拉尔萨地区总督辛·伊丁那姆将 3 名宫廷门吏押解到王宫来，还曾下诏让辛·伊丁那姆去调查一件行贿案，如果行贿成立，就把受贿者、知情人和赃款赃物等都送到王宫来。

在军事方面，军队是专制统治的支柱之一。汉穆拉比组建了一支常备军以保障他的统治。士兵们被称为"列都"和"柏以鲁"，他们从国家领得份地，可以继承，但不得买卖，还要尽服役的义务。汉穆拉比注重保护士兵的权益，严禁军官侵吞士兵的财务，违反的人会被处以死刑。这是从经济上保障士兵们的地位，使得国家拥有一支随时可以征调的队伍，而且直接掌握在国王手中，使之可以直接掌管军队的调动。比如有一次，汉穆拉比命令辛·伊丁那姆把手

夜之女王

古巴比伦时期的重要艺术作品,有学者推测这件陶板上头戴尖角帽、手持短棍和圆环的女性是一位女神,象征着审判与正义。

下一支 240 人的军队并入另一个人统领的军队，而且是立即执行，不许有任何耽延。胆敢违背他命令的人，会被给予严厉制裁。他曾在给一位官员的诏令中这样说道："去年，我派一些拉克布弓箭手到你那里，现在已经过去了八个月，你还没有满足他们的要求……如果你不尽快满足他们的要求，你将不会得到宽恕。"

不仅是政治、军事方面，汉穆拉比的专制统治在经济上也有体现。国家对地方征收各种赋税，比如粮食收获税、牲畜繁殖税、枣树园税、芝麻田税等，还要不时征发劳役，维修和开凿渠道，修建各类设施。巴比伦将修建水利设施置于国家的统一管理之下，还为此设置了专门的官吏——"河渠使"。汉穆拉比很重视兴修水利工程，他在位的第 8 年、第 9 年、第 24 年、第 33 年都是开凿河渠之年。水利工程的完善促进了农业生产的发展，而农业生产为巴比伦国家提供了最可靠也是最重要的税源。

总而言之，汉穆拉比建立了君主专制王权统治。统一的国家促进了私有经济的迅速发展，社会关系也越来越复杂。为了维护私有制和奴隶主阶级的利益，伊辛、拉尔萨等城邦都制定过法典，以代替先前不成文的习惯法。汉穆拉比继位以后，出于维护统治的考虑，在吸收之前各邦法典成果的基础上，又结合阿摩利人的氏族部

《汉穆拉比法典》石柱

落习惯法，制定了一部法典，这就是《汉穆拉比法典》。

汉穆拉比将自己在位的第二年命名为制定国法之年。《汉穆拉比法典》被刻在一个黑色玄武岩柱上，这块石柱于1901年在伊朗的苏萨被发现，可能是埃兰人入侵两河流域以后搬回去的。这块石柱高2.25米，上部周长1.65米，底部周长1.90米，岩柱上部是浮雕，刻的是太阳和正义之神沙马什授予汉穆拉比王权标的画面，浮雕下面是用楔形文字刻写的铭文。法典内容保存得相当完整，只有少数条文被埃兰人磨去。法典共分为三个部分，引言、法典本文和结语。引言主要是鼓吹王权神授，大肆称颂汉穆拉比的丰功伟绩；结语则表示，汉穆拉比遵照神的旨意，为了保护百姓，所以创立这部公正的法典，以垂久远，后世若不遵此法典，必定会受到神的惩罚；法典本文是主要部分，一共282条，内容包括诉讼程序、盗窃、军人份地、租佃、雇佣、商业、高利贷、婚姻、继承、伤害、债务、奴隶等方面，较为全面地反映了古巴比伦时期的社会情况，是研究古巴比伦社会的主要材料之一。法典严格保护私有财产，尤其是奴隶主的私有财产，如法典第7条规定，自由民之子及奴隶无权出卖其主人的财产，违者处以死刑。土地出租者、高利贷主等剥削阶级的利益是法典极力保护的对象，如法典第65条规定，佃户不得因收成不良而减少应缴的租额，必须依邻区正常收获量缴纳，否则予以处罚。法典对高利贷主的保护更明显，第89条规定，贷谷的利息高达本金的1/3，贷银稍低一些，利息也达到了1/5，如果偿还不上，第96条中又规定要以其他动产作抵。不过，出于缓解社会矛盾、维护稳定的考虑，法典也对高利贷剥削做了一些限制，如第113条规定，债权人不能在没有通知债务人的情况下拿走他的谷物抵债；第116条则规定保护抵债的人质不致受虐至死。不过这些限制终究是虚假的，如第115条就规定，如人质"正常"死亡，受害一方不得提出控告，明显是在为债主虐待抵债人质提供便利。

《汉穆拉比法典》是两河流域阶级社会第一部完备的成文法典，其根本目的就是要维护奴隶主的专制剥削统治，其中还可以看到一些氏族时代同态复仇法的残余以及原始私刑制的遗留痕迹。它的制定不仅巩固了巴比伦的既成秩序，也巩固了奴隶主的阶级统治。

古巴比伦社会的分化与衰亡

古巴比伦社会存在明显的等级制度，人们被分为三个等级。

第一个等级叫阿维鲁。他们是拥有公民权的自由民，上层是大小奴隶主等统治阶级；下层则是受压迫的数量巨大的自耕农和士兵，他们要缴纳赋税、服兵役和劳役。

第二个等级叫穆什钦努。他们是依附于王室土地的无权的自由民，大多是破产失地的公民。穆什钦努中有的可以上升为奴隶主，但更多的还是下层自由民。且在当时的巴比伦，还有很多类似穆什钦努的依附阶层也属于第二等级，在当时的法律中，阿维鲁和穆什钦努的地位是很不一样的。比如伤害到了一位阿维鲁的眼睛或骨头，则以损伤犯罪者的眼睛或骨头作为惩罚；而如果被伤害者是穆什钦努，那么只需赔偿一明那（合 505 克）银子就可了事。

第三个等级就是奴隶，男奴叫瓦尔都，女奴叫阿姆图。当时王室拥有大量的奴隶，一些富裕的阿维鲁和穆什钦努也会拥有奴隶。奴隶和牲畜一样，是主人的财产，但在一些特殊情况下，奴隶可以获得解放，一般是通过婚姻、收养、交纳赎金等形式。比如《汉穆拉比法典》第 171 条规定，为主人生有子女的女奴在主人死后，应当获得释放。还有一份文书也提到，尼普尔的一个女奴用 10 舍克勒（合 84 克）银子向恩都（女祭司）赎取自己的自由。当然这些情况是极少发生的，奴隶主掌权的国家当然要极力维护奴隶主的利益。法典明确规定，拐带或者帮助奴隶逃跑者，还有窝藏奴隶者都会被处以死刑。

古巴比伦的土地制度比较复杂，其中最重要的一类土地是王室土地。当时，王室不仅拥有大量奴隶，还占有大量的土地，大约全国一半以上的耕地都在王室手中。在汉穆拉比时代，王室的土地主要分成三部分，即"供养宫廷之田"、以供职为条件所授的份地和以纳赋税为条件所授的份地。第一种土地可能都交给了祭司、商人、手工业者及公务人员等，他们为王室服务，份地的收成就是他们的报酬。他们的份地可以进行交易，但新的主人必须继承原主人对王室的义务。这类人中的富裕者一般会用奴隶或雇工来耕种土地。第二种土地的主要目标对象是士兵，份地的收成是他们服役的报酬。但这部分土地不能买卖，如果在服役时被俘，那么土地由其儿子继承，且也要服役。如果他的儿子年幼不能服役，那就由其妻领回份地的 1/3，抚养孩子。第三种土地是以缴纳赋税为条件的份地，租种这些土地的人被称为"纳贡人"，他们要缴纳的赋税大约占土地收入的 1/3 至 1/2。士兵和纳贡人主要靠自己和家庭成员来耕种土地，属

古巴比伦遗址

于小生产者。大部分王室土地属于这种土地。除了王室土地以外，古巴比伦社会其实还有神庙土地、城市土地和私人土地等。

随着土地私有制的发展，古巴比伦时期的租赁关系、雇佣关系和高利贷活动普遍发展起来，而这些也都加剧了社会阶层的分化。

租赁关系主要是两类，一类是租佃土地，一类是租赁房屋、车、船、牲畜等。根据法典可以看出，大多数的出租者都是阿维鲁，法典也在竭力维护着出租者的利益。纳贡人和王室的关系与私人租赁关系还不一样，私人租赁关系的基础是契约，而纳贡人与王室的关系则是以纳贡人向王室缴纳贡赋为条件，王室可以随意改变贡赋的数量。所以，很多自由民都因交不起赋税而破产，最终沦为奴隶。

在古巴比伦时期，随着经济的繁荣和商业的发展，雇佣劳动也逐渐出现。雇佣劳动是指雇主为完成某项工作而雇佣工人，并按照约定支付工资的劳动形式。在古巴比伦时期，雇佣劳动主要分为两类：一类是雇佣个体工人，这些工人是自由的，他们与雇主签订的是个人雇佣合同；另一类是雇佣奴隶，这些奴隶则是被主人出售或借出的，他们与雇主签订的是奴隶雇佣合同。被雇佣的这些个体工人和奴隶劳动者并没有得到平等的待遇，劳动所得往往取决于他们的身份和雇主的喜好，从而导致了社会不平等性的加剧。

加剧社会分化的另一个因素是当时盛行的高利贷活动。当时的很多神庙人士、大商人还有贵族奴隶主等都出贷白银或谷物，利息非常高，贷谷利率高达33.3%，贷银利率也有20%。法典规定，债务人欠债不还，则以家人为质抵债，这种人质就是债务奴隶。不过在法典中，还有一些规定看起来是保护债务人的。比如第 94 条规定，若大商人以不准确的量器收进、贷出谷物或银子，则丧失其全部债权；第 177 条规定，自由民以其妻或子女抵债，服役期限为 3 年，第 4 年应恢复其自由。之所以有这样的规定，可能是因为沦为债务奴隶的自由民多数是巴比伦人，而不是战俘那种异族，所以多少还是会受到一点保护。况且太多的自由民成了债务奴隶，那么国家税收势必会受到影响，所以国家也不得不作出一些规定来限制一下债主们对债务奴隶的压迫。

租赁关系、雇佣关系、高利贷等因素加速了古巴比伦社会的分化，穷者愈穷，富者愈富，阶级矛盾非常尖锐，所以汉穆拉比治下的巴比伦也并不像他所预想的那样稳固。汉穆拉比去世后，他的儿子萨姆苏伊鲁纳继位。在萨姆苏伊鲁纳在位之时，乌尔、乌鲁克、伊辛等地都发生了大规模的暴动，奴隶逃亡非常严重，下层的自由民也奋起反抗。总之，下层被剥削的民众都已无法忍受统治阶级的残酷剥削，以各种方式进行反抗。被逼无奈的萨姆苏伊鲁纳颁布解负令，释放了一些奴隶，但是这并不能挽回巴比伦王国的颓势。

当年，汉穆拉比征服、灭亡了巴比伦尼亚外围的一些邻国，包括马里、埃什嫩那等，一统两河流域，但是这也使巴比伦尼亚直接暴露在境外的侵略者面前。在巴比伦王国走向衰落之时，境外的侵略者们也借此得以长驱直入。当时入侵巴比伦的主要是小亚细亚高原上的印欧民族赫梯人，还有东部山区的加喜特人，他们和赫梯人一样属于印欧民族，所以这两股势力很有可能联起手来对付阿摩利人的巴比伦王朝。在萨姆苏伊鲁纳之后，巴比伦王国又经历了 4 位国王，最终，在公元前 1595 年，古巴比伦王国（巴比伦第一王朝）被赫梯人灭亡。两河流域南部地区又开始了一段新的历史。

巴比伦第二、第三、第四王朝

赫梯人灭亡了古巴比伦以后，并没有在这里停留，他们大概是和同属印欧民族的加喜特人达成了协议，直接带着大批的俘虏还有金银财宝，包括巴比伦王国的主神马尔杜克的金像退回了小亚细亚。其实早在萨姆苏伊鲁纳在位时期，伊辛地区就出现了叛乱，一位名叫伊鲁马·伊鲁姆的人建立了自己的政权，一般称这个政权为"海国王朝"，或者是"海地王朝"。在赫梯人灭亡古巴比伦王国撤回小亚细亚后，海国王朝趁此之机入主巴比伦，这一段历史时期也被称为

"巴比伦第二王朝"。

　　终结巴比伦第二王朝的是东方入侵而来的加喜特人。加喜特人原居于札格罗斯山（今天伊朗境内）中部，他们在萨姆苏伊鲁纳在位时就开始入侵两河流域，被击退后，他们在巴比伦尼亚北部边境建立了据点。后来，巴比伦王国日薄西山，加喜特人又开始入侵两河流域。加喜特国王阿古姆一世应该是和赫梯达成了协议，最终赫梯人退回了小亚细亚，加喜特人接管了巴比伦，在这里建立了新王朝。

　　到了阿古姆二世时期，他从赫梯那里要回来了被掳走的主神马尔杜克金像，也因此获得了巴比伦人民的认同。公元前1518年，加喜特人占领巴比伦城，灭亡了巴比伦第二王朝，重新统一了巴比伦尼亚。加喜特人在两河流域南部的全面统治正式开始，这一段历史一般被称为"巴比伦第三王朝"，又称"加喜特巴比伦"。

　　加喜特人的发展一直较巴比伦王国落后，当时他们还处于半农半牧的部落状态，所以他们侵入两河流域之初，巴比伦地区的社会发展一度停滞，甚至有些退步，以物易物的现象再次出现。但加喜特人的统治还是让两河流域恢复了和平和统一。在王朝后期，社会经济有所发展，初期商业停滞的现象也有所改观，巴比伦、尼普尔、西巴尔等城市的经济也逐渐繁荣了起来。

　　加喜特人全盘接受了巴比伦尼亚固有的文化、宗教和阿卡德的语言文字，

加喜特王朝时期界碑

迅速完成了塞姆化。加喜特国王就主持重建过尼普尔、拉尔萨、乌尔、乌鲁克等地的神庙。这一时期的重要遗物"界碑"也是加喜特人的发明，这其实是国王向宠信者授予土地的凭证，所以这段时期又被称为"界碑时代"。加喜特人的界碑体现着加喜特人的独特文化，一般界碑的右面或上部刻着神像或者代表神的图案，比如圆盘象征着太阳神沙马什、月牙象征着月神辛、锄头象征着马尔杜克等；而左面或者下部的铭文则多叙述的是这块土地的情况。所以说，界碑不仅具有经济和宗教意义，还具有艺术价值。在雕刻风格上，加喜特人也有自己的独到之处，他们用砖刻浮雕代替了建筑物上的石雕，后来的新巴比伦王国和阿契美尼德王朝也继承了这一风格。

加喜特人在巴比伦尼亚的统治持续了 300 多年，其中布尔那布里亚什二世到卡什提里亚什四世（约公元前 14 世纪中期—公元前 13 世纪下半叶）期间为王国的繁荣时期，和当时古埃及的新王国、亚述、赫梯并为大国。不过，盛极而衰是经常发生的事情，国家的繁荣不代表底层民众境遇好。加喜特人按照自己的氏族原则将土地分配给本族的朝臣、贵族以及官吏，这些人就成了大私有地主。不久，加喜特人内部开始分化，显贵家族更加富有，普通人则开始沉沦。加喜特人的上层阶层日渐和巴比伦原来的贵族奴隶主阶层合流，加喜特平民则日益沦落。上层统治阶级的残酷压榨使普通的加喜特人和被征服地区的居民困苦不堪，大约在公元前 1345 年，加喜特巴比伦爆发了一次大起义，最终国王被杀，一个出身普通的人代之为王。奴隶主统治集团自然不能坐视不理，于是他们勾结亚述人将这次起义镇压了下去。这次起义给予加喜特王朝沉重打击，它虽然逃脱了被灭亡的命运，但是却就此走向了衰落。

从公元前 13 世纪下半叶开始，亚述人和埃兰人开始入侵加喜特巴比伦。大约在公元前 1157 年，加喜特巴比伦的末代国王恩利尔纳丁阿西被埃兰人拐走，巴比伦第三王朝正式灭亡。

巴比伦第三王朝灭亡以后，在两河流域南部又出现了一个塞姆贵族建立的王朝，时间大约是在公元前 1156 年，这个王朝又被称为"伊辛第二王朝"，它从埃兰人的手中夺回了巴比伦的统治权。这个王朝比较著名的国王是尼布甲尼撒一世（约公元前 1125—公元前 1104 年在位），在他的统治时期，巴比伦战胜亚述和埃兰，疆界直达波斯湾。事实上，公元前 1156 年不仅是伊辛第二王朝的开始，也是巴比伦第四王朝的开始。这段历史比较混乱，一般来说，伊辛第二王朝是巴比伦第四王朝的一部分，是巴比伦第四王朝近 500 年历史的前 131 年。公元前 1025 年，伊辛第二王朝被亚述国王提格拉·帕拉萨一世所灭，伊辛第二王朝的历史画上了句号，但是此后巴比伦的王号仍然继续存在。不过此后的巴比伦王资料比较缺少，可能是一些塞姆人。再后来，亚述一度衰落，巴比伦也再次获得了相对独立。不过好景不长，公元前729年，亚述国王提格拉·帕拉萨三世趁着巴比伦发生王位之争时占领了巴比伦城，自兼巴比伦王。此后的巴比伦王先后由迦勒底人米罗达克巴勒丹，还有其他几个迦勒底首领轮番担任。直到公元前689年，亚述王辛那赫里布攻陷了巴比伦城，掳走了末代巴比伦王，巴比伦第四王朝衰落、软弱的历史才彻底终结。

由此可见，巴比伦第四王朝比较特殊，虽然它有近500年的历史，但是它并不是由一个家族世袭到底的王朝，也没有像之前的阿卡德王国、古巴比伦王国那样真正彻底地统一两河流域。它的国力一直很孱弱，经常被亚述和埃兰欺凌，所以也就不再将其划分为若干个小王朝，只是将比较稳定的前131年称为"伊辛第二王朝"。

巴比伦第四王朝时期，土地所有制上的分裂更加明显，大官僚、贵族们继续从国王那里取得土地，同时都不用对国家承担什么义务。神庙作为大量土地的所有者，日益成为和国王对立的一股势力。各城市的独立性也有所增强，不管是在政治上还是经济上，比如巴比伦城和尼普尔都有自己的军队，不从属于国王，他们甚至还有在城市的辖境以外逮捕犯人的权力。总而言之，巴比伦第四王朝的统治是趋向分裂割据的，这也是它始终没有强盛起来，为外敌所欺凌，并最终灭亡于外敌之手的一个主要原因。

苏美尔和巴比伦文化

苏美尔人和后来的巴比伦人在文字、文学、自然科学、建筑和雕刻，以及宗教信仰等方面创造了伟大的文化成就。苏美尔人最伟大的成就是他们发明了楔形文字。这种文字影响很大，不仅是苏美尔人，后来的阿卡德人、阿摩利人、亚述人、埃兰人、赫梯人、胡里人、米坦尼人和乌拉尔图人等的语言都是在其基础上发展起来的。

苏美尔－巴比伦时期也出现了不少文学作品，大多是宗教神话和史诗。宗教神话叙述的多是世界和各种自然现象的起源，比如有一段神话叙述的是恩利尔神发明了锄头，又把它赐予世人，这才有了农业；还有一段神话讲的是女神安南娜被幽囚在地狱里，后来被释放的故事，这是从宗教的角度对自然界的枯荣变化作出解释；还有关于洪水的传说，神发动了一场大洪水将大地淹没，一切生物，只有赛苏陀罗听从了埃阿神的劝告，建造了一艘船，才幸免于难，这也是《圣经·旧约》中洪水、挪亚方舟传说的渊源。

史诗中成就最高的是《吉尔伽美什史诗》，这是一部来源于人民口头创作的史诗，在苏美尔时代就已流行，经历代人们传诵，到了古巴比伦时期才编定成书，现存的版本是亚述帝国时期的抄本。吉尔伽美什是乌鲁克城邦的首领，这是一个半人半神的英雄人物，他骄傲暴戾，诸神对他非常不满，于是创造了一个名叫恩奇都的巨人去惩罚他。没想到，两人不打不相识，反倒成了好朋友。之后，吉尔伽美什弃恶从善，为民除害，立下不少功劳，成为一位顶天立地的英雄。后来，女神伊什塔尔对他产生了爱慕之情，但是吉尔伽美什却拒绝了她，这又一次触怒了诸神。之后，恩奇都死于神罚之下，吉尔伽美什备受打击，于是悲痛万分的他决心去寻找长生不老的方法。吉尔伽美什历尽千辛万险，终于得到了可以使人永生的仙草，但是仙草却在回来的路上被蛇偷吃了，最终吉尔伽美什无功而返。《吉尔伽美什史诗》是世界上已知的最早的英雄史诗，它生动地反映了人们对生死奥秘这一自然规律的探索愿望，也表现了人们试图反抗神的意志——吉尔伽美什拒绝了女神的求爱——但最终难免失败的悲剧色彩。这首史诗在长期的形成过程中，吸收了不少神话传说和民间的朴素思想，可以看到军事民主制时期某些历史痕迹的影子，也可借其了解当时社会的一些状况。

刻有《吉尔伽美什史诗》的泥板

还有一些文学作品反映了当时的阶级矛盾，寓意比较深刻，比如《咏正直受难者的诗》。这是古巴比伦时期的一部作品，诗中描绘了一位循规蹈矩、对神和国王无比虔诚敬畏的人。他积德行善，总是在做好事，但是却没有得到好报，而是厄运连连，于是开始怀疑神是否公正、奴隶制是否公道。他说道："为什么到处都是邪恶的事物？""在人看来是好事，而神却认为是恶；人认为是坏事，而神却认为是善，谁能了解天上诸神的意旨呢？"这首诗明白无疑地表现了当时的人们对社会现实的强烈不满，以及对神、对传统宗教信仰的动摇和迷惘。还有一首名为《主人与奴隶的对话》的诗讲述了主人和奴隶之间就 12 个问题进行问答的情景。刚开始，奴隶对主人的一切贪婪欲望都表示附和，只会顺从地回答："是的，我的主人。"到了后来，奴隶终于开始嘲笑主人："谁能高得走上天，谁又能大得充盈大地呢？"恼羞成怒的主人威胁要杀死奴隶，奴隶针锋相对、寸步不让："我死了，你也最多再活三天。"这首诗将奴隶主阶级的贪婪本性刻画得入木三分，同时也表现了奴隶"与汝偕亡"的勇敢反抗精神。

在漫长的历史当中，苏美尔人和巴比伦人也对自然科学进行了不少探索，并取得了一些成就。

首先是天文历法知识。农业生产的发展要求人们对农时有所掌握，所以苏美尔人很早就开始观察天象。当时的天文学还和占星术混在一起，和古埃及一样，也是由祭司掌握，在很多神庙里都设有观象台。苏美尔人也制定了自己的历法，他们的历法根据月亮的运行规律制定，以月亮的圆缺为周期定为 1 个月，一年有 12 个月，6 个月 29 天，6 个月 30 天，全年共有 354 天。因为比太阳年少 11 天左右，于是他们又通过设置闰月的方式来补足。不过，苏美尔人对闰月的设置还没有掌握一定的规律，只是凭借经验，比如在乌尔第三王朝的时候，有一年竟然设置了 3 个闰月，这说明之前很久都没设置闰月了。到了古巴比伦时期，人们的天文历法知识有了进步，设置闰月已经有了一定的规律。同时，古巴比伦人已经能够区分行星和恒星，他们已经知道火、水、木、金、土五大行星的运行轨道，并分别予以命名。他们还观察出太阳在恒星背景上的视运动轨道，即黄道，又根据黄道上各星座代表的地段，将太阳在一年 12 个月所处的位置划分了出来，也就是现在我们知道的黄道十二宫。古巴比伦人长期观测天象，留下了不少观测记录，使得后来新巴比伦的天象家已经能够对日月食和行星的会冲现象进行预测。

其次是数学知识。苏美尔人采用的是十进位和六十进位记数法。六十进位记数法应用在计算周天的度数和时间上。他们将圆周分为360度，时间上1小时分为60分，1分分为60秒，这些设定至今还为我们沿用。古巴比伦人已经知道了四则运算，会求平方根、立方根，会解含有三个未知数的方程。在几何学上，他们也达到了相当高的水平。他们发现了勾股定理，能计算长方形、三角形和梯形的面积，还能将这些方法结合起来计算不规则形状的面积和截头方锤体的体积。不过，古巴比伦人测定的圆周率为3，这个数字不如古埃及人准确。

在建筑和雕刻上，苏美尔人和巴比伦人也达到了相当高的水平。苏美尔时期的典型建筑要数塔庙，就是建筑在高台上的神庙。苏美尔人习惯于在旧神庙的旧址，也就是地基上修建新的神庙。历代王朝统治者都对神庙的修建非常重视，所以神庙的地基也就越来越高，最后变成了高台。塔庙是苏美尔城市中不可或缺的建筑物，其中最著名的要数乌尔大塔庙。乌尔大塔庙共有4层，最底层长61米，宽45.7米，上面的各层逐渐缩小，一条宽大的通道从底层一直通到顶层。每层层面的砖块颜色都不一样，从下到上分别是黑色、红色、青色和白色，分别代表着阴间、人世、天堂和太阳。顶层上面是一座殿堂，庄严肃穆、装饰精美。古巴比伦时期建筑成就的最高代表是王宫建筑。可惜的是，古巴比伦王国屡遭战火，遗址所处地方的地下水位又太高而无法发掘，所以具体的情况现在还无从知晓，不过和古巴比伦同时期的马里王宫却提供了一个非常好的参考：马里王宫宽敞高大，面积足有24000平方米，各种大厅和房间足有600多间；王宫内装饰华丽，墙上多数是彩色笔画，表现的是王公贵族们征战、狩猎等题材；王宫里的院落也没有被忽视，全部种植着奇花异草，景观优美。可以说，这座富丽堂皇的王宫是当时人民群众的超凡智慧和优秀技能的充分体现。可以预测，更强大、更富裕的古巴比伦王宫不会比马里王宫逊色。

苏美尔和古巴比伦时期的雕刻艺术具有非常典型的风格，并且从苏美尔到古巴比伦时期，可以明显看出雕刻风格上的继承与进步关系。苏美尔雕刻作品的一个不足之处就是表现手法稍显刻板，人物一般都是静态，不过苏美尔人会用宝石做人物的眼睛，使人物的面部富含感情。《安纳吐姆鹫碑》上的浮雕就是例证。这件作品描绘的是拉格什王安纳吐姆领兵征战的场景。安纳吐姆形象高大魁梧，面部表情坚毅有力，眼睛炯炯有神，一代王者的英武显露无遗。到了古巴比伦时期，雕刻作品的表现力更加丰富，刻着《汉穆拉比法典》的石柱就是一件绝佳的艺术品。浮雕沙马什神面部线条简洁有力，神情庄严肃穆；站姿的汉穆拉比面目、神态都显露出他虔诚而又坚定的气质。这种刚劲、朴实的

亚述巴尼拔石碑

风格对后世两河流域的雕刻艺术产生了很大影响。

在宗教信仰上，远古文明时期的人们都崇拜自然，两河流域也不例外。在苏美尔和阿卡德时期，自然力化身的"神"成了各个城邦的守护神。几个大城邦的守护神的影响范围更是超出了本身城邦的界限，对整个地区都具有影响力。比如尼普尔的主神恩利尔、乌鲁克的主神安努、埃利都的主神埃阿，这三个神合为地、天、水三神。此外，西巴尔的主神太阳神沙马什、乌尔的主神月神辛等也都在各地受到崇拜，影响不只限于一个城邦。到了巴比伦时期，由于巴比伦一统两河流域，所以巴比伦的主神马尔杜克便独享尊位，原来苏美尔各城邦的神通通降格。巴比伦的祭司们编造出一套马尔杜克创造世界的神话，进而得出所有城邦都必须服从巴比伦的结论。巴比伦的王权是神授的，地位至高无上。马尔杜克本来是农业神，但是在统治者的包装下摇身一变成为战神，是"伟大的统治者""天与地的君主"。就这样，天上的神和地上的国王成为互为表里、紧密结合的一体，统治者们借此巩固自己的专制统治。

两河流域还有祖先崇拜的传统。他们相信祖先死后去了冥间，在那里继续生活，所以发展演化出一套非常繁复的葬仪来。国王们也都为自己修建了规模庞大的陵寝。在两河流域还流行一种星宿崇拜，他们相信人世间的吉凶会在天象上显现出来，所以从苏美尔、阿卡德时期开始，就有祭司专门负责观测星象，预测吉凶，这便是占星术。

苏美尔和巴比伦的文化成就可以称得上灿烂辉煌，对后世的西亚文化以及希腊、罗马文化等都有不小的影响，在人类文化史上占有重要的地位。

亚述的兴起——古亚述时期和中亚述时期

前文提到过，两河流域以希特－萨马腊一线为界，分为南北两部分，南边称为巴比伦尼亚，北边称为亚述。巴比伦尼亚又以尼普尔为界，南边称为苏美尔，北边称为阿卡德。苏美尔城邦、阿卡德王国、古巴比伦王国都以南边的巴比伦尼亚为核心舞台，上演了一幕幕风云变幻、你来我往的大戏。现在，该北边的亚述登场了。

亚述，位于现在伊拉克的摩苏尔地区，这里地势多山，富含木材和矿藏。这里最早的居民是胡里人，古城尼尼微就是他们建立的。后来，一些操塞姆语的阿卡德人等迁入这里，和当地的胡里人逐渐融合，形成了亚述人，创造了古代亚述文明。亚述这个名字就是塞姆语，是亚述人信奉的主神的名字，后来其首都和省城也用此命名，又译"阿苏尔"。

亚述历史可以分为3个阶段，分别是古亚述时期、中亚述时期和亚述帝国时期（又称新亚述），最后一个阶段是亚述历史上最强盛的时期，不过只是昙

亚述帝国遗物

花一现，帝国不久就分崩离析，淹没在历史的长河当中。

古亚述时期又称阿苏尔城邦时期，时间大约是从公元前2500年到公元前1500年。在两河流域南部的苏美尔还处于早王朝时期时，北方的亚述就有了一些比较重要的文化遗址，而且还和南部的苏美尔地区有了来往。不过由于实力差距，亚述曾受阿卡德王国和乌尔第三王朝的统治。大概是在阿卡德王国灭亡以后，亚述地区形成了以亚述城为中心的国家。早期的亚述设有贵族会议，国王被称为"伊沙库"，相当于苏美尔的恩西，权力并不大。还有一种名年官，称为"里木"，通过抽签选出，一年一任，负责管理国家的财政经济。早期亚述时的土地为公社所有，定期分配到大家族，买卖土地的现象很少见。奴隶也比较少，承担公社义务的自由民是社会主要的劳动者。

早期亚述的商业比较发达。亚述王沙姆希·阿达德一世时的铭文中提到过当时亚述城的市场，还有一些商品的比价。当时亚述已经和周边不少地区，包括小亚细亚、叙利亚、苏美尔、东边的扎格罗斯山区等地都有了商业联系，还在小亚细亚建立了一些商业殖民地。出土于卡帕多西亚（在今土耳其中部的安纳托利亚高原）的泥版文书中提到，小亚细亚的亚述人殖民地中有一个叫卡尼什的商业公社，是亚述的城市公社之一，居民是亚述人，但是在政治上这个公社和亚述城并没有隶属关系。由此可以得出，这些商业殖民地是有自治权的。商业活动的活跃具有重要意义，亚述人不仅把楔形文字带到了小亚细亚地区，

米坦尼王国首都遗址

一些贵族和商人还通过商业活动和放高利贷而富裕起来。

现在关于早期亚述的历史还不是很清晰，虽然流传下来一些皇家铭文，但是现在所知道的早期亚述王表并不可靠，所以现在还不能列出一个前后衔接流畅的王表。从马里发掘出的文书显示，在公元前2千纪（公元前2000—公元前1001年）初年，亚述城的统治者开始对周围地区进行侵略性的远征，马里就曾臣服于亚述。对外侵略加强了国王伊沙库的地位，其间比较著名的国王是沙姆希·阿达德一世（约公元前1813—公元前1783年在位），他征服了阿卡德北部至地中海的广大区域，自称"天下之王"，不过他去世以后，亚述的势力开始衰落，先后沦为古巴比伦王国和西亚强国米坦尼的藩属。

从公元前15世纪末叶开始，亚述又重新强大起来，亚述的历史进入了中亚述时期。

当时的国际环境对于亚述人并不有利。小亚细亚的赫梯王国和处在新王国时期的埃及都大肆在叙利亚扩张自己的势力，亚述人向西发展的路被堵死；东面和北面还有加喜特巴比伦和米坦尼王国。不过，当时亚述国的统治者们还是努力寻找机会扩大自己的势力。公元前14世纪中叶，亚述王阿苏尔乌巴里特一世继位后征服了东部山区的穆茨如人，巩固了亚述在亚述城和尼尼微的统治，此后一直到公元前612年亚述帝国灭亡，亚述城到尼尼微这一区域一直都是亚述的核心本土地带。到阿苏尔乌巴里特一世的儿子恩利尔·尼拉瑞在位时（约公元前1327—公元前1318年在位），亚述继续对外扩张，曾击败入侵的加喜特巴比伦人，将两国的边界向南推进。到阿达德·尼拉瑞在位时（约公元前1305—公元前1274年在位），亚述更是数次击败宿敌米坦尼王国，俘虏了米坦尼的两位国王，并又一次击败了加喜特巴比伦，将两国的边界再次南移。

阿达德·尼拉瑞之后的两位国王，沙尔玛·那塞尔一世（约公元前1274—公元前1244年在位）和图库尔提·尼努尔塔一世（约公元前1244—约公元前1208年在位）在位的时候是中亚述最为强盛的时期。沙尔玛·那塞尔一世亲自带兵北进，打败了对亚述帝国的核心地带构成威胁的乌拉尔图人。值得一提的是，后来造成亚述帝国衰落的阿拉米人这时已经出现在了亚述的边境上。沙尔玛·那塞尔一世在位时，还镇压了米坦尼人联合赫梯人、阿拉米人在阿赫拉穆部落发动的叛乱，也就是这一次的镇压让米坦尼王国彻底灭亡了。

图库尔提·尼努尔塔一世继位后，继续扩张，多次打败巴比伦，也一度自兼巴比伦王。他还将首都从亚述城迁往图库尔提·尼努尔塔镇，此后亚述还有过几个首都，但是亚述城一直是帝国的宗教中心。图库尔提·尼努尔塔一世在位时期是中亚述的巅峰时期，不过也是从他在位后期开始，亚述的霸权开始衰落。公元前 1208 年，图库尔提·尼努尔塔一世在宫中被发动政变的儿子和贵族们杀死。此后的几十年间，亚述陷入沉寂，内部政局不稳，王位更迭频繁，再加上河流改道等天灾，此时两河流域的政治舞台上已经没有了亚述人的身影。

公元前 12 世纪下半叶，亚述开始复兴。阿苏尔·莱什·伊什在位时又开始对外扩张，先对东部的古提人用兵，后又和巴比伦第四王朝的尼布甲尼撒一世在边界上两度交兵，并在第二次交兵中大获全胜。随后继位的提格拉·帕拉萨一世（约公元前 1115—约公元前 1077 年在位）是一位具有雄才大略的君主，他在位时击败了入侵的穆什基人，又东征西讨，基本上征服了亚述周边的国家，曾攻占巴比伦城，大肆劫掠一番后扬长而去。

提格拉·帕拉萨一世的二儿子阿苏尔拜勒卡拉在位时是中亚述最后的鼎盛期。此后的两个世纪，亚述的霸权再次衰落，它的势力一直被限制在亚述城、尼尼微和埃尔比勒一带的亚述核心地区，不过好在有提格拉·帕拉萨一世和阿苏尔拜勒卡拉在位时对外征战打下的基础，亚述才在强大异族入侵的夹缝中生存下来，并为两个世纪后的重新崛起奠定了基础。入侵的异族是来自沙漠边缘干旱草原的民族——阿拉米人，他们是塞姆人的一支，是继阿卡德人、阿摩利人后的第三支大规模进入两河流域的塞姆人。

中亚述时期，君主专制开始形成，王权加强，名年官和长老会议渐渐成了摆设。阿苏尔乌巴里特一世在位时，第一次在官方名表和印章上称自己为亚述国家之王，还将埃及法老称为自己的兄弟。当时已经出现了国家常备军，来源主要是自由民。社会的统治阶级是大土地所有者、商人高利贷者和大奴隶主们。

因为赫梯的强大，当时的亚述已经不可能再在小亚细亚建立新的商业殖民地，在叙利亚和南部的两河流域也没有发展余地，所以亚述商人不得不把投资的目光都放在亚述国内。然而，亚述的强大是建立在比较强大的军事基础上的，亚述本身的生产力并不十分发达，商业资本无法投入生产过程就只好进入农村，这直接导致了农村阶级分化更加严重，普通小生产者丧失了土地而破产，甚至沦为债务奴隶。这从当时的《中亚述法典》中可以窥见一些端倪。《中亚述法典》现存九表，其中前三表保存比较完整，后六表缺损严重。第一表有关财产关系，其中很多条款都涉及土地的转让；第二表则有关债务以及债务奴隶。在当时的亚述，债务奴役是没有年限的。当时的一些司法文书中也有不少和土地买卖有关的契约，这也反映了当时商品货币关系在农村的流行情况。商品货币关系深入农村，导致农村的阶级分化严重，阶级矛盾非常尖锐，这也是亚述的统治阶级加强统治、建立起君主专制制度的主要原因之一。

亚述帝国的兴起

公元前 10 世纪的前期对于蛰伏了两个世纪的亚述来说，是一个千载难逢的发展良机。从国际环境上说，亚述的周围已经没有强大的敌手。强大的埃及帝国已经成为过去，后王朝时期的埃及严重衰落，不仅无力再发动对外征服，自身也已经成为外族入侵的目标。小亚细亚强大一时的赫梯王国也已经被入侵的"海上民族"摧垮，南方的巴比伦尼亚更是孱弱不堪，东方的米底和波斯还没有兴起，只有北方的乌拉尔图可以一战，但是它也抵挡不住亚述扩张的势头。从自身上说，亚述的实力也有了很大的提升。公元前 10 世纪，亚述进入了铁器时代，铁质武器的性能比先前的武器要优秀很多，所以亚述军队的战斗力大大提升。铁器在农业上的应用也使生产力有了一个不小的进步，促进了社会经济的发展，这也为亚述的对外扩张提供了雄厚的物质基础。因此，占尽优势的亚述再度崛起，从公元前 10 世纪末期开始，亚述帝国通过持续近两个世纪的征服战争，最终建立起了一个地跨西亚、北非的大帝国，两河流域南部和埃及这两大文明中心都在它的统治之下。亚述帝国也是铁器时代的第一个帝国。

亚述帝国崛起的历史大致可以从阿苏尔丹二世（约公元前 934—公元前 912 年在位）继位开始算起，这一阶段其实是奠基、准备的阶段。当时，亚述虽然在扩张，但是并没有超出传统的扩张区域，仍然在西部的叙利亚地区、南部的巴比伦尼亚、北部和东部的山区之间。此时，帝国的行省制度也没有健全，对新征服的地区还是采用以前的纳贡统治的办法。这一阶段功绩最大的国王是阿苏尔纳西尔帕二世（约公元前 883—公元前 859 年在位）。他是亚述帝国霸权的主要建立者，在他身上可以看到亚述国王的特质——雄心勃勃、冷酷无情、坚忍不拔、精力充沛而又能力非凡。他在位期间，先征服了北部叙利亚，又打败了南方的巴比伦。后继位的沙尔马那塞尔三世又经过 3 次战争，战胜了背后有阿拉伯人和埃及人支持的南叙利亚联盟（这是一个由十多个国家组成的联盟，以大马士革为首），亚述人最终确立了对整个叙利亚的领导权。不过，在沙尔马那塞尔三世的晚年，国内发生了大规模的叛乱，他本人也死于这场内战当中。

描绘亚述人攻占巴比伦的浮雕

此后的几十年中，亚述帝国暂缓了扩张的脚步。

一直到大约公元前 744 年，提格拉·帕拉萨三世继位，亚述帝国正式走向巅峰。提格拉·帕拉萨三世进行了许多重大改革，其中一项便是军事改革。之前亚述帝国的军队由自由民和奴隶组成，战时由国王征调，平时则从事生产劳动。而现在提格拉·帕拉萨三世开始推行常备兵制，常备军主要由帝国内总督和领主的属民组成，其中不止有亚述人，还有其他民族。提格拉·帕拉萨三世还将军队分成若干个兵种，比如战车兵、骑兵、重装步兵、轻装步兵、攻城兵、辎重兵、工兵等，使得亚述的军事力量大大加强，为亚述的对外征服战争创造了条件。因此，在提格拉·帕拉萨三世的统治期间，亚述重新开始对外征服战争。提格拉·帕拉萨三世不仅打败了劲敌乌拉尔图、征服了整个叙利亚地区，还插手巴比伦的王位继承，进而将巴比伦和亚述合并，自己做了巴比伦王。至此，亚述在西亚的霸主地位再一次确立，甚至可以说，提格拉·帕拉萨三世是亚述帝国的真正创建者。

继提格拉·帕拉萨三世之后，另一个让亚述帝国得以进一步扩张的君主是萨尔贡二世。萨尔贡二世（约公元前721—公元前705年在位）是提格拉·帕拉萨三世之子，提格拉·帕拉萨三世死后，沙尔马·那塞尔五世继位，不过仅仅在位5年后他就因为触犯了神庙祭司集团的利益而被暗杀，其弟萨尔贡二世继位。在国内，萨尔贡二世改变了提格拉·帕拉萨三世时片面支持军事官僚贵族集团的做法，开始笼络神庙祭司集团，并建立起以这两股势力为支柱的专制君主政权。在国外，萨尔贡二世大肆对外征战。在他在位期间，亚述征服以色列，将其民众迁移到两河流域；后又大败乌拉尔图王国，将其主神哈尔基神庙摧毁，又占领了其南部大片领土；还占领了伊朗高原西北部的米底地区；又在巴比伦祭司和商人的帮助下，击败自立为巴比伦王的马都克·阿帕尔·伊迪纳（在《圣经》中他被称为"米罗达·巴拉丹"），自任"巴比伦总督"。到萨尔贡二世晚年时，亚述帝国的国土之广、国力之强前所未有，势力甚至远达小亚细亚和塞浦路斯岛。萨尔贡二世和他的继任者统治的这一时期又被称为"萨尔贡王朝"，一共有8位国王，统治亚述一个多世纪的时间。

萨尔贡二世之后的亚述国王是辛那赫里布（约公元前704—公元前681年在位），他先是镇压了再次竖起叛旗的马都克·阿帕尔·伊迪纳，又挥师西进，荡平了埃及人鼓动起来的腓尼基人和犹太人的起义，随后又转向东方，和埃兰人大打出手，双方各有胜负。公元前689年，辛那赫里布趁埃兰国王患病之机一举攻下了巴比伦城。为了报复巴比伦人出卖了自己的爱子（之前埃兰人入侵巴比伦尼亚时，俘虏了辛那赫里布封在这里作为巴比伦王的儿子阿苏尔那丁顺），他毁灭了古都巴比伦城，还将其主神马尔杜克的神像掳到了亚述，巴比伦第四王朝至此灭亡。此后的辛那赫里布没有再进行大规模的对外战争，开始重视国内建设，他主持建设的大量水利设施促进了亚述的农业发展。不过他的

尼尼微纪念文献上的亚述宫殿插图

晚年统治并不稳定，他毁灭巴比伦城的行为引来了巴比伦人的极大不满，而且这也成为亚述帝国王室内部斗争的借口之一。后来，辛那赫里布废了之前的储君阿尔达穆里西，立另一个儿子阿萨尔哈东为太子。公元前681年，阿尔达穆里西结党谋反，将正在祈祷的辛那赫里布刺死。

不过，阿尔达穆里西的谋反并未完全成功，太子阿萨尔哈东成功继位，并击败了叛军，平定内乱。阿萨尔哈东正式继位后的第一件事就是重修巴比伦城，又将马尔杜克的神像送还，这一举动赢得了巴比伦尼亚人民的好感。阿萨尔哈东统治时期，亚述帝国的对外扩张主要是两个方面。首先是打压伊朗高原上的米底人的发展。当时米底人的一位首领（大概是米底王国的创立者迪奥塞斯）将许多部落统一成了一个大部落，阿萨尔哈东自然不愿意看到这种情况出现，他不能容忍这里出现一个能和自己抗衡的对手，于是他多次出兵深入伊朗高原，最远曾到德黑兰东边的大沙漠。最终，阿萨尔哈东将3个最主要的米底王公置于亚述的控制之下，强迫他们定期纳贡。其次是加强对埃及的控制。亚述帝国的周边环境稳定下来以后，阿萨尔哈东将征服的目光转向埃及。当时的埃及处于后王朝时期，自然不是强大的亚述的对手，所以阿萨尔哈东很容易就攻下了孟斐斯，接受了上、下埃及之王和埃塞俄比亚之王的称号。但是，亚述对埃及的控制并不强大，只是要求埃及人每年进贡而已。所以不久以后，埃及法老就卷土重来，又夺回了孟斐斯。约公元前669年，阿萨尔哈东准备再次出征埃及，不过很快就病死在前往埃及的行军路上。

随后，阿萨尔哈东的儿子亚述巴尼拔继位，他完成了父亲的未竟之业，亚述军队再一次将埃及人打得大败而逃。公元前668年，在埃及作战的亚述军队离亚述本土有2100千米之遥，这是亚述有史以来征服的最远的地方。约公元前663年，埃及的普萨美提克一世宣布埃及独立，建立古埃及第26王朝，此时亚述巴尼拔正在东方和埃兰人作战，无暇顾及这片遥远的土地，遂只能放弃。不过，他在东方的战争取得了胜利，击杀了埃兰国王丢曼，并扶持新君登基。

公元前652年，亚述巴尼拔的弟弟、巴比伦王沙马什－舒姆－乌金起兵反对亚述巴尼拔的统治。4年后，亚述巴尼拔平定了这场内乱，沙马什－舒姆－乌金自焚而死。因为埃兰人曾经对沙马什－舒姆－乌金予以支持，所以亚述巴尼拔又两次远征埃兰，分别在公元前646年和公元前639年攻入苏萨城。在后一次战役中，埃兰的两个末代国王被俘，埃兰作为一个独立国家的历史至此结束。不过，亚述帝国的强盛也随之走到了终点，在亚述巴尼拔在位晚期，亚述帝国就开始走向衰落。

亚述王巴尼拔猎狮浮雕

此雕塑是亚述人创作的大型叙事浮雕，曾装饰于尼尼微宫殿的墙壁上，表现出国王的英勇气概。现存于大英博物馆。

亚述帝国的统治、衰落与灭亡

　　亚述帝国之所以能横扫西亚、北非，最主要的一个原因就是它具有强大的军队。亚述帝国是一个军事帝国，亚述军队是史上第一支装备铁制兵器的军队，早在公元前 8 世纪，他们就已经广泛使用铁制兵器了。考古学家们曾在萨尔贡二世的王宫里发现 200 余吨铁器，其中包括长矛、刀剑、盔、盾、胸铠还有弓箭等。亚述军队的主力是由重装步兵支持的弓箭手，还有著名的尼尼微骑兵、车兵、工兵以及攻城部队。亚述人还首创了投石机、破城槌和坑道战术，东方人的泥砖城墙在这样的军队面前不堪一击，所以亚述人能纵横一时也就不奇怪了。

　　亚述人还重视战前情报工作。在征服一个地区之前，亚述统治者肯定会进行周密的准备，这其中就包括对目标地区的情况进行了解，比如派出间谍刺探情报。现在发现的不少资料都可以证实这一点，如萨尔贡二世在位时，亚述间谍在乌拉尔图以及两国边境地区活动的情报资料就是充分的证据。可以想见，在公元前 714 年，亚述战胜乌拉尔图时，间谍们提供的情报无疑起了不小的作用。亚述巴尼拔时代的三破埃兰苏萨城，其中一个原因也是亚述的间谍在埃兰等地积极活动，提供了大量的情报。

亚述帝国时期的征服战争，以及其对被征服地区的统治野蛮残暴。亚述军队每征服一地便大肆烧杀，将被俘的敌人首领剥皮，穿在尖桩上，或者将剥下的人皮和首级挂在城头上。普通百姓或被杀戮，或被掳走为奴。大片的土地荒芜，很多地方人口锐减，生产大幅滑坡。亚述国王们的年代记中以一种炫耀功绩的口吻明确地记载了这一切。比如在亚述巴尼拔二世的铭文中这样说道：

"我用敌人的尸体堆满了山谷，一直堆到顶峰；我砍掉他们的首级，我用他们的首级装饰城墙。我把他们的房屋付之一炬，我在城门前建筑了一座墙，外面包上一层反叛首领身上剥下来的皮。我把一些人活着砌在墙里，另一些人沿墙活着插进尖木桩，再砍掉他们的脑袋。"

辛那赫里布的年代记提到，他占领并毁灭了 75 座城市，百姓、财物全部被掳走。阿苏尔·纳西尔帕二世时代的浮雕也描绘了获胜的亚述人大肆屠杀战俘的情景。和屠杀相伴相生的是掠夺，被征服人民赶着牲畜、载着谷物和财宝等向尼尼微前进，领头的是打了败仗的首领或者部落贵族，脖子上还挂着其同伴的人头。亚述人杀人如麻，两手沾满了被征服地区人民的鲜血，犹太先知称尼尼微为"血腥的狮穴"。亚述人的野蛮给被征服的地区带来了极大灾难，也激起了当地人民激烈的反抗。亚述国王的很多次远征其实是镇压各地人民的反抗，他们凭借着强大的军事力量将人民的起义镇压下去以后，也会更残酷更野蛮地统治这些地区。

与此同时，亚述统治者这种野蛮残暴、竭泽而渔的掠夺统治在其统治集团内部也引起了尖锐的矛盾。这种政策虽然使统治者们一时获利，但是却严重地破坏了各地的生产力，使得他们无法再对这些地区进行剥削，所以神庙祭司势力和工商业奴隶主们都很不满。大概就是在这样的背景下，在公元前 8 世纪后期，提格拉·帕拉萨三世进行了改革。

提格拉·帕拉萨三世的改革除了前面提到过的军事体制改革以外，主要内容是改变了对被征服地区的政策。原先的烧杀掳掠一空的政策被废除，取而代之的是强制集体移民，就是当亚述统治者决心要灭亡一个国家而不接受他们的臣服时，就把当地居民集体迁移到距其本土较远的地方去。迁移时，亚述人会故意让不同地区的讲不同语言的居民混合起来居住，让他们语言不通而互不相识，不便交往。他们为各个亚述奴隶主所有，土地也是奴隶主的，亚述统治者派出官员对他们进行监管。亚述人是想用这种办法来使被征服地区的人们同他们本土的传统习俗和宗教信仰分开，从而失去反抗的精神基础，逐步成为亚述帝国的顺民。

据史料记载，在提格拉·帕拉萨三世在位的第 3 年和第 4 年，有 3 万叙利亚人被从叙利亚的哈马兹地区迁到了现在伊朗境内的扎格罗斯山地区，还有 1.8 万阿拉米人被从底格里斯河东岸迁到了北叙利亚。提格拉·帕拉萨三世的这种改革在一定程度上缓和了统治阶级内部的矛盾，也加强了亚述的军事力量，所以，在他以后的亚述君主们一般都沿用了这种集体移国迁民的政策。

亚述帝国时期，铁器的广泛使用大大提高了生产力，使亚述自身的社会经济有了很大发展。亚述本土多山，人们使用铁器使得开垦荒地的能力大大提高，此外，在砍伐木材、利用森林资源和开发矿藏等方面铁器也都有着非常优秀的表现。挥舞着铁制兵器的亚述军人们在长期的大规模对外掠夺战争中不仅掳夺了大量的财富，也带来了大量的劳动力——战俘。同时，亚述通过对外征服占有了广大地区，这些地区也都成为亚述的巨大市场和贸易通道，比如腓尼基和两河流域都是商业贸易非常发达的地区，这些都刺激了亚述帝国社会经济的发展。

不过，亚述帝国在被征服地区采取的是竭泽而渔、杀鸡取卵式的政策。亚述人只顾着抢掠，却不管建设，被征服地区的人民不仅要缴纳非常重的贡赋，

亚述帝国宫殿复原图

还要服各种沉重的劳役。所以，当时的亚述帝国虽然具备发展经济的客观条件，但是却很难充分利用。

对外战争带来了大量的战俘，奴隶制自然有了很大的发展。亚述统治者长期热衷于发动对外战争，兵源不足时，一部分战俘就会被选进亚述人的军队，剩下的战俘或成为国家奴隶，或卖给私人。提格拉·帕拉萨三世改革以后，被迁到别的地方的百姓一般通过进行耕种，向奴隶主缴纳租税。

亚述帝国的奴隶主中有王室家族、军队高层还有行政官僚、神庙祭司等，他们通过亚述的对外战争获得大量的土地、财富以及奴隶。工商业奴隶主也是奴隶主阶级中的一员，尤其是巴比伦尼亚各大城市的工商业奴隶主们，经过长期的斗争，他们获得了自治权。那些拥有土地、奴隶的奴隶主们往往不是自己经营，而是交给一些人去替他们征收租税，然后这些人从他们这里获得一些利益，比如一部分土地或者奴隶作为报酬。当时为奴隶主劳动的除了奴隶以外，还有一些具有人身自由的农民以及手工业者。土地的主人需要以实物的形式向国家缴纳税，比如用谷物、谷草、牲畜或者一些别的东西。一般谷物税是收成的 1/10，谷草是 1/4，大小牲畜要征走 1/20，神庙还要征收 1/5 的税。也有一部分土地的主人不用缴纳或者少缴纳一部分赋税和其他负担，他们一般被称为"自由民"或"获得自由的人"。

地方上的一些大奴隶主在掌握大量的财富、奴隶等资源后，形成了强大的割据势力。他们控制着地方的经济，往往还拥有贡税、服役上的豁免权，这又导致了中央财政和兵源的捉襟见肘。同时，他们自私、残忍、目光短浅，不仅手中握有重兵，拒绝国家的调遣，反过来还会参与王位的争夺。在亚述帝国晚期，内有大奴隶主阶级形成的割据势力，外有米底人、迦勒底人、西米连人和西徐亚人等周边敌对民族的不断壮大，这都使盛极一时的亚述帝国逐渐走向衰亡。

关于亚述帝国最后的岁月，现在有各种说法。其中一种说法是：亚述巴尼拔死后，他的儿子亚述-埃提尔-伊兰尼继位，3 年后，被辛舒姆利希尔篡位。辛舒姆利希尔统治了一年以后又被亚述-埃提尔-伊兰尼的弟弟辛沙里施昆夺去了王位。再之后，巴比伦尼亚南部地区的迦勒底人首领那波帕拉萨尔的实力逐渐强大起来，驱逐了亚述军队，自立为巴比伦王，建立了新巴比伦王国。公元前 612 年，新巴比伦王国联合米底王国（那波帕拉萨尔和米底王国国王基亚克萨雷斯是儿女亲家）进攻亚述帝国，最终攻陷了尼尼微城，末代亚述王辛沙里施昆在王宫中放火自焚而死。

　　不管亚述帝国最后的岁月中，到底有过怎样不为人知的政治斗争，但在公元前612年这一年，强大一时的亚述帝国还是画上了历史的句号，其遗产被新巴比伦王国和米底王国瓜分。此后的岁月中，亚述地区先后为米底、新巴比伦、古波斯、希腊、马其顿、帕提亚、新波斯等一系列外族所统治，亚述人在西亚的政治舞台上彻底消失了。据推测，今天的伊拉克、土耳其等地的库尔德人就是古亚述人的后裔。

　　称雄一时的亚述帝国迅速衰落并灭亡，其根本原因是这只是一个靠着强大的军力进行野蛮征服而建立起来的帝国，它没有与其庞大身躯相称的经济实力作为基础，再加上亚述帝国晚期内有叛乱、外有强敌，逃不掉灭亡的命运也在情理之中。

新巴比伦王国

　　亚述帝国解体以后，在当时的西亚地区以及小亚细亚部分地区出现了为数众多的独立国家，其中新巴比伦王国、米底王国、吕底亚王国，以及处于后王朝时期的古埃及，都在波斯帝国崛起之前扮演了重要角色。可以说，从亚述帝国解体到波斯帝国崛起之前的这段历史是两个强大帝国时代的中间过渡期。这里介绍兴起于两河流域的新巴比伦王国。

　　新巴比伦王国是由迦勒底人建立的。迦勒底人是塞姆人的一支，新巴比伦王国也是塞姆人在两河流域地区建立的最后一个国家。大约在公元前1千纪初，迦勒底人来到了两河流域的南部定居，吸收并发展了这里的先进文化。后来亚述帝国崛起，征服了两河流域的南部，迦勒底人也在被征服之列，虽然他们曾多次起义反抗亚述人的暴政，但是在强大的亚述军队面前还是不堪一击。

　　公元前626年，迦勒底人的首领那波帕拉萨被亚述王派到巴比伦尼亚，但是他却趁着亚述帝国内忧外患、早已不是那个强大的亚述帝国之际，发动了反对亚述统治的起义，自立为巴比伦王，又驱逐了亚述人的军队，新巴比伦王国就此建立。公元前612年，新巴比伦王国联合伊朗高原西北部的米底王国灭亡了亚述帝国，瓜分了它的庞大遗产。新巴比伦王国分到的是亚述帝国的西半壁江山，也就是巴比伦尼亚、叙利亚、巴勒斯坦还有腓尼基。

　　不过继承这份遗产并不是一件容易的事情，久受亚述人奴役的民族都想独

伊什塔尔城门

伊什塔尔城门由尼布甲尼撒二世修建，是新巴比伦时期最完整的建筑留存。伊什塔尔为爱和战争女神，城门上贴有动物神像。现存于德国柏林帕加马博物馆。

立，都不想走了一个亚述、再来一个巴比伦主子。以前统治过这一地区的埃及也对此仍有眷念，还想着卷土重来，所以推罗和西顿等腓尼基城市和埃及一拍即合，结成了同盟。

公元前 607 年，英勇善战的新巴比伦王国太子尼布甲尼撒率军西征，目标是已经控制了库穆赫行省的埃及人。经过 3 年多的苦战，尼布甲尼撒终于占领了西方的桥头堡卡赫美什，将埃及在亚洲的军队消灭。公元前 605 年，老巴比伦王那波帕拉萨尔去世，正在北叙利亚哈马忒地区追歼埃及人的尼布甲尼撒疾驰回都，继承王位，他也就是历史上赫赫有名的尼布甲尼撒二世（公元前 605—公元前 562 年在位）。当时的新巴比伦王国采取了先稳定后方的策略，也就是继续和米底王国结盟，免除自己的后顾之忧。随后，尼布甲尼撒二世就对不归顺自己的地区持续出兵。在尼布甲尼撒二世继位后的前 3 年，他每年都对叙利亚、腓力斯丁等一些不服从的小国用兵，连战连捷。不过在第 4 年，他企图南下埃及的时候还是遭遇了失利。公元前 598 年和公元前 587 年，尼布甲尼撒二世更是两度亲征巴勒斯坦，目标是不屈服自己的犹太王国。在后一次战争中，巴比伦军队包围了犹太人的圣城耶路撒冷，犹太王突围失败，当了巴比伦人的俘虏。第二年，耶路撒冷城破，巴比伦人大肆抢掠一番，还将城中的王公贵族和普通居民掳至巴比伦囚禁起来，史称"巴比伦之囚"。公元前 567 年，尼布甲尼撒二世再次远征埃及，掠得大量财富。同时，尼布甲尼撒在东方一直和米底王国保持着不错的关系，还曾调停过米底王国和吕底亚王国的"日食战争"。可以说，尼布甲尼撒二世在位时期，新巴比伦王国达到了全盛时期，称霸一时。然而，新巴比伦王国存在的时间却很短。尼布甲尼撒二世去世仅 23 年以后，新巴比伦王国就被崛起的波斯人灭亡了。

新巴比伦王国的寿命虽然短暂，但是经济却非常繁荣，商品货币关系非常发达，著名的埃吉贝商家所从事的商业高利贷活动就是从这个时候开始的。该商家的经营范围很广，涉及买卖、土地出租、奴隶出租、房屋出租等，活动范围不仅限于巴比伦尼亚的一些城市，还远及巴比伦之外。他们家族中还有不少人和王室贵族、高级官吏们往来密切。

新巴比伦王国奴隶制度的发展主要体现在奴隶主剥削奴隶的形式更加多样化，比如给予奴隶独立经营的权力。奴隶主可以给奴隶一部分土地或者资金，让其独立经营，奴隶可以用这些资本租佃土地、经商或者从事手工业，甚至还可以开钱庄放债。这些获得"独立经营权"的奴隶渐渐地富裕了起来，甚至也拥有了奴隶。有的奴隶既利用奴隶主提供的资本进行经营，从奴隶主那里获得一定的报酬，又经营自己的经济。当时租种奴隶主土地的奴隶要缴纳两份租，一份是地租，一份是人身租。从事商业、手工业或者高利贷的奴隶除了向主人缴纳利润以外，也要缴纳人身租，这个人身租是奴隶主对奴隶拥有所有权的一种表现。人身租的数额还不一样，因人而异，没什么技能的奴隶要交的人身租要比有一定技能的要少。不过，能通过独立经营富裕起来的奴隶毕竟是极少数，而且即便他们富裕起来了也还是主人的奴隶，他们的主人还可以拿他们当物品一样，随意转让、买卖。奴隶主一般还会给自己的奴隶烙上名字，如果奴隶是从外国买来的，还要先给他起一个巴比伦尼亚的名字，然后再烙上两种语言的名字。一些拥有比较多奴隶的奴隶主会送奴隶去学习某种手工技术，比如纺织、烤面包、制作皮鞋等，同时要为他的奴隶向师傅缴纳一定的费用，还要提供奴隶学习期间的生活费用。送奴隶去"深造"的成本不小，除了上面说的两项费用外，奴隶主还损失了奴隶用这段学习时间去劳动所能获得的报酬这一隐形的收入，所以一般只有拥有很多奴隶的奴隶主才有可能这样做。此外，绝大多数奴隶的处境是非常悲惨的，他们还在以逃亡的形式反抗，所以在进行奴隶买卖的时候，卖主必须要向买主保证奴隶不逃亡。

新巴比伦王国时期的主要生产者是丧失了土地等生产资料的自由民，他们为数众多，并只能从王室、神庙还有个别奴隶主那里租来土地、牲口、种子和农具等生产资料，也是主要的被剥削者。

下层民众过着凄惨的生活，新巴比伦王国的上层却过着奢华无度的生活，

巴比伦游行大道的狮子浮雕
此浮雕被发现于巴比伦市中心通向伊什塔尔城门的游行大道中段。

尼布甲尼撒二世就是其中的典型代表。他对巴比伦城进行了大规模的建设，使其成为当时西亚乃至世界上最为繁华的城市。据古希腊历史学家希罗多德的记载，巴比伦城坐落在平原上，有两道围墙，外墙长16千米，内墙距外墙约11米，总长约13千米，内墙每隔44米建有一座塔楼，总计300余座。外墙以外还有一条护城河，幼发拉底河穿城而过。巴比伦城一共有8个城门，其中的北门也就是伊什塔尔门表面装饰着蓝青色的琉璃砖，砖上雕刻着神话传说中的怪物。主干道贯穿城区，由白色和玫瑰色的石板铺成。当时巴比伦城作为西亚最重要的工商业城市之一，街面上的店铺更是星罗棋布，非常繁华。

据说，尼布甲尼撒二世为了取悦他来自米底王国的王后，还在巴比伦城王宫中修建了一座奇特的花园，也就是被誉为古代世界七大奇迹之一的"空中花园"。这座花园据说是建立在由层层拱形建筑重叠起来、高达23米的假山之上，里面种植着各种奇花异草，山的底部还有机械装置，可以将河水引到山顶。令人遗憾的是，空中花园和巴比伦其他的建筑一道早就湮没在了滚滚黄沙之下，现代人想要了解它也只能通过后世的历史记载。事实上，现在人们对"空中花园"的认识，更多是猜测，也许它只是存在于传说中，甚至有人推测所谓的"空中花园"其实是亚述国王辛那赫里布在其都城尼尼微修筑的皇家园林。

新巴比伦王国时的巴比伦著名建筑除了伊什塔尔门和空中花园以外，还有马尔杜克神庙中的塔庙，也就是《圣经·旧约》中提到的"巴别塔"。新巴比伦王国时期的神庙建筑非常多，这和当时的神庙祭司集团势力强大有关。当时的大奴隶主阶级可以分为两部分，一部分是军事贵族，另一部分就是商人祭司。而位于首都巴比伦城的马尔杜克神庙的祭司就是这个集团的领袖，在新巴比伦王国的政治生活中有着举足轻重的地位。所以作为军事贵族的代表，那波帕拉萨尔和尼布甲尼撒二世都兴建了大量的神庙，为的就是得到祭司集团的支持。

尼布甲尼撒二世去世以后，新巴比伦王国政权更迭频繁，7年间换了3个国王。末代国王那布尼德是一个阿拉米人贵族，他在位时王权和神庙祭司势力的矛盾日益激化，他想另立一个新神以取代马尔杜克的主神地位，结果惨遭失败。当时东方的波斯已经兴起，波斯国王居鲁士是一位开明的君主，被他征服的地区都还保持着原来的宗教信仰，日常生活也没有受到太多的打扰，所以新巴比伦王国的神权势力"心向往之"。公元前539年，波斯大军入侵巴

彼得·勃鲁盖尔代表作《巴别塔》

比伦尼亚，祭司们摒弃了国王，他们打开城门放波斯人进城，那布尼德做了俘虏，新巴比伦王国就此灭亡了。塞姆人在两河流域建立的最后一个强国就此灭亡，新巴比伦王国的统治虽然短暂，只有不到100年，但是这却是两河流域历史上经济最为繁荣的时期。它的灭亡标志着两河流域独立发展的历史完结，从此以后，这里被一个个的异族入侵并统治，一直到公元7世纪阿拉伯人的入侵后才稳定下来。

小亚细亚地区和地中海东岸地区的古文明

　　小亚细亚地区又称安那托利亚，地域范围基本是今天土耳其的亚洲部分，它是一个位于黑海和地中海中间的半岛，是连接亚洲和欧洲的走廊。这块土地是人类最古老的文明摇篮之一，在这里发现的人类居住的遗迹时间可以上溯到 7500 年前。地中海东岸地区大致是现在的巴勒斯坦、以色列以及叙利亚、黎巴嫩部分地区，这里地处欧、亚、非三大洲交汇之地，东面的两河流域、西北方的小亚细亚地区、南方的埃及地区、西边的希腊甚至是意大利地区都出现过伟大而强盛的帝国，他们扩张的脚步也都踏上过这片土地。

赫梯的古王国时期

　　小亚细亚不仅是近东文明与爱琴文明相联系的桥梁和纽带，这里本身也是一个古老的文明地区。考古发掘表明，这里出现过丰富且发达的新石器时代、金石并用时代和青铜时代的文化。而这片土地上最早出现的文明大概就是赫梯文明。

　　创造赫梯文明的是在公元前 2 千纪越过博斯普鲁斯海峡进入小亚细亚的赫梯人。赫梯人属于印欧语系，在 19 世纪中叶以前，人们只是通过《圣经》了解到古代有一个国家叫赫梯，但是具体在哪里、存在于什么时间都不清楚，后来人们在对古埃及的象形文字铭文和两河流域的楔形文字铭文进行破解后得知，赫梯这个国家确实存在过，但是确切的位置还是不知道。直到 20 世纪

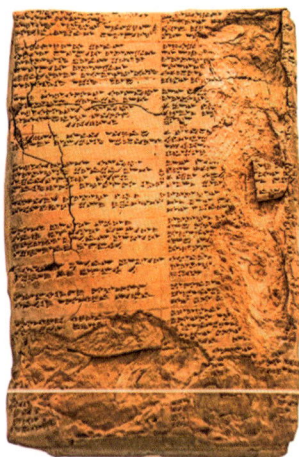

赫梯楔形文字

初，人们在小亚细亚的博阿兹柯伊古城进行考古发掘，发现了大量的楔形文字泥版，通过上面提供的信息，人们才对赫梯的位置和年代有了较为详细的了解。

赫梯从公元前 17 世纪左右建立国家，到公元前 8 世纪被亚述最终灭亡，差不多有千年的历史。这段历史大致可以分为 3 个部分：从早期到 16 世纪中叶，这段历史可以称为"古王国时期"；从 15 世纪末到 13 世纪中叶，赫梯古王国发展为赫梯帝国，强盛一时，这段历史可以称为"新王国时期"；古王国时期和新王国时期之间不到 100 年的时间，是赫梯比较衰弱、历史也比较模糊的时期，有人将其称为"中王国时期"。

公元前 19 世纪左右，小亚细亚地区成为亚述的商业殖民地。这些殖民地和亚述本土、巴比伦尼亚等地区都有着非常活跃的贸易往来，亚述人还将楔形文字带到了这里。差不多同时或者再早一些，这里逐渐形成了库萨尔、涅萨、哈图什等城邦，其中实力相对比较强大的是库萨尔。在公元前 18 世纪，库萨尔在其国王皮哈那及其继承者安尼达的带领下开始向外扩张，征服了附近的其他邻邦，又迁都涅萨。在安尼达在位时，亚述人在小亚细亚的商业殖民活动也宣告终结了。

公元前 17 世纪，拉巴尔纳斯获得库萨尔王位，也正是从这时开始，赫梯开始记载自己的历史，正式进入古王国时期。

拉巴尔纳斯在位时继续扩张，他征服了小亚细亚东部地区，赫梯的版图就此扩大到了黑海。随后，其子哈图西利斯一世继位，迁都哈图沙什（今博阿兹柯伊），又征服了奇里乞亚，赫梯王国的疆界达到了地中海岸边。早期赫梯统治者向外扩张的主要目的其实是想控制从巴比伦到地中海岸的锡路，因为锡是小亚细亚地区制造青铜器必不可少的原材料，但是哈图西利斯一世在叙利亚却遇到了哈尔帕等国家的坚决抵抗，所以赫梯转向攻占了哈尔帕的出海口阿拉卡，还有哈尔帕的北方盟国乌尔苏。随后，赫梯又挥兵向西，打败了阿扎瓦以及它的盟国维鲁萨，从而将另一条通往波西米亚矿源地的锡路控制在自己手中。

当时胡里人在两河流域北部有崛起的势头，于是哈图西利斯一世又挥师北上，将胡里人逐出了陶鲁斯山。不过他在之后进军幼发拉底河流域的时候受了重伤，后逝世。在哈图西利斯一世时期，"赫梯"作为一个国家的名字，开始用于表示整个赫梯人的国家。继承哈图西利斯一世王位的是他的孙子穆尔西利斯一世，他和位于幼发拉底河中游的加喜特人城邦哈纳结盟，以求破坏哈尔帕和巴比伦王国的联盟。大约在公元前1595年，赫梯大军先是灭亡了哈尔帕，又灭亡了古巴比伦王国（巴比伦第一王朝），大肆掠夺一番后撤兵而走。同时，赫梯还战胜了北部地处幼发拉底河左岸的一个胡里人王国。哈图西利斯一世和穆尔西利斯一世祖孙两人的征服扩张在整个近东地区产生了重大影响，使赫梯也成为近东地区的大国之一。

不过好景不长，威风一时的穆尔西利斯一世死于一场宫廷阴谋。此后的赫梯陷入了动荡，王位更迭频繁，篡位时有发生，甚至为争夺王位发生了内战。等到泰利皮努斯即位时，赫梯的国土已经大为缩水，仅限于小亚细亚一带。泰利皮努斯之后一直到公元前15世纪末这一段历史现在还不清楚，总之，当时的赫梯王国是处于两段盛世中间，所以有人将这一时期称为"中王国时期"。

古王国时期的赫梯，农业是其主要的生产部门，主要作物有小麦、大麦、蚕豆、豌豆、洋葱、亚麻、苹果、葡萄等，还可能种植石榴和梨。畜牧业也较为发达，饲养了很多牲畜，包括牛、马、驴、猪、山羊、绵羊、狗等，甚至已经出现了养蜂业，并且还占有一定的地位。在交通运输方面，车、船都已经得到了广泛的应用。手工业和商业均有不小的发展，当时的金属冶炼已经达到了相当高的水平。据文献记载，赫梯人是在炼铜的过程中偶然发现了铁这种新金属，后经过不断地摸索终于掌握了炼铁这一技术，并开始用它制作器皿、工具和武器。

　　古王国时期的赫梯征服了很多土地，国王将这些土地分配给王子统治，而当地居民有的被迁到别的地方，有的则原地留下，沦为农奴。奴隶被视为奴隶主的财产，战俘是奴隶的主要来源。在穆尔西利斯一世继位前后，赫梯爆发了一次"王子们的奴隶"起义，后来被镇压了下去，由此可见当时阶级斗争也很突出。

　　古王国时期的赫梯是以哈图什为中心的城邦联盟。贵族选举产生国王，王位继承也要由贵族会议承认，王权受到很大的限制且不稳定。所以王位的交接问题是赫梯内政的一个重大问题，篡位者僭取王位是经常发生的事情，也往往会造成政治上的动乱。穆尔西利斯一世就是受害者之一。

赫梯遗址

　　到了公元前 16 世纪后期，泰利皮努斯依靠平民（战士）和"彭库斯"（全体战士会议）进行了大刀阔斧的政治改革。首先，他确定了王位继承制，规定有男立长，无男立婿。其次，他解决了王室仇杀的问题。王室内部的纠纷由"彭库斯"作出裁决，并重建"图里亚斯"（贵族会议），不经"图里亚斯"同意，国王不能处死任意一个兄弟姐妹。最后，他规定任何国王亲属触犯法律，只惩处其本人，不牵连家属，也不没收财产。可以说泰利皮努斯的改革调整了王室的内部关系，巩固了王权。

赫梯的新王国时期

赫梯王国经过一段时间的沉沦之后，在公元前 14 世纪初又重新崛起，从地处小亚细亚一隅的赫梯王国发展为以哈图沙什城为都城的帝国。赫梯帝国是一个中央集权制的帝国，国王集行政、军事、外交、司法、宗教等权力于一身，他的头衔也不是古王国时期的"塔巴尔那"，而是"太阳"，死后还被尊奉为神。

据史料记载，赫梯国王图达里亚斯二世曾经攻占并摧毁了哈尔帕城，这大概可以算是赫梯复兴的开始，一般认为图达里亚斯二世是赫梯帝国的建立者。大约在公元前 1380 年，苏皮卢利乌马斯一世继位，在巩固了都城哈图什城的防御以后，他便发动了对米坦尼王国的战争，并最终攻占了米坦尼王国的都城瓦苏卡尼，扶植了一个傀儡国王上台。大约在公元前 1370 年，叙利亚中部部分地区归入赫梯版图，后来，苏皮卢利乌马斯一世又攻陷卡赫美士城，征服了整个叙利亚地区。也是在他在位之时，因为一桩政治婚姻的流产而引发了赫梯帝国和埃及新王国之间的强强对话，最终是一场瘟疫的流行才使两家罢战言和。可惜的是，这场瘟疫也带走了苏皮卢利乌马斯一世本人的生命。

之后，苏皮卢利乌马斯一世的儿子穆尔西利斯二世继位，东征西讨，建立起一个名副其实的赫梯帝国。再到他的继承者穆瓦塔利斯统治时期，埃及第 19 王朝的塞提一世重新进入巴勒斯坦地区，并推进到了奥伦河畔的卡迭石，和赫梯对峙。古埃及法老拉美西斯二世即位后，同穆瓦塔利斯在卡迭石进行了一场大决战，双方都宣布自己获胜，可以说这是一场势均力敌的较量。战后，赫梯王国进至大马士革，赫梯在叙利亚的统治得以继续。此后在穆瓦塔利斯的幼子乌里特苏布及其叔父哈图西利斯三世在位期间，东方的亚述开始崛起。为了应对这个共同的敌人，赫梯和埃及开始接近。大约在公元前 1283 年，哈图西利斯三世和拉美西斯二世缔结了和约，两国划分了在叙利亚、巴勒斯坦地区的势力范围，埃及承认赫梯对叙利亚的控制。

哈图西利斯三世统治期间是赫梯帝国相对繁荣安定的时期。哈图西利斯三世不仅主持修建都城哈图沙什，还整理复制国家档案，对法律进行改革。他的继任者图特哈利斯四世进一步扩大了改革的范围，并对宗教制度进行了一些改进。但是即便如此，在哈图西利斯三世以后，赫梯明显在走下坡路了。奴隶们的逃亡现象越来越严重，被赫梯征服地区的人民反抗运动也是如火如荼，图特哈利斯四世的继任者阿尔努万达三世曾远征叛变的阿扎瓦城邦，就充分说明了当时赫梯帝国的内部矛盾已经非常尖锐。公元前13世纪末，海上民族席卷了东部地中海地区，赫梯帝国也没能幸免，首都哈图沙什被焚毁，赫梯帝国灭亡。此后在奇里乞亚和叙利亚北部，还残存着一些赫梯人的小城邦，一直苟延到公元前8世纪，直至被亚述所灭。

　　赫梯帝国的衰落和后来亚述帝国的衰落有一些相像之处。一般来说，赫梯帝国也是在征服过程中形成的军事联盟，并没有稳固的基础，也没有特别强大的经济作为支撑庞大帝国的基石。境内部落各有各的语言和生活方式，因此民族凝聚力也并不强大。同时，边疆和外藩地区的统治者又手握大权，这又是一股离心力。国家的团结统一与否很容易被某个国王的一场战役的成败所影响。和埃及的争霸战争之后不久，赫梯就开始衰落。当时签订的和约中规定，双方发生内乱时要互相援助，可见那时的国家内部就已经有了不稳定的苗头。所以在海上民族入侵之时，帝国内部的臣属各国也纷纷随之反抗，强大一时的赫梯也就在这样的内外交困中崩溃了。

　　回想赫梯帝国能够称雄一时的原因，其实是和当时较为先进的社会经济发展水平分不开的。赫梯帝国时期的农业、手工业均有发展。在农业中，已经普

雄鹿来通杯
赫梯帝国时期的一种酒器，雄鹿象征着一种宗教意义。现存于纽约大都会艺术博物馆。

遍使用青铜制的犁、镰。手工业的分工更加细化，已经分出制陶、木器、皮革、裁缝、纺织等行业。此外，频繁的对外战争使得赫梯获得了大量的战俘，奴隶"资源"异常丰富。国王将掠夺来的奴隶还有土地、牲畜等战利品都赐给王公贵族，这也促进了奴隶制经济的发展。那些王公贵族还有神庙等大奴隶主阶级都拥有规模庞大的农场牧场，役使着大批的奴隶，有的牧场甚至成了国中之国。当时家庭奴隶（就是仆人）的地位是比较高的，他们可以拥有一定数量的土地等财产，还可以和自由民通婚，前提是缴纳较重的聘金，所以说他们不是一般意义的奴隶。

大量的耕地掌握在王室手中，一部分赏赐给大臣、贵族，其余的大部分都以份地的形式分配给为王室服役的人。当时领有份地的人分为两个等级：一个叫"部从"，他的身份来自国王，份地不能买卖也不能转让，但是可以继承，为王室服军役是领有份地的条件。"部从"的身份改变了以后，份地归还王室。另一个叫"工具（武器）之人"，就是手工业者（工匠）。这个身份来自地方长官，份地可以买卖、转让，承担大部分普通城市的徭役是领有这种份地的条件。然而，随着时间的推移，赫梯帝国的自由民阶层分化严重，有的沦为"希帕拉斯"，地位已经和奴隶差不多；有的成为"继承份额人"，不得不依附于神庙或者军人（替他出征或者耕地），继续忍受着剥削。

赫梯人留给后世最突出的文化成就当是《赫梯法典》。这部法典大概编纂于公元前 15 世纪到公元前 13 世纪之间，大部分的内容都较为完整地保存了下来。《赫梯法典》和《中亚述法典》《汉穆拉比法典》相比，已经有了明显的进步，比如同态复仇法，还有断指、割耳之类的酷刑已经被废止，甚至杀人罪也可以免除死刑，取而代之的是让大多数罪犯向他们的受害人提供某种形式的赔偿。还有一点值得注意，就是自由民打死了奴隶，除了要赔偿以外，还要负责安葬，且包括国王在内的所有人都不得违反法律。

事实上，相对于两河流域南部即巴比伦尼亚来说，赫梯人在文化上并没有创造出太高的成就，他们深受两河流域苏美尔、巴比伦等文明的影响。当时西亚地区的各国之间贸易往来非常繁盛，要想做好生意一定要掌握两河流域的楔形文字，于是赫梯人编制了世界上最早的字典之一。现在出土的泥版字典一共分 3 栏，分别是苏美尔文、阿卡德文（巴比伦尼亚文）和赫梯楔形文。赫梯楔形文也就是涅西特文，有学者将这种文字释读成功后发现，它吸收了不少阿卡德文的单词符号。还有学者对在哈图沙什发现的泥版文书研究后发现，这其中除了涅西特文外，还有另外 7 种不同的语言。掌握了文字以后，赫梯人开始接触巴比伦尼亚的文学作品，正是有了他们的抄本，英雄吉尔伽美什的故事才被整个小亚细亚地区的人们所熟知。后来这个故事又从赫梯传到了希腊，演变成了英雄赫拉克勒斯的故事。

独特的商人民族——腓尼基人

"腓尼基"这个词来自希腊语，意为紫红色或者青铜色，可能和这里出产的椰枣的颜色有关，也有人认为它和推罗人生产的一种紫红色染料有关。

古代的腓尼基是一系列小城邦的总称。这些城邦位于地中海东岸、叙利亚、巴勒斯坦的沿海地区，北起苏克苏，南到阿科，东起黎巴嫩山，西到地中海，大致相当于今天的黎巴嫩范围。这里最早的居民可能是胡里人，说塞姆语的迦南人在公元前3千纪迁入，逐渐同化了当地的居民。

大约在公元前3千纪末期，在腓尼基相继形成了乌加里特等城邦，这些小国一般都建在海边的岩石上，这有利于他们抵御外敌的入侵。每个城市都有自己的海港，有些城市甚至还有两个海港，一个在南一个在北，非常便于对外航行和贸易。事实上，腓尼基这个地区从未形成过一个统一的国家，一直处于城邦林立的状态。当时本地的居民也不称自己为腓尼基人，而是称自己为推罗人、西顿人、乌加里特人等。城邦之间也很少往来，甚至相互还可能是

腓尼基船浮雕

对立的关系。

现在人们对腓尼基的政治情况了解甚少，从仅有的资料上推断，腓尼基这些小国家多数是王国，不过国王的权力很小，还没有形成君主专制，贵族会议（或长老会议）一类的机构掌握着更多的权力。也有一些小国是贵族寡头共和国，比如在公元前 6 世纪里的一个不长的时期内，推罗就是由一些选举出来的行政官吏统治的。

在公元前 2 千纪末，腓尼基为埃及所控制；进入公元前 1 千纪以后，它又相继臣服于亚述帝国、亚历山大帝国（亚历山大大帝统治时期的马其顿王国）和罗马帝国等大国。为时不长的独立时期，这些小国也是内斗不停，没有形成统一的国家。公元前 9 世纪到公元前 7 世纪是亚述称雄的时代，腓尼基各邦都参加了叙利亚各国反对亚述统治的同盟，不过都惨遭失败。公元前 6 世纪到公元前 4 世纪，腓尼基各邦先被新巴比伦王国所征服，随后又倒在波斯帝国的铁蹄之下，被称为"第五行省"。公元前 332 年，亚历山大大帝东征到推罗，虽然受到强烈的抵抗，但花费数月最终还是攻破其防线。此后，腓尼基先后处于希腊人和罗马人的长期统治之下，并逐渐和其他民族融合。

虽然进入文明时代后的腓尼基基本上都处于一个很尴尬的地位——常常处于外族的统治之下，不过腓尼基人还是以其独特的商业殖民活动在历史上留下了重重的一笔。

腓尼基人的殖民活动大约开始于公元前 1 千纪，他们的殖民地遍及地中海沿岸，成为仅次于希腊人的殖民民族。著名的殖民地有今天西班牙的加的斯、马耳他的瓦莱塔、西西里岛的巴勒莫、撒丁岛的卡利亚里和摩洛哥的摩加多尔等，当然还有最出名的地处北非突尼斯的迦太基。不过，与一般的殖民不同的是，腓尼基同其殖民地之间保持的仅是一种商业关系，而不是宗主国和殖民地之间那种隶属的关系。迦太基是一个典型例子。在母邦逐步失去独立的同时，腓尼基西部的殖民地却在西地中海称霸，先后和希腊人、罗马人争霸一时，这就是迦太基人，罗马人称他们为"布匿人"。罗马人也是经过 3 次艰苦卓绝的布匿战争，才将迦太基灭亡。

腓尼基人以其殖民活动、经商、航海著称于世。腓尼基各城邦的对外贸易都非常发达，他们充分利用自己良港众多、造船业发达的优势，早在公元前 3 千纪就和古埃及、两河流域有了密切的商业往来。腓尼基人从埃及进口亚麻、从塞浦路斯进口铜、从小亚细亚进口锡和铁，自己则输出象牙制品、青铜或银制品、玻璃制品、雪松以及用紫红色染料染过的纺织品等，这得益

母狮噬童牙雕
出土于伊拉克北部尼姆鲁德古城的腓尼基风格牙雕艺术品。现存于大英博物馆。

于他们发达的造船业、纺织业、玻璃制造业、金属加工业、木器加工业、陶瓷制造业和象牙雕刻水平等，也因此腓尼基人的商品得以行销地中海沿岸各地。

腓尼基人另一项闻名于世的活动是他们的航海探险，据说他们曾经远航到英吉利和爱尔兰。《圣经》上提到，在推罗国王海拉门和以色列国王所罗门的时代，腓尼基人不仅和以色列人有着密切的贸易往来，还曾利用以色列人在红海的一个港口前往奥菲尔（大概是现在的埃塞俄比亚），他们从那里带回了宝石、象牙、檀香木、猿猴、孔雀还有金、银等。比这个记载更可靠一点的是，埃及法老尼科二世曾利用腓尼基人制造的乘船绕航非洲，最终获得了成功。腓尼基人的探险活动显然是为其商业贸易活动服务，毕竟探险活动对他们开辟新的市场、寻找新的原料产地等都有很大的帮助。

当然，腓尼基人对世界文明最大的贡献，还是他们发明的字母文字，这一点在后文中有详细介绍。

希伯来人与以色列联合王国

巴勒斯坦地区原来的居民是迦南人和其他一些民族，大概在公元前 2 千纪中期，喜克索斯人曾在这里建立国家，并以这里为基地入侵北方的叙利亚和南方的埃及。公元前 16 世纪初，埃及人将入侵的喜克索斯人赶走，其势力也扩张到了巴勒斯坦地区。

后来建立以色列犹太国家的希伯来人是在公元前 2 千纪末期迁到这里的，他们是塞姆人的一支，希伯来人是当地人对他们的称呼，意思是"渡河而来的人""来自另一边的异乡人"。外来户希伯来人经过长期的斗争，占领了迦南人的不少地盘，一部分迦南人和希伯来人融合了，而另一部分则长期和希伯来人为敌，双方关系非常不好。

当时的希伯来人还处于部落联盟时代，他们自己称这段历史为"士师时代"，所谓的"士师"，就是先知、统帅和救世主三位一体的人，其实也就是军事民主制时代的军事首领或者"王"。"士师时代"大概是从希伯来人占领迦南（约公元前 1230 年）到扫罗称王（约公元前 1020 年）这一段时期，这也是希伯来人氏族部落解体、国家逐渐形成的时期。而直接促进希伯来国家形成的事件，还属公元前 12 世纪左右的海上民族入侵。

海上民族的入侵是世界古代历史上的一件大事，在某种程度上说，强大一时的古埃及、赫梯帝国等国家的衰亡都和其有着密切的关系。

在公元前12世纪的时候，由于地中海东部和北部地区的农业严重歉收，一些身份不明的民族便开始向地中海东部的小亚细亚、叙利亚、巴勒斯坦、塞浦路斯、希腊半岛和意大利半岛等地迁徙，现代学者根据古埃及文献中对这一事情的记载，将这个迁徙的人群称为"海上民族"。海上民族入侵的目的并不是要掠夺财富，而是要寻求新的生存地，因此他们只能凭借武力向这些地区移民。海上民族的入侵持续了很多年，其中大规模的入侵浪潮有两次，第一次发生在公元前1207年左右，第二次发生在公元前1176年左右，第二次的规模要大很多，也正是这一次的入侵彻底改变了东地中海地区的政治格局。

在这两次大规模入侵之前还有一次"前奏"，那就是来自北方的一些民族入侵了希腊半岛、意大利半岛以及撒丁岛和西西里岛。侵入希腊半岛大约是在公元前1230年，入侵者破坏了当地的迈锡尼文明；在意大利半岛，外来的民族则定居在了台伯河和亚努河地区，在吸收希腊文明的基础上，逐渐创造出了新的文明，其辉煌程度仅次于后来的罗马文明。通过这次前奏，海上民族占据了意大利半岛的北部、撒丁岛、西西里岛、希腊半岛的部分地区，还有克里特岛。

公元前1207年左右，以黑海沿岸以及西地中海为根据地的海上民族开始向东地中海地区武装移民。从希腊半岛出发的一支队伍摧毁了特洛伊城；从克里特岛出发的一支队伍进犯了东地中海沿岸；大约在古埃及第十九王朝的法老美楞普塔在位的第5年，海上民族入侵的脚步踏上了埃及土地，他们和埃及西边的利比亚人联合进攻埃及，不过最后还是被美楞普塔击退。第一次入侵浪潮的结果是海上民族在小亚细亚的西北部站稳了脚跟，还有一些在东地中海沿岸的部分地区定居了下来。

公元前1176年，海上民族卷土重来，这一次他们横扫了小亚细亚的赫梯帝国、塞浦路斯、叙利亚、巴勒斯坦等地，最后又到了埃及。此时的古埃及正处于第二十王朝拉美西斯三世的统治时期，尽管最终拉美西斯三世获得了胜利，但是迁徙到埃及控制下的巴勒斯坦和埃及本土的海上民族数量众多，拉美西斯三世也只好把他们安置在巴勒斯坦地区和三角洲地区。此后，埃及在巴勒斯坦地区的影响也逐步丧失。第二次入侵浪潮的规模是空前的，影响也是巨大的，它彻底地摧毁了东地中海地区的文明，海上民族实现了对这里的武装占领。

海上民族的组成成分很杂。古代文献以及考古文物都没有对他们作出详尽、全面的描述，所以现在对海上民族的了解还不是很透彻，不过现代学术界就一点已经基本达成了一个共识，即海上民族不是一个单一的民族。古埃及的记载中提到过的就有埃克万斯人、色雷斯人、鲁卡人、舍尔丹人、舍克利斯人和佩雷散特人等。他们来自哪里现在还有争议，有人认为他们是小亚细亚西北部的居民，还有人认为他们来自埃及的三角洲地区，还有人认为他们不是来自某个特定的地区而是来自地中海的各个地区，甚至有可能是从更北部的中欧地区迁徙来的。总而言之，海上民族不是一个单一的民族，也不是一个单一的种族，而是多个民族和种族的统称，是在青铜时代末期活跃在地中海沿海地区的庞大人群。

作为海上民族中的一员，佩雷散特人的另一个名字也许更为人所熟知，即腓力斯丁人。腓力斯丁人进入了巴勒斯坦地区，事实上，"巴勒斯坦"这个地名就是因他们而来，意思是"腓力斯丁人的地方"。住在这里的希伯来人自然不能坐视不理，他们同入侵的腓力斯丁人发生了激烈的冲突。那个时候希伯来人的部落社会已经无法满足当时社会的要求，所以希伯来人迫切需要一个强有力的机构。与此同时，私有制逐渐出现，阶级也开始分化，就这样，大约在公元前11世纪，一个由希伯来人组成的国家形成了，这个国家就是以色列联合王国。

公元前1020年，以色列便雅悯支派后裔的扫罗被推举为王，他建立了一支强大的军队对抗腓力斯丁人，并取得了一定的胜利，这为他赢得了威信，同

耶路撒冷古城

时也促进了希伯来人民族意识的觉醒。后来，扫罗在和腓力斯丁人的战争中战死，犹太支派后裔的大卫接替了他的事业，成为以色列联合王国的国王。大卫统一了巴勒斯坦，彻底击败了腓力斯丁人，又征服了其余的迦南人，夺取了耶路撒冷并定都于此，从此耶路撒冷就成了以色列犹太人的圣城。

大卫和他的儿子所罗门在位时期，被称为希伯来历史上的"黄金时代"。所罗门统治时的以色列联合王国和埃及、腓尼基的推罗结为盟友，积极发展海外尤其是红海一带的贸易，还招纳了大批的工匠建设巴勒斯坦的城市，耗费人力巨大。此外，所罗门还将以色列联合王国划为 12 个行省，又建立起劳役和税收制度，巩固君主专政。

不过以色列联合王国的内部一直存在着矛盾。当时的巴勒斯坦地区南北两部分本来就存在着比较大的差异，而统治者又来自南方，在税收等政策上偏向南方，所以南北矛盾日趋激化。直到公元前 922 年，北方的起义者耶罗波安起兵，自立为王，建立以色列王国，定都撒玛利亚。至此，以色列联合王国正式分裂为南北两部分，南面为犹太王国，都城还是在耶路撒冷。

以色列王国大约存在了 200 年的时间，其立国的前几十年和南方的犹太王国战争不断，还曾被埃及入侵。后来的暗利王朝统治时期较为稳定，曾联合周边国家一起对抗叙利亚的阿拉米人和后来崛起的亚述帝国。但到了耶户王朝统治之时，亚述帝国对以色列的威胁日益严重。公元前 722 年，亚述王萨尔贡二世攻陷撒玛利亚，将这里的大批居民迁到了别的地方，以色列王国灭亡。

南方的犹太王国命运稍好，在乌西雅统治时期甚至一度成为西方反对亚述联盟的领袖。不过在公元前 722 年，以色列王国被亚述灭亡之时，犹太国王通过缴纳大笔的赎金才逃脱了亡国的命运，成为仅存的希伯来人国家。之后继位的犹太国王希西家进行了宗教和政治改革，这对一神论犹太教的形成产生了重要影响。公元前 701 年，希西家被亚述王辛那赫里布围困于耶路撒冷城中，不得不屈服于亚述帝国。到了他的重孙约西亚在位时（约公元前 640—公元前 609 年），犹太王国趁亚述式微，扩大了统治范围，又进行了较为彻底的宗教改革，这使约西亚在希伯来人的历史上拥有举足轻重的地位。

约西亚以后的犹太国诸王仅能利用埃及和新巴比伦王国的矛盾以自保，国势日衰。公元前 598 年和公元前 586 年，巴比伦王尼布甲尼撒二世两度攻破耶路撒冷城，"巴比伦之囚"事件爆发，犹太王国至此灭亡。而那些被囚禁在巴比伦的犹太人直到波斯帝国灭亡新巴比伦王国以后才被放回耶路撒冷。此后，犹太地区先后被波斯帝国、马其顿帝国和罗马帝国等国家统治，犹太人也开始了他们长达上千年的在世界各地流浪的历史。公元7世纪以后，阿拉伯人占领了中东地区，巴勒斯坦的主要居民也变成了阿拉伯人，而这也为后世的巴勒斯坦问题埋下了伏笔。

小亚细亚地区和地中海文化

古代小亚细亚地区和地中海东岸地区的人民创造了不朽的文化，其中对后世影响最大的有两项，分别是腓尼基字母文字和犹太教。

首先是腓尼基字母文字。腓尼基人善于经商，而经商记账需要简便的文字，于是腓尼基人放弃了复杂的楔形文字，发明了一套自己的文字系统。通常所学的腓尼基字母共有22个，全是辅音而没有元音，阅读者需要根据上下文的意思自己推测出来元音。因为年代久远、资料缺乏，现代学者对腓尼基字母的了解还不是特别透彻，一些结论只是推论。一般认为，腓尼基字母的来源至少有两种：一是乌加里特字母，共29个，由于受巴比伦尼亚的影响，这些字母是用楔形符号写在泥版上的；一是比布鲁斯字母，共22个辅音符号，这也就是通常所说的腓尼基字母。比布鲁斯字母最初见于阿希拉姆国王的墓碑上，后来成为通用文字，而乌加里特字母则渐渐被淘汰了。约在公元前1千纪初，腓尼基字母传至希腊，希腊人加入元音字母，使它趋于完善。腓尼基字母是现代多数字母文字的源泉，概括起来说它基本上经历了这样一个演变过程：埃及象形文字——西奈字母文字（塞姆人对象形文字的继承与革新）——比布鲁斯或腓尼基字母文字（对西奈字母文字的继承与革新）——希腊字母文字（对腓尼基字母文字的继承与革新）——拉丁字母文字（对腓尼基、希腊字母文字的继承与革新）。

其次是犹太教。以色列犹太人的历史就是一部漫长的苦难史，而犹太人在历经苦难的同时也形成了自己的民族宗教——犹太教。和别的古老民族一样，希伯来人部落最早也是信奉多神的原始宗教的，大约在"士师时代"前后才开始形成主神崇拜，奉雅威（即耶和华）为民族神，但是并不否定其他神的存在。进入阶级社会以后，下层人民信仰耶和华，上层的统治者为了维护自己的统治对信仰很宽容，他们甚至还崇信过外族的神。在公元前9世纪到公元前8世纪左右，先知开始反对统治者对外族神的崇拜，极力提高耶和华的地位，同时由于希伯来人经常被异族所压迫，统治者也想借此进一步提高耶和华的地位，便

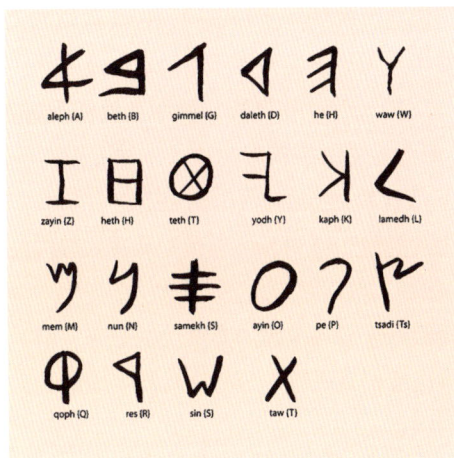

腓尼基字母

支持先知主张的一神论观点。公元前 8 世纪到公元前 7 世纪，以犹太王希西家和约西亚的改革为契机，"申命运动"兴起，主张一神论，又编纂了《申命记》《约书亚记》等经典。后来，犹太王国被新巴比伦王国所灭，在"巴比伦之囚"期间，先知和祭司合流，高级祭司们逐渐被称为宗教领袖。待到新巴比伦王国被波斯帝国所灭，囚虏们返回巴勒斯坦后，又掀起了复兴希伯来人宗教的运动，正式确定《旧约》为自己的经典，又初步建立了会堂制度，犹太教正式形成。

犹太教尊耶和华为造物主、唯一的神，此外再也没有别的神。他们宣称自己是耶和华的"特选子民"，在公元前后的几百年间都宣扬会有"弥赛亚"（救世主）降世，拯救受苦受难的犹太人。犹太教的教义主要为"摩西十诫"，包括守"安息日"（星期六）、敬事父母、不可杀盗淫妄、不可贪图他人财物等，此外还有严禁偶像崇拜、禁食猪肉等不洁之物、教徒不与未受割礼的外族通婚等等。

《旧约全书》是犹太教的经典，现在的通行本《旧约》一般为 39 卷，分为律法书、先知书、圣著 3 个部分。律法书有 5 卷，即《创世记》《出埃及记》《利未记》《民数记》《申命记》，合称"摩西五经"。散见于《出埃及记》《申命记》《利未记》中的 3 部法典是核心，反映了公元前 8 世纪到公元前 7 世纪的犹太社会历史，具有一定的史料价值。先知书又分为前后两部分，前先知书包括《约书亚记》《士师记》《撒母耳记》《列王纪》，记录的是从征服迦南到俘囚时代的以色列历史；后先知书包括《以赛亚书》《耶利米书》《以西结书》《十二小先知书》。圣著则包括《诗篇》《箴言》《约伯记》等。《旧约全书》是不同的作者秉承不同的观点，根据不同的材料，在不同的时间、地点编成的一部书，所以它反映的其实是不同的社会和宗教发展阶段的情况，虽然良莠不齐、真伪参半，但也不失为古西亚的文化遗产之一。

犹太教对基督教、伊斯兰教的形成都有重大的影响。基督教不仅承袭了《旧约》中的宇宙起源论、十诫等很大一部分教义，还把犹太教的经典也变成了基督教经典的一部分，就是《圣经·旧约》，同时将自己所编的圣经命名为《圣经·新约》。"上帝"从犹太教的民族保护神，变成了世界的神，它不仅"保护""拯救"以色列犹太人，而且"保护""拯救"所有的人。尽管后来基督教在全世界范围内有很大的影响，但是绝大多数的以色列犹太人还是坚信着本民族的犹太教，分散在世界各地的犹太人也普遍将信仰犹太教作为民族认同的根据。

古波斯文明

古波斯位于里海之南、波斯湾之北的伊朗高原，是古代西亚地区的三个文明中心区域之一。虽然波斯人崛起之时，古埃及文明和两河流域文明早已发展了几千年，不过古波斯文明却是古代西亚、北非文明的巅峰，也是其由盛转衰的转折点，在人类历史的发展中占有重要地位。

米底王国

米底王国是公元前7世纪到公元前6世纪伊朗高原西北部的一个奴隶制国家。这个国家在历史舞台上的时间并不长，但却在亚述帝国到波斯帝国的过渡时期扮演了重要角色。

　　米底人在语言上属于印欧语系，和后来建立波斯帝国、称霸一时的波斯人也有一点亲戚关系。大约是在公元前 2 千纪，他们来到伊朗高原，定居在伊朗高原西北部、里海以南的地区。不过关于他们是从哪里迁移过来的，现在还没有一个确定的说法，一个比较流行的说法是他们来自中亚草原。

　　米底人的早期历史很模糊，现在还没有发现任何米底人自己的文献，所以现在对他们历史的了解，基本都是来自亚述的年代记，以及后来希腊历史学家们的著作。公元前 8 世纪左右，米底人处于从部落联盟向国家过渡的阶段，当时东边的亚述帝国正处盛世，米底人也臣服于它，并缴纳贡赋。不过，世间没有甘于被压迫的民族，也正是反抗亚述侵略剥削的斗争加快了米底国家的形成。

　　据古希腊历史学家希罗多德说，在被亚述人征服的诸民族中，米底人是最早起来反抗的，也是最早争得独立的。按照希罗多德的说法，米底国家的形成是"社会契约"的产物。获得独立以后的米底众部落处于无政府状态，没有一个具有实权的监管机构，所以掠夺等不法行为非常猖獗。米底人都痛恨这种状态，希望有一个正直的人出来解决争端，主持公道。一个名叫迪奥塞斯的人因为在解决本部落的纠纷时非常公正，赢得了人们的拥护和爱戴，所以就被推举为了国王，结束了无政府的状态。从希罗多德的记述可以看出，米底国家的形成其实是在一内一外两股推力的作用下促成的。外边的压力当然是亚述人的统治，反对亚述人统治就要求自身团结起来；内部的力量则是当时米底人社会的自然需求，私有制产生，阶级已经分化，阶级矛盾正在成长，原有的无政府状态已经不适合，人们迫切需要一个强有力的机构来保证自己的利益不被侵犯。就这样，米底王国诞生了。

　　根据希罗多德的说法，米底王国建立以后共经历了四位国王，他们分别是迪奥塞斯、普拉欧尔铁斯、基亚克萨雷斯和阿斯提阿格斯。对于米底王国的开始，现代学者有着和希罗多德不一样的看法。他们认为，迪奥塞斯的儿子普拉欧尔铁斯才是米底王国实际的创立者，在他的统治时代，米底王国开始向外扩张。他先是征服了波斯，随后又和亚述交手，但是遭到了失利，据说他本人也在这场战争中战死。他的儿子基亚克萨雷斯继承了王位，并在军队中进行了一次改革，将米底军队改变成 3 个兵种：枪兵、弓兵和骑兵。当时的亚述帝国已经日薄西山，基亚克萨雷斯便联合新兴的新巴比伦王国联手对付昔日的统治者，终于在公元前 612 年攻占了尼尼微，灭亡了亚述帝国。

　　米底王国瓜分了亚述帝国留下的庞大遗产，占领了大片亚述领土，后来又灭亡了乌拉尔图王国，领土再次扩大。大约在公元前591年至公元前585年，向东方扩张的米底王国和小亚细亚的吕底亚王国进行了长达6年的战争，最终因为一次日食而握手言和，双方划定了边界，基亚克萨雷斯的儿子阿斯提阿格斯还和吕底亚的公主缔结了婚约。阿斯提阿格斯也就是米底王国的末代君主，在他统治的末期，波斯人开始崛起。公元前550年，波斯灭亡了米底王国，俘获了阿斯提阿格斯，原来米底王国征服的那些地区也相继被波斯人所占领。

居鲁士二世建立波斯帝国

建立波斯帝国的是居住在伊朗高原西南部法尔斯地区的波斯人。他们和东南部的米底人同属印欧语系，有一定的亲缘关系。大约在公元前2千纪，他们迁到伊朗高原。据亚述王沙尔玛·纳塞尔三世的铭文记载，在公元前9世纪的时候，波斯还处于游牧部落的阶段，当时波斯人的部落联盟以阿契美尼德氏族为首。公元前7世纪，波斯人称臣于米底王国。

创立波斯帝国的居鲁士二世就来自阿契美尼德家族。据《居鲁士文书》的说法，居鲁士二世的祖父居鲁士一世和他的父亲冈比西斯一世拥有埃兰东部和帕尔萨的一部分，被称为"安善王"。公元前558年，居鲁士二世继承王位，成为波斯的统治者。

公元前553年，居鲁士二世起兵反抗米底人的统治，3年后灭亡了米底王国，正式建立波斯帝国。由于居鲁士二世来自阿契美尼德家族，所以这个帝国也被称为阿契美尼德王朝。不久，居鲁士二世又征服了埃兰，米底人从亚述帝国那里继承来的遗产——小亚细亚的卡帕多西亚也被波斯收入囊中。而波斯人的迅速崛起也引起了小亚细亚强国吕底亚的严重不安。

吕底亚王国地处小亚细亚的中西部，位于今天土耳其的西北部，大约在公元前1300年或者更早的时期建国。大约从公元前660年起，吕底亚开始使用金属铸币，是世界上最早几个使用铸币的国家之一。其首都萨狄斯更是以富庶、宏伟而著称。亚述帝国被米底人联手新巴比伦王国灭亡以后，继承了一部分亚述遗产的米底王国向小亚细亚扩张，和吕底亚王国发生了矛盾，两国的仗一打就是好几年，僵持不下。战争结束的原因在现代人看来多少有些啼笑皆非：当地出现了日食，双方都认为这是神的警示，不能再打仗了，于是握手言和。之后，双方便在新巴比伦国王尼布甲尼撒二世的调停下划定了界限。

吕底亚国王克洛伊索斯的金项链

　　不过，再富庶的吕底亚也不是居鲁士二世的对手，波斯远比米底亚王国要强大得多。于是，吕底亚国王克洛伊索斯联合小亚细亚的希腊城邦、希腊本土的斯巴达以及埃及等国家一起对付波斯。公元前546年，克洛伊索斯出兵波斯人占领的卡帕多西亚。当时波斯人面临两个主要对手，一个是新巴比伦王国，另一个就是吕底亚王国。波斯人原来的计划是先征服新巴比伦王国，再对付吕底亚王国，但是新巴比伦王国看起来还很强大，不好对付，于是居鲁士二世决定小心行事，先征服小亚细亚，切断新巴比伦王国的商路，然后再回头对付新巴比伦王国。于是，波斯大军也开进卡帕多西亚，打败了吕底亚军队，并乘胜追击，包围了吕底亚首都萨狄斯，吕底亚人久候盟军不到，最终城破，吕底亚王国灭亡。公元前545年，居鲁士二世又消灭了那些和吕底亚结盟的小亚细亚的希腊城邦。
　　随后，波斯人的铁蹄奔向中亚，占领了今天的阿富汗赫拉特以及阿富汗北

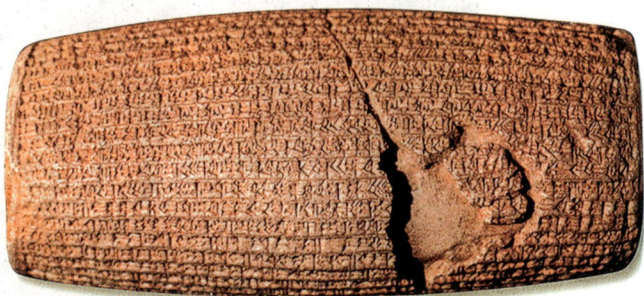

居鲁士圆柱
圆柱上主要记载了波斯帝国统治者居鲁士二世征服巴比伦的事迹。现存于大英博物馆。

部等地，分别置省，又渡过乌浒河（即阿姆河）到达药杀水（即锡尔河）地区，并在药杀水南岸修建 7 座城堡，连成一条防线。当时新巴比伦王国尚未屈服，居鲁士二世此举不仅扩大了波斯人的统治范围，还免除了波斯人的后顾之忧。

公元前 539 年，波斯人远征巴比伦尼亚。当时新巴比伦王国内部的王权和神权势力矛盾激化，居鲁士二世充分利用这一矛盾，轻松占领了巴比伦城。新巴比伦王国的灭亡标志着波斯帝国达到极盛。

征服巴比伦之后，居鲁士二世对巴比伦的宗教和习俗表示尊重，还采用了这里习用的称号，他自称"世界之王、大王、正统的王、巴比伦王、苏美尔与阿卡德之王、四方之王"。在新年节，居鲁士二世遵照巴比伦的习俗握了马尔杜克神像的手，表示他是巴比伦正统的新王。他还释放了"巴比伦之囚"，让他们回到耶路撒冷，帮助他们重建家园、重修圣殿。开明的宗教观念提高了居鲁士二世的威信，原来臣服于新巴比伦王国的叙利亚各邦都表示臣服于他，于是，居鲁士二世将叙利亚和巴勒斯坦合并为巴比路士省。

公元前 529 年，为了巩固帝国的东北边境，居鲁士二世率军东征中亚，渡过药杀水后深入游牧民族马萨格泰的境内，身陷重围后因负重伤而死。

居鲁士二世在古代著名帝王中名声非常好，古典作家们奉他为理想君主的代表。他为人宽厚豁达，尊重各地的宗教习俗和生活习惯，善待被征服地区的上层社会和普通百姓，这和亚述帝国残暴的烧杀抢掠和强制移民政策有着天壤之别。古代文献中对居鲁士二世更是不吝溢美之词，称他为"马尔杜克心爱的王"、犹太人的"弥赛亚"（救世主）。

冈比西斯二世的暴政和高墨达暴动

居鲁士二世去世之后，他的儿子冈比西斯继位，是为冈比西斯二世。冈比西斯二世对于波斯帝国扩张的主要贡献是征服了埃及。公元前 525 年，冈比西斯二世利用埃及统治集团的内部矛盾征服埃及，建立了古埃及第二十七王朝。不过他随后在埃及的军事行动却接二连三地遭到失败：因准备不足导致远征努比亚惨败，派往锡瓦绿洲的军队遭遇沙暴而全军覆没。埃及又爆发了反对波斯人的起义，但是被冈比西斯二世镇压下去了。然而，埃及这个烂摊子还没有彻底平定，波斯本土又爆发了暴动。

按照希罗多德的说法，冈比西斯二世的性格和他父亲完全相反，他是一个暴虐无道的昏君。他曾经杀死了自己的兄弟司美尔迪斯（在《贝希斯敦铭文》中被称为"巴尔迪亚"），巴尔迪亚之子为父亲辩护，也惨遭杀害；他还想杀死向自己进谏的原吕底亚国王克洛伊索斯，后来克洛伊索斯被别人放走了，他又想杀死放走他的人；他在埃及还曾冒犯神圣，无缘无故就处死了很多孟斐斯的宗教领袖……类似的劣迹还有很多，可以说在希罗多德笔下，冈比西斯二世就是一个疯子。

除了统治者的荒谬，新兴的波斯帝国内部也存在不少尖锐的矛盾。首先是统治阶级和被统治阶级之间的矛盾。波斯统治者的征服和掠夺给被征服地区的人民带来了深重的灾难，人民满心怨气，对波斯并不真心服从。其次，统治阶级内部也存在矛盾。被征服地区原来的统治者们丧失了权益，自然对波斯人的统治不满；波斯国内的贵族也因为王权一家独大而自己的地位有所降低，丧失了不少特权，满腹怨气。据《贝希斯敦铭文》记载，冈比西斯二世刚率领军队出发远征埃及，国内居民就骚动起来，在波斯、米底还有其他地方，都"发生了巨大的灾祸"。

公元前 522 年 3 月 14 日，冈比西斯二世在埃及屡屡不顺时，在波斯国内庇里什瓦德的阿尔卡德里什山爆发了一场起义，这就是高墨达暴动。

高墨达是这场暴动的领导人，他打着冈比西斯二世的弟弟巴尔迪亚的旗号起兵，据说当时巴尔迪亚被其兄冈比西斯二世杀害的消息还没有流传开来，也有学者认为其实高墨达自己就是巴尔迪亚。高墨达自立为王，号召天下百姓拥戴自己，抛弃暴君冈比西斯二世。根据希罗多德的记载，高墨达曾经派人到各地去宣传他将免除三年的兵役和赋税，于是波斯人、米底人等各地百姓群起响应，一时间，就像《贝希斯敦铭文》中说到的："于是所有的人民，波斯人、米底人还有其他诸省的人民都骚动了起来，从冈比西斯转而倾向于他（即高墨达）。"这让新兴的波斯帝国第一次面临被颠覆的危险。正在埃及的冈比西斯二世知道这一消息以后立刻起身赶回波斯，但是却意外死在了半路上，据说是被自己的剑误伤而感染身亡。

暴动持续 7 个月以后被镇压了下去。镇压暴动的是以出身阿契美尼德氏族、冈比西斯二世的万人不死军总指挥大流士为首的 7 家贵族，他们在米底杀死了高墨达，之后大流士当上了国王。后来大流士将这场暴动的起源和平定过程以及自己的身世详细记录下来，并用 3 种语言（古波斯语、阿卡德语巴比伦方言、埃兰语）刻在了贝希斯敦的悬崖上，这就是著名的《贝希斯敦铭文》。

大流士一世的专制统治

大流士一世是波斯帝国历史上地位仅次于开国君主居鲁士二世的帝王。他在位期间开始的新一轮对外扩张使波斯帝国的领土进一步扩大，他进行的一系列改革奠定了中央集权制度的基础，为后世的亚历山大帝国、塞琉古王朝、安息王朝以及萨珊王朝等承袭，因此有人认为他才是波斯帝国真正的奠基者。

大流士一世在位 37 年（公元前 522—公元前 486 年），据说出征 19 次，俘虏了 9 个王。他向东入侵了印度河流域，向西征服了巴尔干半岛的色雷斯地区，控制了博斯普鲁斯海峡，他也是第一个向欧洲扩张的东方帝王。波斯帝国也正是因为他才成为了世界上第一个地跨欧、亚、非三洲的大帝国：东到印度河流域，西到色雷斯，北到亚美尼亚，南到非洲的埃塞俄比亚，土地面积近700 万平方千米，人口约 5000 万。

从居鲁士二世建国到大流士一世执政，中间只有短短的 28 年，不过就是在这 28 年中，波斯人却走完了别的国家需要用几千年才能走完的历史：从小国寡民到地域王国再到跨越大洲的帝国，不得不说这确实令人惊叹。不过用时太短也有弊端。首先，帝国如此辽阔，该用哪种形式加以统治就是一个问题。原来波斯的国家机器薄弱，统治一个地处伊朗高原一隅的小国家还可以，但统治一个如此庞大而又万分复杂的大帝国就捉襟见肘了。另外，新兴的波斯帝国

大流士一世雕像

内部构成异常复杂，阶级矛盾和民族矛盾异常尖锐，且各地的经济发展水平还不平衡，这些都是不稳定的因素。

因此，大流士一世针对这些情况采取了一系列的措施，目的是巩固波斯帝国的统治，当然也是巩固他个人的专制统治，这就是著名的大流士改革。

在地方行政制度上，大流士一世采取军政分开的方式。他将整个波斯帝国分为若干个行省（具体数目不同文献略有差异，希罗多德的说法是 20 个，《贝希斯敦铭文》说是 23 个，《那克希卢斯特姆铭文》则说是 29 个），每个行省设立总督统治，负责行政、司法和税收。各个行省每年要向波斯交纳规定的赋税（包括货币税和实物税，波斯人免征货币税但可能也要交纳实物税）。

在军事制度上，大流士一世效法亚述，将波斯帝国分为五大军区，下面又辖有若干个省军区，每个行省设立将军，负责统领行省驻军。将军由国王直接任命，和行省总督互不隶属。波斯军队分为步兵、骑兵、象兵、海军、工兵等兵种，还可以分为常备兵和战时临时征召的两部分，其中最具战斗力的当属由 1 万名波斯人组成的所谓"不死军"（每缺一人即行补上，始终保持 1 万人，故而得名），军官多是享有特权的波斯人和米底人。波斯本是内陆国家，但是热衷扩张的大流士一世也很重视海洋，所以他以腓尼基水手为骨干，建立了一支拥有几百条战船的舰队，波斯也一跃成为亚洲一流的海上强国。

在宗教制度上，大流士一世奉琐罗亚斯德教为国教，但是对各地原有宗教也并不予以干涉和排斥。从这一点上可以看出，大流士一世的改革至少有一点可以肯定，那就是他试图拉拢被征服地区的统治阶级。和宗教情况类似，在制定法律的时候，大流士一世也参照了各地的原有法律。这些措施收到了一定的效果，缓和了各地贵族和波斯人之间的对立情绪。

此外，大流士一世统一了帝国的货币制度，规定只有中央政府有权铸造金币，金币重 8.4 克，称为"大流克"，通行全国；行省只有权力铸造银币，自治市只有权铸造铜币。他还主持修筑驿道，建立了驿道制度，这无疑有利于政令传达和地方信息的反馈，同时也有利于提高军队的机动性。驿道沿途设有驿站，备有人员和马匹，最长的一条驿道是从苏萨到小亚细亚西海岸的以弗所，全长达 2400 千米。大流士一世还开通了埃及法老尼科二世未曾完工的尼罗河与红海之间的运河，又在中亚某些地方修建了水库等。交通的便利促进了波斯各地经济文化的交流，也缩小了各地之间的发展差异。

虽然大流士一世这些改革措施的出发点是巩固他自己的君主专制统治，加强波斯帝国对被征服地区的统治，但是从客观上说，改革也促进了帝国内部各地的经济文化交流，有利于落后地区的经济发展。

再伟大的人也会犯错误，这句话也许放在大流士一世身上正合适。波斯在大流士一世的手上成为地跨三洲的波斯帝国，也正是在他的统治时期埋下了衰落的隐患：纵横无敌的波斯军队在希腊人那里吃了败仗，也就是著名的持续了40多年的希波战争。而这场战争正是大流士一世挑起的。

侵略希腊的失败是波斯帝国由盛转衰的转折点。大流士一世之子薛西斯一世以后的波斯诸王，阿尔塔薛西斯一世、薛西斯二世以及大流士二世等都比较懦弱，再加上波斯人在和希腊人的战争中节节败退，促使被征服地区人民趁机起来反抗波斯人的统治。只能说幸好当时希腊内部的雅典和斯巴达两大城邦也有矛盾，波斯帝国靠着金钱和外交手段时而支持斯巴达，时而支持雅典，才得以继续控制小亚细亚。

波斯帝国的末代国王大流士三世虽然比前面那些懦弱的国王强不少，但可惜生不逢时，当时西方的马其顿已经崛起，他不是亚历山大大帝的对手。公元前330年，在亚历山大大帝的铁骑下，波斯帝国的都城波斯波利斯陷落，大流士三世在逃亡中被害，波斯帝国灭亡。

希波战争中的马拉松战役

古波斯文化

相比于古埃及文明和两河流域文明，波斯这个民族是落后的，但是他们却长期与先进的两河流域文明为邻，后来建立波斯帝国，又统治着两河流域、埃及、小亚细亚等众多的先进文明地区。所以古波斯文化中吸收了较多的外来因素，不管是政治思想、典章制度、法律，还是文字、艺术、建筑等，都是如此。希罗多德如是说："波斯人比任何其他民族都更喜欢去模仿外国人的习惯。"波斯帝国鼎盛时，广大西亚、北非、印度河流域、中亚、小亚细亚地区都在帝国的版图之内，这为不同的文化交流提供了客观条件，同时也为波斯人对其他民族的文化进行吸收、利用提供了客观条件。

首先是语言文字方面。波斯人在语言上属于印欧语系东支，文字借用了两河流域的楔形文字，著名的《贝希斯敦铭文》上就使用了楔形文字。不过在大流士一世时期，大概在文字上进行了改进，改进后的波斯楔形文字不仅和苏美尔时期的楔形文字不太一样，和阿卡德、巴比伦时期的楔形文字也不一样，他们的楔形文字更接近字母体系，是西亚楔形文字发展的最后一个阶段。

波斯帝国国土辽阔，民族众多，语言也众多，统治者也不能统一语言。《贝希斯敦铭文》就是用古波斯语、古埃兰语和阿卡德语巴比伦方言 3 种语言写成

格里芬来通杯
这件保存完好的、来自约公元前 400 年的波斯帝国的银质来通杯出土于土耳其，它既是杯子，也是斟酒器。酒从顶部的漏斗倒入，再从格里芬胸前的小孔流出。现存于大英博物馆。

的。《贝希斯敦铭文》是波斯的一项宝贵遗产，它包括浮雕和铭文两部分。右上方是浮雕，刻的是以大流士为首的波斯人和 9 个被俘首领；铭文的 3 种语言，内容相同，记述了大流士一世镇压起义的丰功伟绩等内容。刻有《贝希斯敦铭文》的贝希斯敦石刻高近 9 米，宽 15 米多，它高悬在距离地面近百米的岩壁上。19 世纪，英国学者 H.C. 罗林森花了十几年的功夫才将 3 种文字的铭文都拓了下来。1837 年，罗林森公布了一个有 39 个字母的古波斯文字母表，还公布了两段铭文的译本。后来，许多学者继续对古波斯文等死文字进行研究，最终诞生了专门研究古代两河流域以及周边波斯等地区的语言文字、历史、文化的学科——亚述学。从此以后，一片片古巴比伦尼亚和亚述的泥版文书不再是刻满难解符号的天书，而是成了讲述着上千年历史的文献材料。

　　其次是建筑和雕刻方面。从不同时期的波斯建筑风格上可以看出波斯的发展过程。在早期的居鲁士时代，波斯建筑上还保留着游牧民族的某些特征，但是已经使用上了希腊的工匠和技术。后来波斯帝国征服了周围的巴比伦等地区，国力强盛，这一点在建筑物上也体现了出来。首先，波斯统治者控制着比原来的波斯王国大得多的土地，也就控制着很多的人力物力，所以他们有能力建造起规模宏大的建筑物，比如王宫。此外，众多的民族都在波斯人的统治之下，

二轮马车模型

这是出土于今塔吉克斯坦塔赫提库瓦德地区奥克瑟斯宝藏中最著名的藏品之一，也是波斯帝国阿契美尼德时期的艺术代表作之一，可以追溯至公元前 4 世纪。现存于大英博物馆。

阿帕达纳宫阶梯浮雕
此壁雕描述的是来自波斯帝国东北部的使团们向国王进贡的场景。

其中不乏拥有先进文化和技术的，所以此时波斯人的建筑不仅规模宏大，还体现着不少外族的风格，包括希腊、巴比伦和古埃及风格。比如，波斯人的王宫经常建在高台上，这是典型的两河流域风格，而王宫中的巨柱又是古埃及和希腊风格。像大流士一世的新都波斯波利斯的宫殿就是建在巨石垒成的高台上，里面建有大王听政的殿堂和百柱厅，柱高 7.62 米，柱头是圣牛、角狮和人面型。高台侧面的壁上是浮雕，刻有不死军、廷臣和各被征服地区的人民列队进献贡物的场面。王宫中的浮雕和贝希斯敦山崖上的浮雕，堪称波斯帝国时期雕刻艺术的代表作。和其他艺术一样，雕刻艺术也受到了外来风格的很大影响，或者说，波斯的雕刻艺术吸收了不少其他民族，尤其是两河流域和希腊的杰出成果。

最后是宗教方面。波斯人信奉的是琐罗亚斯德教，这个宗教因其创始人而得名。但是关于琐罗亚斯德其人的具体信息，现在还没有一个定论。有人认为他生活在公元前 1000 年甚至更早，也有人认为他和佛教的创始人释迦牟尼是同时代的人，还有人认为他生活在公元前 7 世纪。关于他是哪里人也有争议，有人说他是米底人，也有人认为他是来自中亚的巴克特里亚人。总之，琐罗亚斯德的身上还有着种种疑团。

琐罗亚斯德教的理论认为，世界上有善、恶二神，善神是阿胡拉·马兹达，又是光明神、正义之神；恶神是阿赫里曼，又是黑暗神、邪恶之神，代表风暴、沙漠。善恶二神斗争不断，琐罗亚斯德教主张人要站在善神一边，和恶神作斗争。

《阿维斯塔》是琐罗亚斯德教的经典，大致在萨珊王朝时编定成书，其中最古老的部分是格塔斯，其他部分还有雅斯纳斯、雅希特、维斯佩瑞德、文迪达德等，讲述宗教礼仪的文迪达德编成时间最晚。事实上，《阿维斯塔》不仅仅是一部宗教经典，也有很高的史料价值。

在大流士一世时期，波斯人奉琐罗亚斯德教为国教，不过并不排斥、取缔被征服地区的其他宗教。在中国的南北朝时期，琐罗亚斯德教传入中国，又被称为祆教、火祆教、拜火教或波斯教。直至后来伊斯兰教兴起后传入波斯，琐罗亚斯德教才日渐衰落。

03

中华早期文明

中国是人类文明的发祥地之一。从夏朝的建立到西汉的灭亡，中华文明在两千多年的历史中经历了数个朝代的兴亡更替。其中夏、商、周为奴隶制时期，春秋时期为奴隶社会的瓦解时期，战国时期是封建社会开始形成的时期。到秦朝时，封建主义专制的中央集权国家得以建立，汉朝则沿袭了秦朝的政治制度，进一步巩固和发展了封建制度。

夏商周时期的发展与文化

夏朝大约建立于公元前 2070 年，是中国历史上第一个统一的王朝，也是中国阶级社会建立的开始。此后，历经商、周时期，至西周灭亡，前后历时 1300 多年，这也是中国奴隶社会的形成和发展时期。

中国早期历史概况

在中国父系氏族社会时期，出现了两个著名的部落联盟领袖——黄帝和炎帝。黄帝又称轩辕氏、有熊氏，居于姬水流域，以姬为姓。炎帝又称神农氏，居于姜水流域，以姜为姓。传说中国的古代文明起源于炎帝和黄帝，因此炎帝和黄帝被人们奉为中华民族的祖先。黄帝以后，黄河流域的部落联盟又先后出现了尧、舜、禹三个杰出领袖。

尧、舜时期，洪水泛滥成灾，尧命令夏族首领鲧去治理洪水。鲧采用修筑堤防的方法去治理，但没能堵住洪水。舜继位后，因鲧治水不利，将鲧流放。后来洪水更加严重，舜又命令鲧的儿子禹去治水。禹吸取了父亲治水失败的教训，采用疏导法治理洪水，最终解除了洪水泛滥的问题。舜年老以后，大家推选禹为部落联盟首领，于是舜传位给禹。这种部落联盟首领的禅让制度从尧时代起就已经成为氏族公社选举制的传统，史称"禅让制"。

夏朝的统治

禹在治水中的功绩大大提高了部落联盟首领的威信和权力。禹在位时，去朝见禹的部落首领都手持玉帛，仪式十分隆重。禹年老时，曾选出东夷族的一位首领伯益为继承人。待禹死后，按照禅让制度，伯益应成为继承人，但是众多部落的贵族们却不服伯益，反而拥戴禹的儿子启继承禹的位子。从此，中国历史上的"禅让时代"结束，氏族公社时期的部落联盟选举制度被废除，王位"世袭制"开始。我国历史上第一个奴隶制王朝——夏朝就此诞生。

启在位时期，逐渐完成了夏朝的制度建设，从而使夏朝走上鼎盛时期。启死后，太康继承王位，结果国家权力被东夷族夺走。后来经过三代的斗争，直到少康继承王位后，夏朝才重新趋于稳定和巩固。这也就是"太康失国"到"少康中兴"的过程。

有了这个经验教训后，夏朝此后的统治者都十分重视搞好与东夷的关系。可是到了末代君主桀统治的时候，却一味地对周边部落进行讨伐，耗费了大量财力。此外，桀还是一个昏庸无能、贪图享受的暴君。他生活奢侈腐朽，修建富丽堂皇的琼室、象廊、瑶台以享乐，残酷剥削百姓，重用奸佞，导致百姓怨声载道。就在夏王朝陷入内外交困的时候，东方夷族的一支商族部落实力日益

夏禹王立像
出自南宋画家马麟创作的一幅绢本设色人物画。

强大起来，于是商族首领汤率兵讨伐夏，桀战败被俘，后被放逐到南方。至此，夏王朝被商王朝所取代。

商朝的统治

　　商族主要居住在黄河下游地区，有着悠久的历史。在舜时期，商族出了一位杰出的领袖——契。后来的商人把他称作"商祖"，作为商族的始祖。这时期的商族正在由母系氏族向父系氏族过渡。契曾经协助禹治理洪水有功，因此被舜任命为司徒，受封于商，以后就以"商"来称其部落。契之后的继任者开始向周边发展，由黄河下游发展到中游，逐渐渗透到夏王朝的统治地区，并建立了强大的部落联盟。到契14代孙汤时，商部落的势力已经变得强大，成为东方颇具影响力的方国。之后，商以伊尹为相，以亳为国都，开始向奴隶制国家过渡，但此时的商依然臣服于夏王朝。

盘庚迁殷图
出自清代孙家鼐等编《钦定书经图说》。

到了桀统治时期，夏王朝政治黑暗腐朽，诸侯互相攻伐，国势渐衰。商汤则以德立威，厉兵秣马，趁机向外扩张势力，使周围的部落归附自己。紧接着，商汤又联合一些同盟部落攻灭了一些亲夏的诸侯国，使夏王朝空前的孤立。约公元前1600年，商汤举兵向夏王朝发起进攻，在鸣条之战中击败夏桀，夏朝灭亡，商朝建立，成为中国历史上第二个王朝。

汤建立商朝后，鉴于夏朝灭亡的教训，采取了"以宽治民"的政策，广施仁政，深得民心。因此在他的统治期间，阶级矛盾较为缓和，国家较为稳定，国力也日益强盛起来。

商朝建立后，由于中原地区经常闹水灾，把都城都淹了，所以多次迁徙国都。从汤至阳甲期间，商朝曾5次迁都。此外，随着王朝的逐步发展，王室内部的权力和利益斗争层出不穷，多次发生争夺王位的事件，致使内乱不止，外患不断，国力一度衰弱。在阳甲的弟弟盘庚继承王位后，商朝经过几代的内乱，面临着严重的危机。为了挽救商王朝的衰亡，盘庚决定放弃原来的都城，迁都殷。约公元前1300年，盘庚迁都殷以后，商王室内部的矛盾得到缓解，社会趋向稳定，经济、文化也都有了很大发展。因此，盘庚被称为"中兴"之主，并为武丁盛世的到来打下了基础。武丁统治时期，不仅励精图治，还四处征伐，对鬼方、土方、荆楚、羌方等方国都进行了征讨，扩大了商朝的领土，开创了武丁盛世。

可惜的是，武丁死后，他开创的盛世没能长久地延续下去。祖庚、祖甲以后诸王，尤其是在帝乙、帝辛时期，奴隶主贵族的生活奢侈腐朽，对奴隶进行残酷剥削，国内矛盾日益尖锐起来。此外，商朝统治者还连年对外进行战争，使得东南方的夷方纷纷起来反抗商朝统治。

帝乙死后，帝辛（纣）即位，不仅没有休养生息，反而更大规模地对夷方用兵，将商朝势力一直延伸到了长江流域。连年的征战极大地消耗了商朝的国力，而此时居住在渭水流域的周族已经建国，实力日益强大起来。公元前1046年，周趁商朝国内兵力空虚之时，起兵攻打商朝。纣王仓促间只能将奴隶编成军队迎战，结果在商末国都朝歌南郊的牧野大败，最终纣王自焚而死。经此一役，建国500多年的商王朝就此灭亡。

商朝文化

商朝统治者为了满足政治、生活方面的需要，强迫一些奴隶专门从事文化、科学、艺术等方面的工作，创造了丰富多彩的商朝文化，也为中华民族的文化奠定了深厚基础。

中国在商朝时期就已经出现了文字，现今发现最早的文字资料几乎都是商朝后期的遗物。这些文字主要刻在龟甲和牛肩胛骨上，人们称其为"甲骨文"。它们主要用于记录占卜之事，也有少量的记事文，所以又称"卜辞"。一篇辞约有四五十字，最长的有百字左右。甲骨卜辞的内容涉及商朝的政治、经济、军事活动等多个方面，是研究商朝历史非常重要的资料。商朝的统治者十分迷信，凡是遇上祭祀、征伐、田猎、疾病、农业丰歉等大事，都要通过占卜的方式询问鬼神，并在每次占卜结束后将所问事项、占卜日期、吉凶结果等都一一记在龟甲或牛肩胛骨上，成为一篇记事文章。这也使这些甲骨文成为中国历史上最早的一批文献资料。自1899年首次发现甲骨文至今，在殷墟发现的甲骨卜辞已达15万片以上，所记甲骨文单字总数共有5000字左右，现在已经得到释译的有2000字左右。甲骨文还是中国汉字的本源。它虽仍以象形为主，但已经具备了象形、指事、形声、会意、转注、假借"六书"，在语法和修辞上有着较为严格和完整的规律。一些卜辞的文字结构整齐，笔画均匀，字形美观，这说明当时的甲骨文已经经过了相当长的发展过程。商朝晚期还出现了青铜铭文，内容主要与祭祀和赏赐相关，字数多少不一，长的有四五十字，短的只有一二字或五六字。

商朝也十分重视对天象的观测，出现了早期的天文学。人们在甲骨文中发现了鸟星、火星等星名，这两个星是古时候人们用来测定春分和夏至两个季节的重要标志。甲骨卜辞中也还有不少关于月食、日食、风、雨、云、雷等气象的详细记载。商朝时期，历法已经趋于完备，以太阴纪月，以太阳纪年，通过闰月来调整季节。平年12个月，闰年13个月，年终置闰，叫作13月。大月30日，小月29日，同时以十天干和十二地支相配合纪日，10日为一旬，60日为一个周期。人们在甲骨文中曾发现完整的干支表，这也是中国最早的干支记录。商朝后期有时也在年中置闰，这就是阴阳合历。甲骨文中还有"今春""今秋"和"日至"等记载，说明当时已有季节划分，甚至可能已有了春分、秋分、夏至、冬至。商朝的历法虽然还不够准确，但阴阳合历和干支纪日的历法一直延续了3000多年，奠定了中国传统历法的基础。

商朝时，艺术已经有了一定的发展，特别是在造型艺术方面成就最大。大部分艺术作品主要雕刻在各式的实用器物上，同时也有专门供观赏之用的艺术作品。商朝前期的铜器和部分陶器上，常常刻有精美绚丽的花纹，常见的有饕

商嵌绿松石象牙杯

此杯出土于安阳妇好墓。杯体由一整根象牙雕刻而成，旁边再配一个杯把，杯上还镶嵌着绿松石，造型独特别致。现存于中国考古博物馆。

饕纹、云雷纹等。器物以饕餮纹作为整个花纹的主体,再用云雷纹等点缀其间,
使器物显得壮丽大方。商朝后期,青铜艺术得到了进一步发展,花纹逐渐增多,
出现了夔纹、羊纹、鹿头纹、牛头纹、虎纹、鸮纹、蝉纹、人面纹等,使器物
造型庄严匀称,且富于变化。在纹体方面,则出现了阳刻和复线雕刻的技法。
此外,还有一些用玉、石、角、骨、牙等材料雕刻成的作品。在人体塑像方面,
有各种立体或浮雕像,如陶俑、抱膝石人以及铜人面具等,数量虽然不多,然
形象毕肖,生动传神。在动物像方面,既有虎、豹、熊、象、牛、羊、马、猴、
狗、兔等兽类,也有鹤、鸮、鹅、鸽等鸟类,还有龙、凤、龟、蛙、蝉、鱼、
螳螂等。这些制品造型都生动逼真,栩栩如生,别具风格,充分显示了古代劳
动人民的创造力和艺术才华。

四羊方尊

四羊方尊高 58.6 厘米,每边边长为 52.4 厘米,重量 34.6 千克,
是中国现存商朝青铜方尊中最大的一件,显示出了殷商晚期高
超的青铜铸造水平。现存于中国国家博物馆。

编铙

商朝的铙有大铙、小铙之分，由多枚铙组套的称为编铙。本图这类由三枚铙组成一套的小型编铙比较常见。

在乐器方面，商朝有陶埙、铜铙、铜铃、石磬、革鼓等。在河南安阳殷墟武官村大墓出土的长 0.84 米、高 0.42 米的大石磬，是中国迄今所发现的最早的大型乐器，正面雕成瞪目张牙的老虎形状，纹饰绚丽多姿，轻轻敲击，音韵悠扬清越。此外，商朝还出现了成组的乐器。商朝的编钟、编铙、编磬都常以三个为一套，每套发三音，三音之间还具有突出的音程关系。这足以说明商朝在音乐方面已经有了相当高的水平。

西周的建立

周族是戎族的一支，原本在今天陕西渭水中游以北地区居住。传说弃是周族的始祖，大约与禹同时，曾任后稷。弃擅长农业生产，曾为尧的农师。舜后来又封他于邰，号后稷，以姬为姓。到弃的四世孙公刘时，迁到豳定居。公刘之后又传了十几代，古公亶父为了躲避戎、狄的侵扰，率领族人迁至岐山下的周原，周的名称也由此而起。周原地区土地比较肥沃，适宜耕种，于是周族就在这里定居下来。这时候的周族还从属于商，接受商的封号。然而，随着周势力的日益壮大，他们与商王朝之间的矛盾也越来越多。

古公亶父死后，其子季历继位。待到季历被商王文丁杀死后，季历的儿子昌继位，商封他为西伯，历史上称他为西伯昌，谥号文王。文王继位后，周的

"利"青铜簋

又称"武王征商簋",记载了甲子日清晨武王伐纣这一重大历史事件。现存于中国国家博物馆。

社会经济、文化迅速发展，武力也日益强大。文王也联合友邦征服了许多敌对的方国，并灭亡了商在西方的重要方国——崇国。后来他又把都城迁到崇，改崇为丰，试图向东方发展。然而，他考虑到此时的周还没有足够的力量与商抗衡，于是又暂停了计划。此时，周虽在名义上仍然与商保持臣属关系，但其势力却已对商构成严重威胁。

文王死后，他的儿子姬发继位，是为武王，随后又迁都到镐。此时的商正忙于对东夷用兵，国力遭到削弱，社会矛盾也变得尖锐起来。周武王看准时机，与庸、蜀、羌、髳、微、卢、彭、濮等族和方国联合起来，在牧野之战中击败纣王。纣王战败自焚，商朝灭亡，周王朝始建，成为中国历史上的第三个王朝。

周武王在灭亡商以后，对商的残余势力采取了羁縻政策。武王封纣王之子武庚于殷，利用他来统治商的遗民，同时又将商的王畿地区划为三个部分：殷都以东为卫，由管叔鲜掌管；殷都以西为鄘，由蔡叔度掌管；殷都以北为邶，由霍叔处驻守。三叔都是武王之弟，共同监视武庚和商的遗民，史称"三监"。

周灭商后的第二年，周武王病逝，其子姬诵继位，即周成王。成王年幼，由武王的弟弟周公旦摄政。管叔、蔡叔怀疑周公要篡权，于是散布流言，勾结武庚以及东方诸方国起来叛乱。周公经过多方权衡后，决定率兵东征。最终武庚被诛，管叔也被杀死，蔡叔被流放到郭凌，叛乱被顺利平定。周公旦在平定武庚和"三监"之乱后，意欲扩大东征的战果，一举消灭其他反叛力量，遂经过 3 年时间，周朝军队先后消灭了包括殷、东、徐、熊、盈、攸、奄、九夷、丰、蒲姑、淮夷和东夷诸国等参加叛乱的 50 多个小国。为了彻底消灭商朝残余势力对周朝的威胁，巩固周王朝在东方的统治地位，周公又营建了东都洛邑，并把"殷顽民"迁到这里。同时，周公封投降周朝的商朝贵族微子启于宋，建立宋国；封周武王少弟康叔于朝歌，建立卫国；封周公长子伯禽于奄国旧地，建立鲁国。周公的目的很简单，就是让这些分封国作为周王朝的屏障，分别对殷民进行治理。

周公的东征使周朝的势力扩大到了东海之滨，进一步巩固了周王朝的地位。不过在扫平叛乱、营建洛邑后，周公又面临周王朝的长治久安问题，于是他将前人的经验以及周人的具体实践结合起来，制定了一系列的礼乐制度。这些制度成为当时维护统治者等级制度的政治准则、道德规范和各项典章制度的总章，也对后来历代的文化产生了深远影响。

西周的分封制和宗法制

西周在地方上实行的是"分土封侯""封诸侯，建藩卫"的行政制度，简称"分封制"。分封制是周朝巩固统治的重要措施，是周统治者对被征服的土地和人民进行统治的一种措施，同时也是统治阶级内部在权力和财产方面的一种分配制度。分封的原则和对象是根据与周王血缘关系的亲疏、功劳的大小或古帝王之后进行划分的。在分封中，所有受封诸侯都在王畿之外的地区建立诸侯国，被封诸侯与周天子为隶属关系，有服从天子命令、镇守疆土、捍卫王室、交纳贡税、朝觐述职的义务。诸侯在诸侯国内是君主，受封后处于一种半独立状态，且诸侯国内同样实行分封制。诸侯国内的土地一部分直接由诸侯直辖，一部分则作为采邑分封给下面的卿大夫，卿大夫又以同样的方式将土地分给下面的士，由士直接统治、剥削庶民。至此，各诸侯国内的层层分封，形成了一座宝塔式的格局，压在广大劳动人民的头上，从天子到士为统治阶级，而庶民则是农业劳动者。

宗法制是以宗族血缘关系为纽带，与国家制度相结合，维护统治阶级统治地位的制度。宗法制也是分封制的基础。在周朝，原则上王位由嫡长子继承，其他儿子则大多封为诸侯。王室世代都由嫡长子继承，自称"天子"，奉祀周族的始祖，称为"大宗"；而被分封为诸侯的周王庶子，相对于王室而言就是"小宗"。在诸侯国内，也由嫡长子来继承国君，其他庶子则大多被封为卿或大夫。国君世代由嫡长子继承，在本国中称为大宗；由其他庶子封成的卿、大夫相对于国君而言则为小宗。卿、大夫的职位也由嫡长子继承，其他庶子则成为士。卿、大夫本家世代由嫡长子继承，称为大宗；士相对于所自出的卿、大夫之家而言则为小宗。在士以下，还有嫡长支和庶支的分别，一般以嫡长支为大宗，庶支为小宗。如此层层分封，大宗率小宗，小宗率群弟，大宗、小宗的宗法关系同时也就是政治隶属关系。

在这种宗法制的体系下，忠君和孝亲是一致的。小宗对大宗孝敬，既是对祖先的孝，也是对于上一级封君的忠，就这样逐级往上推，最后就是周王。周王既是普天之下姬姓的大宗，同时又是所有受封诸侯的共主。对于异姓诸侯，周王则通过联姻的方式建立起另一种血缘上的联系，将其纳入宗法关系。姬姓诸侯与其他异姓诸侯之间同样也通过联姻的方式建立血缘关系。周王依例称呼同姓诸侯为伯父或叔父，称异姓诸侯为伯舅或叔舅，于是，在周朝统治阶级内部，全国上下就形成了以周天子为核心，由血缘亲疏不同的众诸侯国共同拱卫的等级森严的体系，使周王朝不仅可以得到族权也能得到神权的配合，这也正是分封制与宗法制两相结合的反映。

分封制与宗法制二者互为表里、相互依存。宗法制维系了分封制，分封制则是宗法制在政治制度方面的体现，二者共同构成了西周的两大政治支柱。而周朝出现了分封制和宗法制，也表明周朝的王权要比夏商两代的水平要高得多。但是从分封制和宗法制的存在本身而言，又说明了周代的王权仍处于王权发展的初级阶段。

国人暴动和共和行政

周公在摄政 7 年以后，将政权移交还了已经长大的成王。成王及其子康王先后统治 40 多年，这也是周朝强盛和统一的时期，历史上称为"成康之治"。不过等到了昭王和穆王时期，周朝统治阶级内部分化的现象越来越严重。

在周朝，所修筑的城邑通常有两层城墙，从内到外分别为城和郭，住在城内的称"国人"，而住城外的称"野人"或者"鄙人"。当时一些失势的贵族和贫穷的士族社会地位不断下降，在城中与一般的平民杂处，成为"国人"当中的一分子。另外，百工、商贾等工商业者以及社会的下层群众也属于"国人"。

在周穆王之后，周朝又经历了共王、懿王、孝王、夷王的统治时代，国力日益衰落。周夷王死后，其子周厉王姬胡继位。周厉王时期，因连年战乱，百

九鼎八簋
出土于新郑郑韩故城遗址，现存于河南博物院。西周时期建立了一套明确的列鼎制度，天子九鼎八簋，其余依贵族身份分为五等，依次递减，是西周时期贵族等级严明的体现。伴随周朝王室衰微和诸侯势力的崛起，郑国曾用"九鼎八簋"向天下宣告自己的强盛。

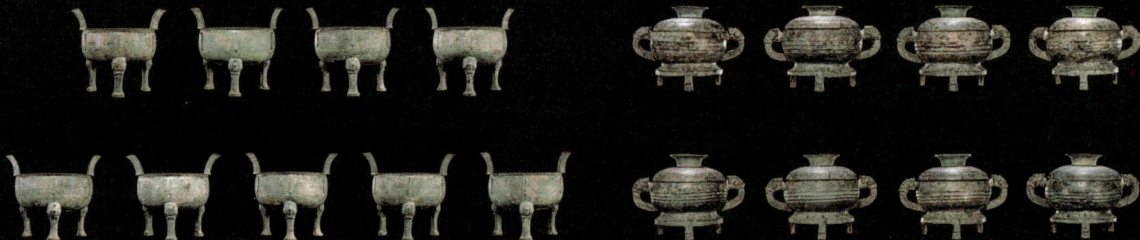

姓苦不堪言。为了改变朝廷的经济状况，周厉王重用"好专利"的大臣，将王畿以内的山林川泽收归王室控制，不准国人樵采捕捞。厉王的这一措施损害了国人的利益，引起了国人的强烈不满。当时，大臣召公劝他不要这样做，但厉王不仅不听劝告，反而派人监视对他不满的人，禁止国人谈论国事，违者立即处死。

在周厉王的高压政策下，国人不敢在公开场合议论朝政，路上遇到熟人也不敢打招呼，只是用眼色示意一下，然后匆匆走开。可以说，周厉王的这些政策进一步激化了社会矛盾。公元前841年，因为不满周厉王的暴政，国人发动暴动，反对周厉王。厉王带着亲信逃离镐京，最后逃到了彘，并最终病死在那里。厉王出逃后，朝政由召公和周公共同代理政事，史称"共和行政"。中国历史开始有确切纪年，史称"共和元年"。国人暴动动摇了周朝的统治，直接导致周王室日趋衰微，逐渐出现了分崩离析的局面。

共和十四年（公元前828年），厉王驾崩。周公和召公拥立厉王的太子静继位，是为周宣王。宣王即位时，周王朝已是残破不堪，周围的民族不断对其进行侵扰，社会处在动荡之中。宣王吸取了厉王的教训，在周公和召公的辅佐下，革除厉王时的弊政，整顿内政，稳定社会秩序，使朝政有了明显起色。经过宣王一番励精图治的治理后，周朝的形势开始好转，于是便对猃狁、西戎、徐戎、荆楚等地发动了反击战争，取得不少胜利，史称"宣王中兴"。

宣王在位46年，在政治和军事上都取得了一些成就，但是也有失败的时候。宣王为使自己喜爱的鲁孝公继承鲁国的君位，不惜兴兵伐鲁，从而引起了同姓诸侯不快。公元前792年，周军征伐条戎、奔戎，遭遇惨败。公元前795年，猃狁别支姜戎不服周朝统治，宣王御驾亲征，结果在千亩又遭惨败。而宣王晚年没了中兴之志，常深居宫中，贪图享乐，周王朝重新出现败落景象。

公元前781年，宣王去世，幽王继位。继位后的幽王不仅任用好利的虢石父执政，致使内政黑暗腐败，激起国人怨恨。他还奢侈腐朽，贪得无厌，残酷地剥削广大劳动人民，侵占其他贵族的财物，这一切都加剧了周王朝内部的矛盾。与此同时，周朝又出现了地震、山崩、川竭等自然灾害，周朝统治陷入了危机之中。

此外，周王室内部还爆发了争夺王位继承权的斗争。幽王宠爱妃子褒姒，于是废申后和申后所生的太子宜臼，另立褒姒为后，立褒姒之子伯服为太子。宜臼没有选择，只能逃往申国。这触怒了原王后的娘家申国，引起了申后之父

申侯的不满，使宫廷内部出现分裂。公元前 771 年，申侯联合缯国和西方的犬
戎举兵攻打周朝，在骊山脚下杀死了幽王、伯服，虏走褒姒，将都城丰、镐劫
掠一空，西周亡。

幽王死后，申侯、鲁侯等诸侯拥立原太子宜臼继位，即为平王。与此同时，
虢公翰等王朝大臣立王子余臣为王，史称"携王"，这使得周朝出现了二王并
立的局面。但是绝大多数诸侯国只承认周平王，而不承认周携王。公元前 750
年，晋文侯杀死周携王，结束了二王并立的局面。公元前 770 年，为了避免
犬戎的威胁，平王被迫放弃丰、镐二城，迁都洛邑，史称"平王东迁"。至此，
西周结束，东周建立。

春秋战国时期的发展

> 春秋战国是中国历史上一个大动荡、大变革的时期，
> 也是中国从奴隶制国家向封建社会的过渡时期。这一时
> 期，各诸侯国频繁进行争霸斗争，分封制趋于崩溃，奴
> 隶制逐渐退出历史舞台，封建社会逐渐确立，中国历史
> 进入了一个新的发展阶段。

春秋五霸

平王东迁洛邑后，东周开始，这一时期又称"春秋战国时期"。平王迁都
后，周室的势力日益衰微，只保有天下共主的名义，在政治和经济上依靠一些
势力比较强大的诸侯国支持，而没有实际的控制能力。平王东迁后先后任用郑
武公及其子郑庄公为卿士，待周平王去世后，桓王姬林继位，他一心想恢复周
的统治地位，于是改用虢公为卿士，这引起了郑庄公不满，也导致了"周郑交
恶"事件。公元前 707 年，周桓王率领周、蔡、卫、陈四国军队讨伐郑国，结

果在繻葛被郑国打败，桓王也在战斗中被射伤。从此以后，周天子威信扫地，仅留有"共主"这个虚名。

在这一时期，各诸侯国都逐渐壮大起来，不再听天子的指挥，彼此进行兼并战争，且由于各大国都想成为"霸主"，于是出现了大国争霸的局面。关于春秋时期出现的霸主，历史上有各种说法，一般认为齐桓公、晋文公、秦穆公、宋襄公和楚庄王为春秋时期的"五霸"。另外，长江下游的吴、越两国也曾相继到中原争霸，产生了较大的影响。

首先实现霸业的诸侯是齐桓公。在春秋前期，齐国已经是东方大国，范围主要在山东的北半部地区。然而到了公元前 7 世纪前半期，齐国政治腐朽，统治者进行残酷剥削，使阶级矛盾一度变得十分尖锐。公元前 685 年，齐桓公继位，任用管仲为相，改革内政。齐国在实施改革后，国力逐渐强盛起来，并实行"尊王攘夷"政策。公元前 663 年，山戎进攻北方燕国，齐桓公率军北伐山戎，保卫燕国。在打败北方山戎后，邢国又遭到狄人的侵犯，于是在公元前 659 年，齐桓公又率军解救了邢国。不久，狄人又侵犯卫国，齐桓公又率兵前去解救。

齐国营救燕、邢、卫三国的行为得到了许多诸侯的拥护，齐桓公的威望与日俱增。就在此时，南方的楚国实力也开始强大起来，不断入侵北方，威胁中原地区。公元前 657 年，楚国进攻郑国，齐桓公召集各国国君举行"阳谷会盟"，商议讨伐楚国解救郑国的计策。公元前 656 年，齐桓公率领齐、宋、陈、卫、郑、许、曹七国军队讨伐楚国。联军在陉与楚军对峙，互不退让。不久后，楚国向齐桓公请求讲和，齐桓公同意了楚国的请求，齐、楚两国在召陵订立盟约，史称"召陵之盟"，双方随即撤兵。齐桓公这次虽然没有直接与楚国交战，

齐桓公与管仲
出自山东嘉祥武梁祠画像石拓片。

但却打击了楚国的锐气，暂时解除了楚国对中原各国的威胁，得到了中原各诸侯国的大力拥护。

公元前651年，齐桓公在葵丘大会诸侯，齐、鲁、宋、卫、郑、许、曹等国的国君都参加了会盟，周襄王也派宰孔参加了此次会盟。盟约声明："凡我同盟之人，既盟之后，言归于好。"还规定同盟诸国不要乱筑河堤，以邻为壑；不要囤积粮食，使受灾的国家买不到粮食；不要擅自把田邑封给别人而不报告天子等。在这次的葵丘会盟上，齐桓公作为大会的盟主，俨然已经代周天子号令诸侯，这也标志着齐桓公的霸业达到顶峰，成为春秋时期的第一位霸主，史称"齐桓公始霸"。

接着实现霸业的是晋文公和秦穆公。晋是周成王之弟唐叔虞的封国，最初受封于唐，后因叔虞之子王孙燮迁于晋水，改称晋。春秋前期，晋国国势有了一定的发展，到晋献公时，迁都绛。在这一时期，晋国先后吞并了几十个小国和戎、狄部落，疆域扩大到整个汾水流域。晋献公死后，文公重耳继承了晋国的君位，并

《晋文公复国图》（局部）
宋代李唐绘，采用连环绘图的形式描述了晋文公（重耳）被他父亲放逐在外19年后即位复国的故事。现存于美国大都会艺术博物馆。

对政治、经济进行了整顿，使国力更加强大。此时齐桓公已经去世，齐国实力开始衰弱，楚国又开始不断向北侵犯。公元前632年，楚国北上进犯宋国，宋国急忙向晋国求救，晋文公立即率兵前去解救。同时，晋文公兑现了当年流亡楚国时许下的"退避三舍"的诺言，在未战之前，主动退军"三舍"，避开楚军锋芒。等到晋军退到城濮时，与宋、齐、秦等国的军队会合，最终打败了楚军。城濮之战后，晋文公在践土会盟诸侯，鲁、齐、宋、蔡、郑、卫、莒等国都参加了会盟，周天子也派了代表参加，并册命晋文公为"侯伯"，史称"践土之盟"。晋文公也由此晋升为了中原诸侯的霸主。

秦国的领地最初是在陕西西部，地处周王朝边缘。公元前770年，西周灭亡，秦襄公因护送平王至洛邑有功，被封为诸侯。此后，秦以岐为中心，开始建立国家，并逐渐发展壮大。到秦穆公时，任用百里奚、蹇叔、由余为谋臣，整顿内政，鼓励生产，国家实力不断强大，并开始向东扩展疆土，直至与晋国相接。秦国向东扩展的道路被晋国阻挡，但为了实现争霸中原的目标，公元前645年，秦国向晋国发起进攻，并在韩原大败晋军，生擒晋惠公。公元前627年，晋文公去世，秦国借机出兵攻打郑国，但是郑国早有防备，秦军无功而返。且秦军在回国途中，途径殽时受到了晋军的伏击，秦军仓皇迎战，伤亡惨重，统军的3个将领皆被晋军俘虏，史称"殽之战"。

殽之战后，秦国不忿，再次出兵伐晋。公元前625年，秦军在彭衙与晋军大战，再度遭到了失败，损失惨重。此后，秦晋两国间屡有战争，互有胜负。因为秦国东进的道路被晋国阻挡，无法向东发展，于是便转道向西戎地区发展。公元前623年，秦军出征西戎，先后征服了20多个戎狄小国。秦国辟地千里，国界西达狄道，北至朐衍戎，东到黄河，南至秦岭，史称"称霸西戎"。

再接下来成为中原霸主的是楚庄王。楚国原是江、汉流域的一个蛮族国家，其祖先族姓芈，熊氏。在西周时，周成王分封先王功臣，封熊绎于丹淅之地，建都于丹阳，即为楚国。西周末年，周王室衰微，楚国趁势而起。到了东周初年，熊通向周桓王索要爵位，没有得到允许，于是僭越自称王，史称"楚武王"。公元前689年，楚国迁都于郢，实力不断强大，吞并了周围的许多小国。

公元前613年，楚庄王继位，任命孙叔敖为宰相，整饬内政，稳定国内秩序，兴修水利，使国势更加强盛。公元前611年，楚国先后伐庸、麇、舒、陈、郑等国，皆取得胜利。眼看着楚国内部稳定，戎族归附，于是楚庄王也开始了北上争夺霸主之旅。公元前608年，楚庄王进攻陈国、宋国，晋派兵相救，双方在北林相遇，楚军大败晋军，晋军被迫退兵。

公元前 606 年，楚庄王北伐陆浑戎，一直打到洛水边，在周室王都的郊外陈兵示威，周定王被迫派人慰劳楚庄王。而楚庄王在接见来使时，却公然探问周朝传国之鼎的大小轻重。鼎在当时是王权的象征，楚庄王探问鼎的情况，表明他已经有了灭亡周的野心。公元前 597 年，楚庄王在邲大败晋军，史称"邲之战"。公元前 594 年，楚再次进犯宋国，宋国急忙向晋国告急，可晋国不敢再与楚国交战，便没有出兵救援。从此，中原各国背晋向楚，楚庄王正式成为中原的霸主。

最后是吴越争霸。吴、越两国都是长江下游的国家。吴国属荆蛮，都城在吴；越属于越族，都城在会稽。春秋中期，晋楚争霸逐鹿中原，由于两国实力相当，出现了并霸的局面。在这种形势下，晋国开始联合吴国，企图利用吴国牵制楚国。在晋国的扶植下，吴国的军事力量不断壮大，国土也日益扩大，声望日益提高。公元前 506 年，吴王阖闾以孙武为大将，楚国亡臣伍子胥为副将，联合蔡、唐两国兴师伐楚。最终，楚军大败，吴军乘胜追击攻入了楚国的郢都。这时，楚国得到了秦国的救援，再加上越国又乘虚攻打吴国的都城，吴军被迫撤退。

公元前 496 年，吴王阖闾率兵攻打越国，结果败于越军，阖闾负伤而死，其子夫差继位。公元前 494 年，吴国再次派大军攻打越国，终于在夫椒大败越军，随后乘胜追击，占领越国都城会稽。当时，越国仅剩余 5000 余人，被吴军包围于会稽山上。勾践请降，向吴王求和，表示愿作其属国。伍子胥请吴王别答应越王的投降，然而此时的夫差急着北上与齐国争霸，没有听伍子胥的劝告，答应了与越国讲和，然后率军回国。

吴王夫差在征服越国后，积极准备北上争霸。公元前 487 年，吴国攻打楚国，打开了进攻中原的大门。为了建立北进战略基地和打通北进军事运输交通线，吴国在长江北岸修筑了规模宏大的邗城，又开凿了邗沟，沟通江、淮水域，并进而与泗、沂、济水联结，通粮运兵。公元前 484 年，吴国攻打齐国，在艾陵大败齐兵。公元前 482 年，夫差率吴军进至黄池，与晋、鲁的国君及周天子的代表在此会盟。此时的吴国霸业达到了顶点。

就在吴王夫差忙于北上争霸的时候，越王勾践则卧薪尝胆，使越国国力很快得到了恢复。与之相反，吴王夫差则因为胜利而骄傲自满，腐化堕落，杀害忠臣，政治日趋腐败。就在夫差在黄池与晋定公争当盟主的时候，越国向吴国发起进攻，俘虏了太子友。夫差闻讯后急忙从北方撤军回国。然而，吴军长途跋涉，疲劳不堪，无法抵抗越军的进攻，只能派人去越国求和。越王估量自己一时无法灭掉吴国，便同意与吴国讲和撤军。公元前 478 年，吴国发生灾荒，越国乘机向吴国发起进攻，两军在笠泽隔江对峙。越军在夜间佯攻吴军，诱使吴军分散兵力，然后集中精锐猛攻吴军，致使吴国大败。笠泽之战后，吴、越两国的力量对比发生了根本变化，此时的越国占有绝对优势。公元前 473 年，越国再次攻打吴国，夫差战败自杀，吴国灭亡。

越国灭亡吴国后，成为地跨江、淮的大国。随后，越王勾践率军北渡淮河，在徐州与齐、宋、晋、鲁等诸侯国会盟。周元王也正式派人赐给勾践祭肉，封勾践为伯。至此，越王勾践正式成为了春秋时期的最后一个霸主。后来，勾践为了长期称霸中原，迁都琅琊。直到战国中期，越国才被楚国打败。

三家分晋和田氏代齐

春秋时期，随着井田制的瓦解以及土地私有制的产生，各国的政治都出现了很大变动。长期的争霸战争使得许多小诸侯国被大国兼并，一些国家的政治权力开始落入卿大夫手中。这些卿大夫不仅拥有大量的土地，还采取减轻赋税等办法笼络人心，使其势力越来越大，并渐渐掌握了国家政治、军事权力。在经济上，这些卿大夫中饱私囊；在政治上，他们还干预国君的继承，甚至将国君控制在自己手中，妄图篡夺君位。"三家分晋"和"田氏代齐"就是其中最有代表性的事件。

一是"三家分晋"。春秋中期，晋国大权逐渐旁落，政权为六卿所控制。所谓六卿，就是韩、赵、魏、智、范、中行氏六家士大夫。在长期的内部斗争中，范氏和中行氏被韩、赵、魏、智四家联合起来消灭了，两家的土地也被瓜分。公元前 453 年，韩、赵、魏三家又联合起来，将智氏消灭。至此，晋国的政权和土地实质上被韩、赵、魏三家所控制——赵氏占据晋的北部地区，以晋阳为都城；韩氏占据晋的中部地区，以平阳为都城；魏氏占据晋的南部地区，以安邑为都城。晋君只保有绛和曲沃两小块土地，成为三家的附庸。

公元前 403 年，周威烈王承认韩、赵、魏三家的诸侯地位，晋国名存实亡。公元前 376 年，韩、赵、魏三家灭掉晋侯，将其领地也尽数瓜分，晋国就此灭亡，史称"三家分晋"。史学界一般也以此作为东周时期春秋与战国的分界点。

二是"田氏代齐"。齐国的田氏原本是陈国公子完的后裔。公元前 724 年，陈国宗室内乱，公子完为了躲避陈国内斗逃到了齐国，后以田为氏，为齐国田氏的始祖。当时，齐桓公想要封公子完为卿，但公子完没有接受，只同意任"工正"之职。

公元前532年，田完四世孙田桓子联合鲍氏、栾氏、高氏等大族合力消灭了当国的庆氏。之后田氏、鲍氏又一同灭掉了栾氏、高氏。田桓子为了讨好齐国宗室，对公族"凡公子、公孙之无禄者，私分之邑"，对国人"国之贫约孤寡者，私与之粟"，从而取得了公族与国人的支持。

到齐景公时，公家腐败，对百姓进行残酷剥削。而田桓子的儿子田乞则通过大斗借出、小斗回收的办法使齐国的民众纷纷归附，田氏借此增强了实力。公元前489年，齐景公去世，齐国宗室国、高二氏立景公的儿子公子荼为国君，田乞借机发动政变，赶走国、高二氏，另立景公的另一个儿子公子阳生为国君，也就是齐悼公。田乞自立为宰相，掌握了齐国政权。

田乞死后，其子田恒继续担任齐国宰相。公元前481年，田恒发动武装政变，杀死了齐简公，并把诸多公族宗室如鲍氏、晏氏等全部消灭，另立齐平公，此时的齐国政权完全落入田氏手中。为了进一步把持政权，田恒又通过"修公行赏"争取民心，使国君实际成为傀儡。

公元前391年，田完十世孙田和废掉齐康公，只留一城之地作为他的食邑，田和成为齐国实际上的国君。公元前386年，田和流放齐康公于海岛上，自立为国君。同年，周安王册命田和为齐侯，正式将其列为诸侯，战国七雄局面形成。公元前379年，齐康公病逝，姜氏香火断绝，齐国全部为田氏所统治，史称"田氏代齐"。因田氏之后仍以齐作为国号，故称"田齐"。

晋阳古城遗址

　　"三家分晋"和"田氏代齐"标志着东周战国时代的开始。经过几百年的兼并战争，周王朝初期分封的百余个小诸侯国大部分已经灭亡，周王室也进一步失去威信，更加弱小，不得不依附于大国，苟延残喘。而那些经过兼并战争发展起来的大国，拥有大量的土地和人口，国力强盛，称霸一方，也正是从战国时代开始，诸侯国之间展开了更大规模的兼并战争。

诸侯的改革

　　战国初期，还有 20 多个诸侯国，其中以齐、楚、燕、韩、赵、魏、秦 7 个诸侯国实力最为强大。各诸侯国为了富国强兵，相继对本国的政治、经济和军事制度进行了不同程度的改革。

　　首先是魏国。公元前 422 年，魏文侯当政时期，任命李悝担任魏国宰相，对魏国政治、经济等方面进行变法改革。

　　在政治上，李悝提出了选贤任能、赏罚严明的政策，主张改变旧的世卿世禄制度。那些对国家没有贡献、完全依靠祖辈爵禄享有特权的人，应该剥夺其官职和俸禄，选任有才能的人担当重要的官职，用优厚的俸禄奖励那些对国家有功劳的人。这种举措改善了官吏制度，大大削弱了魏国的世卿世禄制度，以后封君在封国食邑内没有治民的权利，只有衣食租税。

　　在经济方面，李悝提出了"尽地力""平籴法"的政策。"尽地力"是一种鼓励农民生产的政策，废除旧的阡陌封疆，鼓励民众自由开垦，在一块土地上种植各种作物，提倡农户扩大农副业生产，并对增产者进行奖励，对减产者进行惩罚。至于"平籴法"，李悝认为"**籴甚贵伤民，甚贱伤农。民伤则离散，农伤则国贫**"，对国家来讲是十分不利的。为使购买粮食的百姓能承受得了，又能保证农民的利益，国家应当设常平仓。在丰年的时候政府以平价征购农民的粮食作为储备，使粮价不至于暴跌；荒年时再以平价出售储备的粮食，使粮价不至于暴涨。同时利用这种方法限制商人的投机行为，保护农民的利益。在实行"尽地力""平籴法"两项政策之后，魏国的社会生产迅速发展，不仅稳定了社会秩序，实力也日渐强大起来。

　　此外，李悝还编制了中国历史上第一部比较系统完整的封建法典——《法经》。该法典包括盗、贼、囚、捕、杂、具六律。这部法典虽然主要是为保护统治阶级的利益而制定的，但在维护社会秩序、稳定政局方面确实也起了重要的作用。可以说，战国前期，魏国之所以可以成为各诸侯国中实力最强大的国家，与李悝的改革是分不开的。

其次是楚国。吴起，卫国人，战国初期政治家、军事家。魏文侯时，吴起担任西河郡守，改革魏国兵制，创立武卒制。文侯死后，魏武侯继位，与吴起不和，吴起于是投奔楚国。此时的楚国正值内忧外患之际，国内政治黑暗，民不聊生，北面和西北地区不断遭到魏、韩、秦等国的侵扰。当时的楚悼王早就听闻吴起的贤能，于是任命吴起为令尹，进行改革。

吴起担任令尹后，对楚国进行了大刀阔斧的改革。吴起认为，楚国的主要问题是"世卿世禄"的制度问题。他改革的重点与李悝一样，主要是削弱旧的世卿世禄制度，选贤任能。楚国爵禄是世袭的，即先辈如有功授爵禄，后代子孙哪怕无功也同样可以承袭享有爵禄，而一些后来在战争中立大功者却无爵禄，这极大地伤害了将士们的积极性。于是吴起采取了一系列的改革措施，如实行均爵平禄政策，凡封君的贵族，在传到三代后取消俸禄，并用从封君那里得到的爵禄去奉养那些有功的将士；停止对远亲疏戚贵族的按例供给，并将这些贵族充实到地广人稀的偏远之处，进行土地开发；淘汰并裁减那些无用无能的官员，削减官吏俸禄，并将这些俸禄用于军队建设；纠正楚国官员损公肥私、谗害忠良的不良风气，使楚国大臣树立为国效力的决心等。

经过吴起改革，楚国的政治得到整顿，国力日益强大，于是向南攻打百越，将楚国的疆域扩大到了洞庭湖、苍梧郡一带。公元前 381 年，楚国出兵援救赵国，大败魏国，使各诸侯国真正感受到了楚国的强大。然而，吴起的改革沉重打击了楚国世袭贵族的特权，因此遭到一些大贵族的强烈反对，双方出现了尖

吴起像

锐的矛盾。公元前 381 年，楚悼王死，楚国贵族趁机发动政变，杀死吴起，吴起的改革宣告失败。

战国初期，赵、韩、齐、燕四国也分别进行改革，但规模都不大。

赵国的改革是在赵烈侯时期进行的。赵烈侯采纳了牛畜的建议，提倡"仁义"，实行"王道"，同时又采纳徐越和荀欣的建议，实行"选练举贤、任官使能"的用人政策，在财政上则"节财俭用，察度功德"，整顿财政和考核官吏，以增强赵国的国力。

韩国的改革是在韩昭侯时期进行的，由法家申不害主持。申不害在韩国建立了"循功劳，视次第"的制度，论功行赏，鼓励新兴势力，主张国君"独断"，操纵最高权力以驾驭臣下。申不害的改革使韩国君主专制得到加强，国内政局得到稳定，贵族特权受到限制，百姓生活渐趋富裕。

齐国的改革是在齐威王时期进行的，主要在整顿吏治方面。齐威王赏赐有政绩的即墨大夫以万户食邑，并烹杀了贿赂饰非、政绩恶劣的阿大夫。后来，齐威王任命邹忌为宰相，对朝政进行整顿，改革政治，使得齐国大治。

燕国则是在燕昭王时期进行了比较深刻的改革。燕昭王招贤纳士，引进了乐毅、邹衍、剧辛等一批很有才能的人。在这些人的协助下，燕昭王改革内政、整顿军队，使国势日渐强盛。

商鞅变法

要说改革成就最为显著的，还得是秦国。在战国初期，秦国的社会经济发展明显落后于其他诸侯国，其井田制的瓦解、土地私有制产生的赋税改革，也比其他诸侯国要晚很多。

公元前 384 年，秦献公继位，下令废除自秦武公以来实行了 300 多年的殉葬制度。废除以人殉葬，可以避免杀死大量的劳动力，对促进秦国农业和工商业生产十分有利。第二年，秦献公又将都城从雍迁到了秦国东部的栎阳。公元前 378 年，献公颁布了"初行为市"的政策，设立市集交易，稳定市场交易的秩序，增加了国家的财政收入。公元前 375 年，献公颁布了新的户籍制度，对全国人口进行编制。这些都是秦国初期的一些改革，不过此时的秦国仍然很落后，秦国贵族的保守势力依然很强大，互相争权夺利，国力薄弱。

公元前 362 年，秦献公去世，其子渠梁继位，即为秦孝公。此时的秦国

商鞅像

不为各国重视，就连权力被架空的周天子都不愿理会秦国，这让秦孝公说出了"诸侯卑秦，丑莫大焉"之语。为此，秦孝公决心彻底改革，颁布招贤令广纳人才。卫国人商鞅就是在这样的背景下来到秦国的，并很快受到重用。孝公在知晓商鞅的才能后，便任命商鞅为左庶长，实行变法。

商鞅变法主要分两次进行，第一次于公元前 356 年开始，第二次于公元前 350 年开始。变法涉及内容主要集中在政治、经济和社会三方面。

在政治方面，商鞅的改革以彻底废除旧的世卿世禄制、建立新的封建专制主义中央集权制为重点，主要内容为：

一、建立二十级军功爵制。

建立二十级军功爵制，意味着要废除旧世卿世禄制，今后依据军功大小来授予爵位，官吏必须从有军功爵的人中选用。二十级军功爵分别是：一级为公士，二级为上造，三级为簪袅，四级为不更，五级为大夫，六级为官大夫，七级为公大夫，八级为公乘，九级为五大夫，十级为左庶长，十一级为右庶长，十二级为左更，十三级为中更，十四级为右更，十五级为少上造，十六级为大上造，十七级为驷车庶长，十八级为大庶长，十九级为关内侯，二十级为彻侯。

各级爵位均规定了土地房产的分配以及家臣、奴婢的数量标准和服饰等次。同时又制定了"奖励军功，严惩私斗"的政策。将卒在战争中斩敌首一个，授爵一级，良田一顷，可为五十石之官；斩敌首两个，授爵二级，可为百石之官。宗室、贵戚没有军功的，不得授予爵位。有军功的可享受荣华富贵，没有军功的即便富有也不得铺张。此外，新法严惩私斗。私斗是指贵族间为争夺土地、财产，聚集封地内邑兵进行的邑斗。新法规定凡聚众私斗者，视情节轻重处以不同的刑罚。

二、推行县制，废除分封制，以县为地方政区单位。

全国分为 41 个县，县设县令以主县政，设县丞以辅佐县令，设县尉以掌管军事。县下辖若干个都、乡、邑、聚。通过推行县制，商鞅将地方贵族的政治特权收归中央，削弱了贵戚在地方的权利，巩固了中央集权的封建统治。后来，秦在新占领的地区设郡，郡的范围较大，同时有着边防军管性质，因此郡的长官称郡守。随着郡内形势的稳定，由军官转向以民政管理为主，于是在郡下又设置若干个县，形成了秦的郡县制度。

三、改革户籍制度，推行什伍制度和连坐法。

秦国的都、乡、邑、聚原来都是自然形成的居民点。到秦献公时，为了便于调查人口，实行了"户籍什伍"制度，统一编制户籍，五家为"伍"，十家为"什"。商鞅变法时，为加强管理和统治广大百姓，在什伍制的基础上又增加连坐法，以伍什为基本单位，各家相互监督检举。一家有罪，其他九家必须连举告发，否则十家同罪连坐。不告发奸人的处以腰斩，告发奸人的与斩敌首受同样赏赐，藏匿奸人的与投降敌军受同样惩罚。

在经济方面，商鞅实行的改革主要以废除井田制、实行土地私有制为重点，成为战国时期各国中唯一通过国家的政治和法令手段改变土地所有制的事例。商鞅在经济上的改革主要有：

一、废井田，开阡陌封疆，允许土地买卖。

阡陌是指井田中间灌溉的水渠以及与之相应的纵横道路，纵称阡，横称陌，封疆是贵族受封井田的田界。开阡陌封疆，标志着在全国范围内废除井田制，实行土地私有制度，承认地主和自耕农有土地私有权。同时，商鞅鼓励民众开荒，允许民间自由买卖田地。此后，秦国虽然拥有一些国有土地，比如没有主人的荒田、山林川泽以及新占领的别国土地等，但后来又陆续转为私有。这个改革破坏了奴隶制的生产关系，促进了封建关系的发展。

二、推行重农抑商的政策，奖励耕织。

为了刺激农业的发展，商鞅采取了增加农民数量、禁止农民购买粮食、将农民束缚在土地上、裁减官吏、减少官吏扰乱农业生产、禁止耽误农业生产的风俗活动、提高农民社会地位以及统一税租等措施。同时规定，生产粮食布帛多的，可以免除徭役。为了抑制商业的发展，商鞅制定了商人不得贩卖粮食、提高酒肉的价格、私人经营旅店、加重商品销售税等措施。同时规定，凡是从事工商业或因懒惰而导致贫穷的人，全家罚入官府为奴。商鞅的这些政策有利于农业的发展，使秦国通过稳定的土地税保证了国家的财政收入。

三、统一度量衡。

在商鞅进行变法之前，秦国各地的度量衡并不统一。为了保证国家的赋税收入，商鞅制造了标准度量衡器，也就是"商鞅量"。规定 1 标准尺约合今 0.23 米，1 标准升约合今 0.2 升。此外，商鞅还统一了斗、桶、权、衡、丈、尺，要求全国严格执行，不得违反。商鞅统一度量衡，使秦国有了标准的度量准则，促进了经济的发展，为后来秦始皇统一全国度量衡奠定了基础。

在社会方面，商鞅推行小家庭政策，充实国内劳动力，以利于增殖人口、征发徭役和收取户口税等。新法还规定，一户有两个以上儿子的，待他们到立户年龄后必须独立谋生，否则加倍征收户口税。此外，商鞅还执行分户令，废除大家庭制，禁止父子兄弟同居一室。与此同时，商鞅在李悝的《法经》基础上重新制定了《秦律》，用以规范秦人的行为。为统一思想，排除复古思想的干扰，商鞅还下令焚烧《诗经》《尚书》以及诸子百家的著作来明确法令。

商鞅变法是战国时期一次较为彻底的改革运动，极大地推动了秦国社会的进步和经济的发展。经过两次变法后，秦国国力强大，人民生活富裕充足，实现了富国强兵的目的。然而，商鞅的变法打击了贵族保守派的利益，遭到了他们的强烈反对。因此，变法从开始到最后，一直都是在激烈的斗争中进行的。公元前 338 年，秦孝公去世，太子驷继位，即秦惠王。贵族保守派乘机对商鞅进行反攻，诬陷商鞅以"谋反"的罪名，将他逮捕并用车裂的酷刑处死了他。商鞅虽死，但秦惠王和他的子孙都继续实行商鞅的新法，所以秦国的国力得以进一步发展，也为后来秦灭亡六国、统一中国奠定了基础。

诸侯争雄

战国初期，魏国国力强盛，曾侵占了秦、楚、郑、宋等国的大量土地。到了魏惠王时，秦国在商鞅变法之后国力日益强盛，于是魏国不得不对秦国采取守势，将扩张的目标转向东面的中原地区。公元前 354 年，魏国攻伐赵国，将赵国都城邯郸包围，赵国于是向齐国请求援救。齐国以田忌为将，孙膑为师，率领大军驰援赵国。但是齐军没有直接奔赴赵国，而是转而攻打魏国都城大梁。此时的魏军虽然已经攻下了邯郸，但国内兵力空虚，于是魏军主力回救本国。当魏军行进到桂陵时，遭到齐军的伏击，魏军大败，主将庞涓被齐军俘虏，后被放回。最终，赵国之围解除，邯郸失而复得。这也就是以"围魏救赵"的战法而著名的"桂陵之战"。

公元前 342 年，魏国又向韩国发起进攻，韩国同样向齐国请求援救。第二年，齐国以田忌、田婴为将，孙膑为师，率军援救韩国。齐军没有奔赴韩国，沿用了老办法，直接袭击魏国都城大梁，庞涓闻讯急忙引兵从韩国返回魏国。魏国集中所有兵力，以太子申为将军，与庞涓一起率 10 万魏军迎战齐军。齐军佯装战败，魏军紧追不舍。待魏军行至马陵，天色已黑，道路狭窄，而齐军却早已在这里设下埋伏，将魏军包围。等到齐军万箭齐发时，魏军顿时大乱，死伤者无数。庞涓战败身亡，太子申被齐军生擒，这也就是历史上著名的"马陵之战"。魏国在马陵之战失利后不久，又被秦国打败，河西之地被秦国夺回。这时魏国的国力渐渐空虚，开始无力与秦国抗衡。

战国后期，随着秦国的实力越来越强，东方六国已无法单独抵抗秦国，于是六国组成了军事联盟，称为"合纵"。秦国为了破坏六国的"合纵"，方便自己向东方发展，便通过军事压力和政治离间等手段，游说各国与自己结盟，称为"连横"。替秦国提出"连横"策略的是张仪，而帮六国提出"合纵"的主要人物则是公孙衍和苏秦。

张仪虽为魏国人，但却在秦国受到重用，出任宰相。在张仪的计划下，秦国首先需要联合的国家是魏国，待和魏国结盟后，再使其他国家逐一效仿魏国。公元前 322 年，张仪离开秦国抵达魏国，出任魏相，之后便劝说魏国放弃合纵约定，与秦国结盟，但魏国没有同意。于是秦国派大军攻打魏国，迫使魏国同意。在秦国的巨大压力和张仪的精心谋划下，魏国最终背弃了合纵联盟，决定与秦国连横。

因为张仪在魏国实行与秦连横的政策，对其他各国造成了严重威胁，所以各诸侯国开始大力支持公孙衍的合纵策略。公元前 317 年，张仪从魏国离开，重返秦国，公孙衍随即出任魏相，并于次年组织魏、楚、燕、韩、赵五国联军向秦国发起进攻。然而联军在抵达函谷关后，就被秦军击败，合纵联盟宣告瓦解。

公元前 313 年，秦国打算进攻齐国，但当时齐、楚两国已经结盟，为了拆散他们，秦王又派张仪到楚国进行游说。张仪到达楚国后，劝说楚怀王与齐国

绝交，并答应将商於地区六百里的地方献给楚国。楚怀王面对唾手可得的六百里土地很是心动，于是听从了张仪的意见，与齐国断交。然而，就在楚国准备接受秦国献予的土地时，张仪却说当初只是许给楚国六里地，根本不是六百里。楚怀王这才知道自己被张仪骗了，便发兵攻打秦国，结果大败于秦军。公元前299年，秦昭襄王约楚怀王到秦国会盟，但却在楚怀王赴会时将其扣押软禁起来，最终，楚怀王直到病逝也未能回到楚国。此后，东方各国虽然还有合纵的想法，但情况却愈发困难了。

秦国在拆散齐楚联盟、削弱了楚国之后，又采取了"远交近攻"的策略。一方面，秦国想方设法拉拢远方的齐国；另一方面，秦国又加快了侵占邻近国家土地的速度。公元前293年，秦国将领白起率领8万秦军在洛阳南面的伊阙大破韩、魏20万联军，俘虏了魏将公孙喜，夺取了5座城池。此战后，韩、魏两国精锐军队丧失殆尽，被迫献地求和。公元前288年，秦襄昭王自称西帝，并尊齐湣王为东帝，以此来拉拢齐国，进一步破坏各国的合纵联盟。

在"合纵"遭到破坏后，东方各国之间的矛盾进一步恶化。宋国，地处中原地区的东部，当时只是一个中等国家，与齐、魏、韩、赵、楚五国为邻，地理位置十分重要。公元前286年，齐国灭掉宋国，一时声势极盛，引起了其他各国的恐慌。于是秦国联合楚、韩、赵、魏、燕五国共同讨伐齐国。公元前284年，联军在济西大败齐军。后来因为联军内部出现分歧，秦国等五国相继停止了进攻。

中华"第一长文觚"
出土于湖北云梦郑家湖墓地。该觚年代最早，觚文篇幅也最长，记载了谋士筡游说秦王寝兵立义的故事。

但是，燕昭王因为齐国曾在公元前 314 年入侵燕国，攻破了燕国都城蓟城，并杀害了燕王哙和原相国之子，所以燕昭王命令燕军统帅乐毅继续讨伐齐国，以报齐国入侵之仇。燕军在乐毅的指挥下，乘势攻下了齐国都城临淄，齐湣王侥幸逃到了莒邑，结果还是被楚将淖齿所杀。乐毅因此功被燕昭王封为昌国君，之后他在齐国的 5 年间，共攻下 70 多座城池，仅有莒和即墨两座城池没有攻下。公元前 279 年，燕昭王去世，惠王即位。燕惠王为太子时，就与乐毅有隙，继位后更是对乐毅用而不信，最终以骑劫代乐毅为将，乐毅被迫逃往赵国。燕国军队易帅，致使士兵纪律松散，四处劫掠，齐国百姓怨声载道，纷纷起来反抗。齐国将领田单利用燕军混乱之机，在民众的支持下在即墨大败燕军，迫使燕军溃退，随后收复了全部失地。不过此时的齐国，实力也已是大不如前了。

秦国一统六国

秦国在"连横"斗争中成功削弱了齐国的实力，于是加紧了向东方扩展的步伐。公元前 278 年，秦国开始对东方六国展开凌厉的攻势。同年，秦国将领白起率军攻破了楚国别都鄢、都城郢，并将新占领的地区设立为秦国的南郡，楚国被迫将国都迁到陈。鄢郢之战的胜利正式揭开了秦国灭亡六国、统一中国的序幕。

公元前 277 年，秦派蜀守张若攻取了楚国的巫郡和黔中郡。再之后，楚国被迫迁都到寿春，国力更加衰弱了。

公元前 262 年，白起率军攻打韩国，韩王想将上党郡献出以求和平，但未曾想到上党郡守却投降了赵国。之后，赵王接受了上党郡，并派大将廉颇率军镇守长平，修筑壁垒，与秦军相峙。于是，秦国丞相范雎派人到赵国实行"反间计"，在赵国国内散布廉颇坏话，说秦国不怕廉颇，就怕年轻力壮的赵括。赵王信以为真，不听大臣的劝阻，立刻派只会"纸上谈兵"的赵括替换了廉颇。赵括骄傲轻敌，到了战场之后马上改变了廉颇守城不出的战术，下令军队倾巢出击。白起见状，便采取了诱敌深入、迂回包抄的战术，迫使赵军在不利的情况下作战。最终，秦军一举击败了赵军，赵括本人在突围时被乱箭射死，40 多万赵军惨遭坑杀。

秦军乘胜前进，将赵国都城邯郸团团围住。赵国急忙向魏国求救，魏王便派晋鄙率兵去援救赵国。然而魏王又惧怕秦军，就中途下令让魏军停止前进。

公元前 257 年，魏国公子信陵君救赵心切，便盗出魏王的虎符，假传军令，成功使魏军援救赵国。与此同时，楚国的援军也赶到了，魏楚两国联合起来最终击败秦军，解除了秦军对邯郸的包围。这就是历史上著名的"信陵君窃符救赵"。秦国虽然此次围攻邯郸失利，但此时的六国也已无力再对抗实力雄厚的秦国，秦国实现统一六国的条件已经成熟。

公元前 247 年，秦庄襄王去世，秦王政即位，时年 13 岁，相国吕不韦执掌政权。公元前 238 年，秦王政亲政，镇压了嫪毐的叛乱。除掉嫪毐的第二年，秦王政又免掉了吕不韦的相国职务，吕不韦服毒自杀。秦王政在清除了自己政权的威胁后，便开始对东方六国采取军事行动。

公元前 230 年，秦王政派内史腾攻打韩国，大败韩军，俘虏了韩王，正式灭掉了韩国。在灭掉韩国后，秦国又加紧了对赵国的攻势。公元前 229 年，秦国向赵国发动进攻，俘虏了赵王迁。但公子嘉却逃到了代郡，自立为代王。直至公元前 222 年，代王也兵败被俘，赵国最终灭亡。公元前 227 年，秦王派大将王翦攻打燕国。秦军在易水西面击败燕、代联军，攻占了燕国都城蓟城，燕王出逃。同样直至公元前 222 年，秦军俘虏了燕国最后一个王——喜，燕国也随之灭亡。公元前 225 年，秦军突然进袭魏国，包围了魏国都城大梁。魏军依托城防工事，殊死抵抗。秦军在强攻无效之下，引黄河水灌入城内，结果大梁城被水浸坏，魏王假投降，魏国灭亡。公元前 225 年，秦王派李信和蒙恬率 20 万秦军攻打楚国，结果因兵力太少反被楚军打败。次年，秦又派老将王翦率 60 万大军再次征伐楚国。最终，王翦又用了 1 年时间，于公元前 233 年攻占了楚国都城寿春，俘虏了楚王负刍，楚国灭亡。

秦国在灭掉东方五国后，就仅剩下齐国了。事实上，在秦国先后对东方五国用兵时，齐国不仅不合纵抗秦，反而与秦国结盟，完全没有意识到自己最终的结局会与其他五国一样。因此，齐国没有进行任何战争准备，直到秦国灭亡五国后，这才感到了威胁，准备派兵抵御秦军的进攻，并宣布与秦国断绝关系。然而，一切已为时已晚。公元前 221 年，秦王派王贲率军攻打齐国。王贲领兵后从北面大举南下，直奔齐国都城临淄。当时，齐军主力都集结在西部边境，面对从北面发起突然袭击的秦军，措手不及，最终全面溃败，齐国灭亡。

至此，秦国正式结束了春秋以来长达数百年的诸侯割据局面，统一了中国，建立起了中国历史上第一个中央集权的封建君主专制国家。

春秋战国文化

春秋战国时期是中国历史上第一个文化大发展时期。当时，不仅在学术领域上百家争鸣，文学领域和科技领域同样也成就显著，很多作品和杰出人物都对后世产生了极其深远的影响。

诸子百家

春秋战国时期是封建领主制向封建地主制发展的过渡时期。这一时期，王权衰落，奴隶制解体，新旧阶级之间出现了复杂而又激烈的斗争。因此，一些有思想的、代表着各阶级和各派政治力量的知识分子，就试图根据本阶级的利益和要求，对现实的社会问题和人生问题提出解决办法和思想，于是各种学说、思想纷纷涌现，诞生了"百家争鸣"的局面。

这一时期出现的思想学派主要有儒、道、墨、法、名、阴阳、兵、纵横、农、杂等家，史称"诸子百家"。其中儒、道、墨、法四个学派在思想领域影响最大。

儒家是春秋战国时期诸子百家中最重要的思想学派之一，是一个极为重视伦理道德教育和人的自身修养的一个派别，创始人为春秋时期的孔子。孔子，名丘，字仲尼，春秋后期鲁国人，曾在鲁国担任官吏，后来创立学校，聚徒讲学。孔子为了宣传自己的政治主张，曾率领众弟子先后游访了卫、宋、陈、蔡、楚等国，然而一直未获得重用，最终回到鲁国，直至去世。

孔子是中国历史上一位伟大的思想家和教育家。他在政治上尊崇西周的制度，认为那个时期的社会是一个理想的人类社会，他希望恢复西周的礼乐制度，

《孔子圣迹图》之问礼老聃

孔子與南宮敬叔適周問禮於
老子朱子曰老子曾為周柱下
史故知禮節文所以問之

贊曰

維周柱史
習知禮文
乃枑聖躬
以廓聖聞
德此重華
好問好察
取人為善
吳世司轍

使人们有一定的规范可以遵循，进而形成一个秩序良好的社会。他在治国方略上主张"为政以德"，即通过道德和礼教来治理国家。可以说，孔子的这一思想反映了他对当时社会现实的不满，希望当权者进行变革。

孔子认为，大到国家，小至家庭，人与人之间的关系需要一定的伦理来维系。因此，每个人都需要加强个人的修养，各守其位，各司其职。他将这些行为规范概括为"君君、臣臣、父父、子子"，后来又进一步升级为"仁"的主张。"仁"是孔子的政治观和社会观的核心和最高准则，也是儒家学说的核心。为实现"仁"而制定的制度和行为准则，称为"礼"。孔子把"仁"定义为"爱人"，主张施行"仁政"，反对"暴政"，反对残酷剥削，反对"非礼"。在孔子的思想体系中，注重"仁"和"礼"的结合，"纳仁于礼"是他思想观点的主要体现。总的来说，孔子的"仁"和"礼"思想将中国古代的政治和社会伦理思想推进到了一个新的阶段，是中国古代重要的道德标准之一。

孔子还是中国古代私人办学的先驱，以六科——礼、乐、射、御、书、数来教育学生。他的教育思想进步，提倡"因材施教""有教无类"，广招学生，打破了奴隶主贵族学校的教育垄断。孔子熟悉古代经典，相传他删定了"六经"——《诗》《书》《易》《礼》《乐》《春秋》，并以此作为教材。孔子的学说主要保存在《论语》一书中，这本书由其弟子结辑而成，是研究孔子思想的重要文献。

除孔子之外，儒家的代表人物还有孟子和荀子。孟子，名轲，字子舆，邹人。孟子继承并发展了孔子的德治思想，主张"仁政"学说，这也是其政治思想的核心。他在政治上主张实行"法先王、行仁政"，主张"保民"，反对诸侯国之间的混战。孟子还根据战国时期的经验，提出了各国治乱兴旺的规律，提出了"民为贵，社稷次之，君为轻"的主张，认为对待人民的问题关乎国家的治乱兴亡。孟子曾效仿孔子，带领门徒游访宋、滕、魏、齐等国，向各国国君阐述自己的政治主张，但同样不被各国所接受，之后他便退隐讲学著书。孟子的学说、言论和政治观点主要汇编于《孟子》一书中，因此，《孟子》也是儒家学说的经典著作之一。

荀子，名况，字卿，赵国人。荀子虽然是儒家代表人物之一，但却有着较浓厚的法家思想，时人尊称他为"荀卿"。他曾遍访齐、楚、秦、赵等国，三次出任齐国稷下学宫的祭酒，后为楚兰陵的县令。荀子发展了儒家思想，提出"性恶论"，认为人性有"性"和"伪"两部分，强调后天环境和教育对人的影响。在政治思想上，他坚持儒家的礼制原则，主张以"礼"治国，同时重视人的物质需求，认为发展经济应与礼治、法治相结合。荀子还十分赞赏各国实行的富国强兵政策，特别是秦国在政治和军事上的改革。他将统治者与人民的关系比作舟与水的关系，称"君者，舟也；庶人者，水也。水则载舟，水则覆舟"。其学说主要收录于《荀子》一书中。

道家是春秋战国时期诸子百家中最重要的思想学派之一。老子，姓李，名耳，又称老聃，楚国人，是道家学派的创始人。老子的思想核心是"道"。"道"是宇宙的本源，老子认为"道"可以解释宇宙万物的演变，也是统治宇宙中一切运动的法则。"无为"是"道"的重要特征之一，老子主张"顺其自然"，认为法律是对人类的束缚，要全部舍弃。老子的学说主要记录在《道德经》一书中。这本书是道家哲学思想的重要著作，也是中国历史上首部完整的哲学著作。书中讲述的大量朴素辩证法观点对中国哲学发展产生了深刻影响。

庄子，名周，字子休，宋国人，是道家在战国时期的代表人物，著有《庄子》一书。他继承和发展了老子的思想，后世将他与老子并称为"老庄"。"道"是庄子哲学的基础和最高范畴，他认为一切事物都在变化，而"道"是先天地生的。在政治上，庄子主张"无为而治"，即不胡乱作为，而是在尊重客观规律的基础上治理国家。

墨家是春秋战国时期一个以"兼爱"和"非攻"为代表性主张的思想学派。其创始人名曰墨翟，世称墨子，鲁国人。他提出了"兼爱""非攻""尚贤""尚同""天志""明

老子授经图
此图描绘的是尹喜拜见老子的场景。

鬼""非命""非乐""节葬""节用""交相利"等思想观点。墨子反对战争,谴
责统治者因发动战争给人民带来祸害,更对统治阶级奢侈腐朽的生活进行了尖
锐批判。他认为,只要人们"兼相爱,交相利",那么社会上就没有恃强凌弱、
互相攻伐的现象了。《墨子》一书,是墨子的弟子及其再传弟子对墨子言行的记
录,基本上保存了墨子的主要思想。墨子为了宣传自己的主张,曾广收门徒,
他的信徒自称为"墨者",大多出身社会底层,生活较为清苦。一般来说,墨家
被看作是中国最早的民间结社组织,有着严格的组织纪律。

法家是春秋战国时期一个以君权为核心的思想学派。法家的前期代表人物
有李悝、商鞅、慎到和申不害,后期的代表人物则是韩非和李斯。其中法家的
集大成者是韩非,他出身韩国贵族,与李斯同在荀子门下求学,学识渊博。不
过,韩非虽然师从荀子,但其思想观念却与荀子大不相同。他没有承袭荀子
的儒家思想,反而反对儒家的说教,并称"儒以文乱法"。韩非将荀子重视的
"礼"推进为"法",想以法治来威镇士大夫与庶民。同时他也吸取了道家黄老
之术,归本于老子,讲究无为,理想为"君无为,法无不为"。韩非还总结了
法家三位代表人物商鞅、申不害和慎到的思想,主张君王应该将"法""术""势"
三者结合起来治理国家,这也使韩非成为战国末年法家之集大成者。韩非的法
治主张得到了秦王政的重视。后来,韩非来到秦国,受到秦王政的欣赏,准备
委以重用,但李斯却嫉妒韩非的才能,私下诬陷他,最终将他谋害致死。韩非
的主要思想得以通过《韩非子》一书展现出来。

文学

春秋战国时期既是中国历史发展的大变革时代,也是中国古代文学艺术空
前繁荣的时代,其中在文学成就方面就涌现出了诸如《诗经》《离骚》等经典
作品。

《诗经》是中国第一部诗歌总集,共有诗歌305篇,当中的大部分诗篇是
西周至春秋中叶时所作,分为风、雅、颂三部分。其中,风是当时各诸侯国的
民歌,统称"国风",主要描述了中国古代劳动人民勤劳勇敢和反抗压迫的优
良传统,也是后人了解先秦时期社会经济生活的重要史料;雅则多为西周的宫
廷乐曲歌词;颂则以宗庙祭祀的舞曲为主。《诗经》虽因创作年代较早,导致
很多资料丢失,但其表现出来的人文主义精神和现实主义的创作风格,却在中

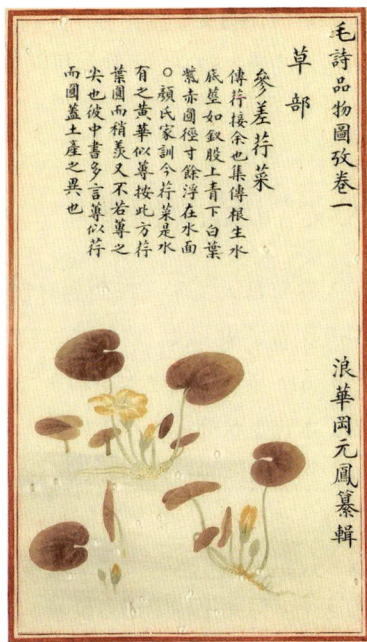

《毛诗品物图考》

此书由日本汉学家冈元凤纂辑，专门解
释《诗经》中的动植物，包含了其中较
为常见的物种，并有 200 余幅实物工笔
绘画。

国文学史上有着重要地位。

　　《离骚》是中国古代最长的抒情诗，其作者屈原是中国历史上最著名的爱
国诗人之一。屈原出身楚国贵族，曾任楚国的三闾大夫。他在政治上主张富国
强兵，联合齐国抵抗强大的秦国，但因楚王昏庸，他的主张一直没有被采纳，他
本人更是一再遭到放逐。直至公元前 278 年，秦军攻破楚国都城，屈原知道这个
消息后投汨罗江而死。然而，屈原虽然在政治上郁郁不得志，但在文学创作上
却留下了很多优秀的诗篇。尤其是他采用楚国方言和民间诗歌的形式，创造出
了一种新的诗歌体裁——楚辞。屈原用楚辞体写了很多优秀诗篇，其代表作便
是《离骚》。可以说，屈原通过《离骚》深刻表达了他对楚国和楚国人民的热爱。

　　事实上，春秋战国时期诸子百家的著作不仅是研究各思想学派的依据，在
文学上也都有很高的价值。像《左传》《孟子》《荀子》《韩非子》《庄子》等著
作的许多篇章，说理透彻，语言丰富，文辞多彩，都可以算得上是优秀的散文
集。《左传》叙事简明生动，描写详略有致，语言富有个性；《孟子》的文章以雄
辩著称，言语之间就如奔流的河水，波涛汹涌；《荀子》的个别篇章采用了民歌
形式，对后来的赋有一定的影响；《韩非子》中的"守株待兔""自相矛盾"等寓

言，对后代的文学创作有一定的影响；《庄子》更是文辞多彩，想象丰富，书中所运用的铺张的文学手法，可以说直接影响了中国古代浪漫主义文学的发展。

天文、历法和医学

首先是天文学。在西周时期，中国的天文学就有了很大的发展。《诗经》中就记载了火、箕、斗、牛、室、昴、毕等星宿名称，《春秋》中也记载了公元前613年"有星孛入于北斗"，这是世界上公认的最早的一次关于哈雷彗星的记录，比欧洲早了600多年。

到了战国时期，天文学家把黄道的恒星分成二十八个星座，称为二十八宿，四方各有七宿，名称和方位明确。二十八宿是中国最早的天文坐标图，日、月、五大行星（木、火、土、金、水）的运行，彗星、新星、流星的出现，都可以在这个坐标图上标定出方位来。根据恒星的方位，人们就可以比较准确地推算出一年中重要季节的到来。可以说，二十八宿的划分和应用，是中国古代天文学研究的一项重大成就。

战国时期还已经出现了许多专门观测星宿运行的占星家。其中，齐国人甘德著有《天文星占》八卷，魏国人石申著有《天文》八卷，它们都比较精确地记录了黄道附近的120个恒星的方位和这些恒星距北极的度数，又通过观测木、火、土、金、水5个行星的运行，发现了这5个行星运行的规律。他们测定的关于恒星的记录，是世界上最古老的恒星表。后人将他们两人的著作合编

《扁鹊行医图》
出自汉代画像石，现存于山东曲阜孔庙。

为《甘石星经》，这本书也成了世界上最早的天文学著作。

其次是历法。在春秋时期，中国的历法有了较大的发展。当时，已经出现了冬至、夏至、春分、秋分、立春、立夏、立秋、立冬 8 个节气，并且能够准确地推算出冬至的日期。据《左传》记载，公元前 655 年，"正月辛亥朔，日南至"，这也是中国最早关于冬至日的记录。

当时，各国主要使用三种不同的历法：以冬至月为正月的，称为"周正"；以冬至后一月为正月的，称为"殷正"；以冬至后二月为正月的，称为"夏正"。"夏正"也称作"夏历"，与一年四季的气候变化最为相符，最适宜农业劳作使用。因此，到战国时"夏历"被各国普遍使用。春秋时期，中国历法已经形成了自己固定的系统，基本上确立了"十九年七闰"的原则，这比西方早了 160 年左右。

第三是医学。在西周时期，医学还与巫术结合在一起，迷信的色彩很浓。到了春秋时期，医学得到了进一步发展，逐渐脱离巫术而独立出来。扁鹊是春秋后期一位杰出的民间医生，原名秦越人，齐国人，自幼学习医术，从医数十年，积累了许多医疗经验。他游遍各地行医，治愈了许多疑难病症，因而名扬天下。他还首创了望、闻、问、切四种诊断方法，望即望气色，闻即听声音，问即询问病情，切即从脉象中诊断病情。扁鹊尤其擅长切脉诊断，后世医家把他奉为"脉学之宗"。四诊法也成了中国中医的传统诊断学，两千多年来一直为中医所沿用。此外，扁鹊还精通内、妇、五官、小儿等科，应用砭刺、针灸、按摩、汤液、热熨等方法治疗疾病。

在战国时期，出现了中国最早的医学典籍——《黄帝内经》。《黄帝内经》共有 18 篇，分为《素问》和《灵枢》两部分，各有 9 篇。《素问》主要论述脉理和病因以及针灸等内容，《灵枢》的内容与《素问》大体相同，主要论述经络和针刺。《黄帝内经》是研究生理学、病理学、诊断学和药物学的医学巨著，同时还记载了中国两千多年前的有关人体解剖的知识和血液循环的概念，对世界医学有着巨大的贡献。除《黄帝内经》之外，春秋战国时期还有一部重要医学典籍，即《黄帝八十一难经》，这是后人假托扁鹊之名完成的医学著作。该书以答问的形式阐明了《黄帝内经》的主旨，同时还分析了一些病证。这两本医学著作总结了中国古代医学实践的丰富经验，是中国古代医学的重要经典。

秦汉时期的发展

　　秦汉时期是中国历史上第一个强盛时期。秦王嬴政统一六国，结束了数百年的诸侯割据局面，建立了中国历史上第一个统一的多民族的中央集权的封建国家。西汉在秦朝的基础上，进一步巩固和发展了专制主义，对以后两千多年的中国封建制度产生了深远影响。

秦朝的中央集权制度

　　公元前221年，秦王政结束了消灭六国、统一中国的战争，建立了秦王朝。秦朝废除了在西周时期创立的实行了800多年的封建领主制政治体制，颁布了若干新的政治、经济制度，创立了新的适合地主阶级的专制主义中央集权制度。

　　在先秦时期，只有周天子可以称"王"，是全国的最高统治者。从战国中期开始，随着周天子的权威愈加衰落，各诸侯国纷纷称王。秦王政在消灭六国、统一天下之后，认为自己的功劳高于古代所有的王，于是取古代"三皇"的"皇"和"五帝"的"帝"，合二为一，自称"皇帝"。皇帝拥有至高无上的权力，从中央到地方的主要官吏，如郡守、县令等都由皇帝任免，且依照皇帝的律令或意志行事。皇帝还掌握着军权，凡是调动兵卒50人以上的，必须持有皇帝的虎符为凭据，才能调动，否则即为违法。

　　为了有效地管理国家，加强中央集权统治，秦朝在皇帝之下设立了中央机构，以协助皇帝管理朝政，处理国内事务。这个中央机构采用三公九卿制，三公即为丞相、太尉和御史大夫。丞相是"百官之长"，设有左、右丞相，以右为尊，主掌政事；太尉掌军事；御史大夫为"掌副丞相"，主管监察。三公以

阳陵虎符
此符是秦始皇调动军队的凭证，用青铜铸成卧虎状，可中分为二，
半符验合，方能生效。

下是分管具体政务的九卿。其中，有掌宗庙礼仪的奉常，掌宫殿警卫的郎中令，掌宫门屯卫的卫尉，掌御用车马的太仆，掌刑法的廷尉，掌外交和国内民族事务的典客，掌皇族、宗室谱系和名籍的宗正，掌财政的治粟内史，掌山海池泽之税及皇帝生活供应的少府。在九卿之外还有列卿，比如掌京师治安的中尉、掌修治宫室的将作少府等。三公和九卿以及列卿都各有自己的府寺，以处理日常事务。一般情况下，三公和九卿议论政事，最后请皇帝做裁决。

在地方上，秦朝废除了"封诸侯，建藩卫"的分封制度，在全国范围内普遍实行郡县制度。地方行政机构分郡、县两级，主要官员由中央任免。郡设有守、尉、监御史。郡守主要掌政事和军事；郡尉主要辅佐郡守，并掌军事；监御史是中央派遣的监察官吏。秦朝最初时设有36郡，后来增至40郡。郡下面设有若干个县，万户以上的大县设"令"，万户以下的小县设"长"。县令、长主要掌管政事和军事。此外另有县丞，主掌文书、刑法；县尉则主掌军事。

县以下还有若干乡，乡以下有若干亭，亭以下有若干里，里就是村落，是最基层的行政单位。十亭为一乡，乡设有三老，分别是有秩、啬夫和游徼。三老掌管教化，啬夫掌管诉讼和赋税，游徼掌管治安。亭里设有长，负责接待往来的官吏，掌管为政府输送、采购、传递文书等工作。里设有里典，又称里正、里魁。里中设有严密的什伍户籍组织，以便支派差役，收纳赋税。乡、亭、里的官吏主要由当地富庶人家担任。

秦朝制定的皇帝制、三公九卿制和郡县制，是中国古代政治制度的一个新的发展，对巩固国家统一，促进社会经济、文化的发展起到了极大的作用。因此，在之后 2000 多年的中国封建社会中，它们的影响一直存在。

秦朝的经济、文化政策

在设立中央集权制度的同时，秦朝还制定了一系列巩固新王朝统一和稳定的经济、文化政策。

公元前 216 年，秦始皇颁发"使黔首自实田"的法令，进行全国性的土地登记。这是因为当时的秦国对东方六国的土地占有情况很难掌握，通过这个法令，人民向政府据实登记所有田地，按亩纳税，以此稳定赋税收入。这个法令的推行，是秦王朝以国家统一法令的形式正式确认了在全国范围推行土地私有制，实现了土地私有制的法典化，促进了地主经济的进一步发展。

此外，秦统一之前，各国的货币不仅大小、形状、轻重不一，而且计算单位也不一致。秦统一六国后，秦始皇下令废除六国旧货币，统一制定新的货币。秦始皇采取了两种实行统一货币的措施：一是由国家统一铸币，禁止私人铸币；二是统一通行两种货币，即上币黄金和下币铜钱。黄金以镒为单位，一镒为二十两。铜钱以半两为单位，造型为圆形，中间有方孔，面文有两字，俗称"秦半两"。废除旧币，实行新币和货币的统一，解决了过去因为币制复杂而造成的商品交换困难，促进了商业的发展。而铜钱因为圆形中孔，个体轻巧，便

秦始皇、秦二世双诏版
在这件青铜诏版上，以小篆体刻有秦始皇二十六年（公元前 221 年）统一度量衡的 40 字诏书。秦二世即位后，又在刻有秦始皇统一度量衡诏书的标准器上加刻诏书。

秦铜量器
秦统一量器的标准器具。
现存于陕西历史博物馆。

于携带，作为一种进步的币制形式，此后一直在中国沿用了 2000 多年。

在秦统一全国前，度量衡方面的情况与货币的情况是差不多的，即十分混乱。因为秦在商鞅变法时就对度量衡的标准做过统一规定，所以统一六国后，秦始皇便下令废除六国旧的度量衡，以秦国的度量衡为基础，向全国颁行新的统一的度量衡制度及标准器，与标准器不同的度量衡一律禁止使用。和统一货币一样，度量衡的统一也促进了经济的发展，巩固了王朝的统一，对秦朝及后世都产生了不可泯灭的深远影响。

战国时期，各国车辆形制也不一样，各地交通往来并不便利。秦始皇统一全国后，在全国范围内统一车轨，规定大车的两轮之间以 6 尺为标准，史称"车同轨"。这样，车辆就可以在全国大路上通行，这个措施对促进交通运输业的发展起了重要作用。

华夏文化的文字，原本是同源的。自商和西周以后，文字有了很大的发展，逐渐得到普及，作为官方文字的金文，形制比较一致。但是到了春秋战国时期，由于各诸侯国长期分裂割据，各自为政，就出现了陶文、帛书以及简书等民间文字，各国之间开始形成了"言语异声，文字异形"的情况。这种状况不仅严重妨碍各地区间的经济、文化交流，也影响了中央政府政策法令的有效推行。在这种情况下，秦始皇下令李斯等人主持进行文字改革工作。李斯以秦国通用的大篆为基础，吸收了六国文字中的优点，创造出了一种形体匀圆齐整、笔画简省、书写较为方便的新文字，称为"秦篆"，也称"小篆"，作为官方规范化文字，在全国推行，至此，算是基本上统一了文字。秦始皇统一和简化文字，可以说是对中国古代文字的发展、演变做了一次总结，对中国文化的发展起了至关重要的作用。此外，一名叫程邈的狱吏又根据民间已经行用的新字体的演变进行了总结，创造出了隶书。这种新字体形体方正，笔画更加简省，便于书写。到西汉初年时，隶书也成为全国通行的字体。

公元前 213 年，一个名叫淳于越的思想保守的齐人博士大力批评秦始皇废除分封制、设置郡县制的法令，并要求根据旧制，分封子弟。丞相李斯对淳于越的这番言论进行了驳斥，指斥他是"愚儒"，并建议始皇坚决制止儒生以古非今、以私学诽谤朝政的行为，同时提出了焚书的建议。秦始皇采纳了李斯的建议，下令在全国范围内焚烧除《秦记》以外的列国史记，限期交出烧毁不属于博士馆的私藏《诗》《书》等书，有敢谈论《诗》《书》者处死，以古非今者更是直接灭族。有官吏知情而不举报的，与犯罪者同罪。且禁止私学，想学法令的人只能以官吏为师。这就是"焚书"事件。

在焚书后的第二年，又发生了"坑儒"事件。坑儒并不是焚书的直接继续，而是由于一些儒生和方士表达了对始皇的不满，说他天性刚愎自用、专任狱吏、贪于权势等，秦始皇听后怒不可遏，以妖言惑乱黔首的罪名将他们逮捕，并严加拷问。最终共先后逮捕了 460 多名儒生，并将其全部在咸阳坑杀。

焚书坑儒是秦始皇在意识形态领域对不同政见的士人进行的残酷镇压，且这次镇压是野蛮的、残酷的，造成了极其严重的后果：一是使大批古代典籍被付之一炬，造成了文化史上难以弥补的损失；二是使春秋末叶以来蓬勃发展起来的自由思索精神遭到致命打击，大大钳制住了当时人们的思想。

秦末农民起义

秦末农民起义是中国历史上第一次全国规模的农民大起义。

秦始皇统一六国后，不仅没有休养生息，反而不惜民力，大搞徭役征发，大规模地兴建宫殿和陵墓，以及修筑长城，对匈奴和南越用兵，耗费了大量的人力和财力。秦朝时，全国约有 2000 万人口，在秦朝统治的十几年里，每年都有 200 多万的丁男被征发。丁男不足时又去征丁女，导致社会生产活动大量缺乏劳动力，田地大多荒芜。繁重的徭役不仅使大量的劳动力脱离生产，同时还需要有大量的军需或后勤供应，而这些主要也是从农业生产中征收，极大地加重了人民的徭役和赋税负担。秦朝的地租原定为十税一，此外还有口赋。可是后来秦的赋税征收量却增加到占农民全年收入的 2/3 以上，这些残酷剥削直接使农民陷入饥寒交迫的境地。此外，秦朝统治者还制订了名目繁多的严刑酷法，使人民动辄触犯法律。一人犯罪，株连亲属、邻居，处刑后还要长期为

"刑徒"，服苦役。在秦王朝残酷的经济剥削和政治压迫下，广大农民已无法生活下去，因此大量的农民逃入山林变为盗贼，进行反抗斗争。

首先揭竿而起的是陈胜、吴广。陈胜，字涉，阳城人，原是一个雇农。吴广，字叔，阳夏人。公元前 209 年，朝廷征发 900 名农民到渔阳戍边，陈胜、吴广就在其中，且为屯长。队伍行至蕲县大泽乡，被大雨阻挡，不能按期赶到渔阳。按照秦法，戍卒误期要杀头。陈胜、吴广便发动这群农民举行了起义。起义军迅速攻下了蕲县，等到攻下陈县时，已经有了步兵数万人，兵车六七百乘，战马一千多匹。起义军以陈县为都城，定国号"张楚"，推举陈胜为"张楚王"，建立了农民革命政权。吴广则被任命为假王，率领主力军西击荥阳。

然而，吴广率领起义军久攻荥阳不下，陈胜只能另派周文为将军，率军攻打关中。周文的队伍在进军咸阳途中不断扩大，在到达函谷关时，已经有兵车千乘，士兵数十万，直逼咸阳。这时，秦二世以少府章邯为将军，把修建骊山墓的数十万刑徒和奴隶编成军队迎战，大败周文部起义军。周文被迫退击关中，结果又被章邯军击败。起义军接连受挫，周文自杀。此时，吴广的将军田臧劝吴广放弃进攻荥阳，前去迎击章邯。吴广没有接纳田臧的建议，结果被田臧假借陈胜的命令杀死。后来，田臧在引兵西援时，陷入孤军作战，最终被章邯击败而死。

章邯在解除了起义军对荥阳的包围后，率军向陈县的起义军发起进攻。陈胜率起义军迎战，但因兵力薄弱，败退到下城父，结果被御者庄贾杀害，庄贾转而投降了秦军。之后，陈胜的部将吕臣率领起义军两度收复了陈县，然而此时的起义军因连遭失败，士兵大量逃散，已经无力抗击秦军。陈胜、吴广的相继牺牲，更是对起义军产生了灭顶的打击。

与此同时，张楚政权的建立，使全国各地掀起了反秦斗争的浪潮。各地百姓因长期以来遭受秦朝严刑酷法的压迫，此时纷纷起来杀死秦朝官吏，响应陈胜吴广的起义。六国旧贵族的残余势力也乘机起兵反秦，企图恢复旧国。在各地出现的反秦力量中，以刘邦、项羽为首的两股势力为主。

当时楚国大将项燕之子项梁和侄子项羽正在吴地避难，陈胜、吴广发动起义后，他们也乘机举兵响应。项梁起义后，为了便于号召，便采纳谋士范增的建议，立前楚怀王的孙子熊心为王，建都盱眙，仍称楚怀王。当时项梁率领的起义军在和秦军的战斗中接连取胜，项梁由此也产生了骄傲轻敌的情绪。结果公元前 208 年在定陶，项梁被章邯指挥的秦军打败，最终战死沙场。这时，秦

鸿门宴图

此图据郭沫若考证为《鸿门宴》故事。最右二人为军中伙夫，炉左席地而坐正在对饮的二人是刘邦和项羽，靠近刘邦、面左拱手而立者是项伯，身穿紫色长衣、腰挎宝剑者是张良，双手拥戟、怒目而视者是范增，左手叉腰、右手举剑、做起舞姿态者是项庄。现存于河南洛阳古墓博物馆。

王朝命令戍守长城的将军王离率军返回中原镇压农民起义。于是，王离率领秦军大约20万人南下攻打赵国（赵国农民起义爆发后恢复旧国，定都邯郸）。赵国军队将寡兵微，不是秦军的对手。王离率领秦军进攻邯郸，多次大败赵军，赵王歇被迫放弃邯郸退守巨鹿，结果被王离率军围困在巨鹿。同时，秦将章邯也率军北渡黄河，为王离率领的秦军供运粮饷。王离部和章邯部的秦军加起来一共有40多万人，声势浩大。在巨鹿的赵国军队兵少粮缺，形势危急，于是赵王派人向各地起义军紧急求援。各路反秦的起义军随即纷纷前往巨鹿救援赵军，但又因畏惧秦军，不敢与秦军直接作战，所以都筑起壁垒互相观望。

楚怀王在接到赵军的求援消息后，任命宋义为上将军，项羽为次将，范增为末将，率领楚军主力7万人北上救赵，以伺机歼灭秦军主力。然而，宋义在率军行进时畏缩不前，想在秦军和赵军相斗之后，坐收渔利。项羽规劝他迅速进兵，与赵军里应外合，一举击败秦军。宋义不但拒绝了项羽的建议，反而转头挖苦他。项羽在忍无可忍的情况下杀了宋义，率军北渡漳水。项羽率领楚军渡过漳水后，下令全军破釜沉舟，规定每人只带三日的干粮，与秦军进行决战。之后，项羽率领楚军抵达巨鹿城下，将秦军包围。楚军将士英勇奋战，将王离麾下的秦军杀得溃不成军。章邯率领部下援救，也被楚军击退了。项羽指挥楚军连续作战，九战九捷，最终大败秦军。王离被楚军俘虏，章邯向南方逃去，巨鹿之围宣告解除。

巨鹿之战是秦末农民大起义中战况最激烈的、具有决定性意义的关键一战。

这场战斗基本上歼灭了秦军的主力，扭转了整个战局，为最后推翻秦王朝的反动统治创造了极有利的条件。

楚汉战争

在击破秦军后，各路反秦的队伍组成联军，推举项羽为诸侯上将军，统一指挥联军，继续追击败退中的章邯部秦军。章邯退到殷墟，见大势已去，便率领 20 万秦军投降了项羽。然而，项羽害怕投降的士兵有异心，就在队伍行至新安时下令将这 20 万人全部坑杀了。

当时的各路反秦诸侯中，刘邦是另一支主要势力。

刘邦（公元前 256—公元前 195 年），沛郡丰邑人，原来为秦朝的泗水亭长。在陈胜、吴广起义后，刘邦与沛县县吏萧何等人一起杀死了出尔反尔的沛令，举行起义。刘邦被众人推举为沛公，领导起义。刘邦的队伍后来归附了项梁的起义军，在秦军围攻巨鹿时，楚怀王派宋义、项羽援救赵军，遣刘邦向西进攻关中，并约定谁先入关灭秦，谁为"关中王"。起初，刘邦的队伍仅有几千人，一路上他集合了各地的起义军，不断扩大自己的势力，且在与秦军作战时避实攻虚。

经过了一年的迂回进军，公元前 207 年 8 月，刘邦攻入武关。9 月，刘邦的队伍抵达蓝田。在农民起义军节节胜利的情况下，秦朝廷内部又发生了政变。丞相赵高与秦二世勾结杀掉了李斯。不久后，赵高又杀死秦二世，并取消了皇帝称号，另立始皇帝嫡长孙子婴为秦王。之后，子婴又杀掉了赵高。10 月，刘邦率军抵达霸上，子婴向刘邦投降，秦朝灭亡。

刘邦进入咸阳后，宣布自己为"关中王"，后来在部下的劝说下将军队撤退到了霸上。同时，刘邦宣布废除秦朝的严刑酷法，和当地百姓约法三章，"杀人者死，伤人及盗抵罪"。可以说，刘邦的这些措施有利于恢复关中的社会秩序，也使他得到了民心支持。

话说另一边，项羽在大败章邯、迫使章邯投降后，也于公元前 207 年 12 月抵达函谷关。此时项羽的军队有 40 万人，刘邦的军队仅有 10 万人，在兵力上刘邦无法与项羽相抗衡。刘邦也知道自己的力量无法与项羽相比，于是采纳了张良的计策，拉拢项羽的叔父项伯，于公元前 206 年亲自到鸿门向项羽请罪。鸿门宴上，项羽的谋士范增几次举起所带玉玦，暗示项羽将刘邦杀掉。然而，项羽却优柔寡断，最终被刘邦借故逃脱。这就是历史上有名的"鸿门宴"。

再之后，项羽引兵进入咸阳，杀死了秦王子婴，烧毁了阿房宫，将宫中的财宝和妇女抢劫而去。项羽依靠强大的兵力暂时压服了刘邦，并以诸侯上将军自居，发号施令。他自立为西楚霸王，取梁、楚两地九郡，定都彭城。同时，册封随他入关的将领和前秦的重要降将为王，时称"新王"；又封或改封关东已恢复旧国的贵族王号，时称"故王"，新、故王共有 18 人。关中被分为三国，封给秦降将章邯等三人；刘邦则被封为汉王，辖汉中、巴蜀地区，定都南郑。然而，在项羽分封后不久，新、故王之间为争夺疆土又发生了战争。项羽因支持新王，卷入到了这场混战之中。刘邦则借机率兵自汉中北上，迅速占领了关中，然后迅速东进，与项羽展开了争夺天下的战争。

总的来说，刘邦采取了"斗智不斗力"的作战方针，将项羽军队的主力吸引在荥阳、成皋一带，然后另派大将韩信从关中东渡黄河，先后消灭了河北诸国，又向东消灭了齐，最后挥师南下对项羽形成夹击之势。公元前 202 年，刘邦、韩信在垓下会师，重创楚军，项羽逃至乌江自杀。至此，为期 4 年的楚汉战争以项羽的失败而宣告结束。

西汉的统治

公元前 202 年，刘邦正式称帝，建立汉朝，史称"西汉"。刘邦是西汉的第一个皇帝，史称"汉高祖"。

西汉建立之初，战乱纷纷，政局不稳，经济凋敝，社会动荡不安。为了稳定社会秩序，恢复发展生产，改善人民的生活，巩固西汉的统治，刘邦采纳了士人陆贾的建议，用黄老"无为而治"的思想指导政治，并采取了一系列恢复经济的"休养生息"政策和措施。主要如下：

一、兵士罢归家乡，免除一段时间的徭役。归农的军吏按照军功的高低，给予田宅。其中的少数成为地主，多数成为自耕农。二、在战乱中流亡山泽的百姓各自返回故乡，恢复原来的爵号和田地住宅。三、因生活困难而卖身为奴婢的人，一律赦免为庶人。四、抑制商人，不允许商贾及其子孙做官，商贾不得拥有私有土地，不允许他们穿着锦、绣等名贵的衣服，加倍征收商贾的算赋，限制商人对农民的土地兼并。五、减轻田租为十五税一，同时命令萧何制定《九章律》，以代替之前临时颁布的条令。六、命陆贾著书论说秦失天下的原因，形成汉初"黄老无为"的政治思想。七、对匈奴采取"和亲"政策，使边境地区得到暂时的缓和与安宁。刘邦采取的这一系列政策和措施，在一定程度上稳定了社会秩序，为汉朝初年经济的恢复发展打下了坚实的基础。

到了文帝和景帝统治时期，汉朝继续"与民休息"，社会经济逐渐发展，人民生活更加安定，物资也愈加丰厚，史称"文景之治"。

汉文帝十分重视农业生产，他即位后多次下诏劝课农桑，并按户口比例设置三老、孝悌、力田若干员，还经常给予他们赏赐，以鼓励农民发展生产。同时，他还特意减轻人民的负担，文帝二年（公元前 178 年）和十二年（公元前 168 年），曾两次"除田租税之半"，即租率减为三十税一；文帝十三年又全部免去田租。景帝元年（公元前 156 年），复收田租之半，即三十税一，并成为汉朝定制。文帝时，算赋也由每人每年 120 钱减为 40 钱，丁男徭役则减为 3 年服役一次。长期的减免田租徭赋，促进了广大自耕农民阶层的发展。西汉初年，大侯封国在万家左右，小的仅有五六百户；到了文、景帝时期，流民回归田园，户口大规模地增长，列侯大的有三四万户，小的封国户口也成倍增长，生活比过去殷实得多。农业的发展也大大降低了粮食价格，文帝初年，粟每石十余钱至数十钱。此外，商业活动开始活跃起来。文帝十二年一度废除了过关用传的制度，也取消了在关口津梁处检查来往行人的制度，这些都有利于商品

汉文帝亲侍母病
汉文帝刘恒自幼孝顺，母亲薄太后曾连续三年卧病在床，汉文帝每日处理好朝政后就会到母亲病床前侍奉。最终薄太后病愈。

流通和各地区之间的经济联系，对农业生产的发展也有一定促进作用。文帝还下诏"弛山泽之禁"，即开放原来归国家所有的山林川泽，人们可以进入山泽自由樵采、捕捞。这些措施实行后，商业和手工业都获得了迅速的发展。

西汉初年，因沿用了秦代以来的刑律，用刑很重，死刑、肉刑使用较多。文帝时，对西汉的刑法进行了重大改革，废除了汉律中沿袭秦律而来的"收孥相坐律令"，缩小了农民奴隶化的范围。秦代有黥、劓、刖、宫四种肉刑，文帝也下诏废除黥、劓、刖三种肉刑，改用笞刑代替，之后景帝又减轻了笞刑。这个时期，许多官吏不敢滥用刑罚，能够断狱从轻，执法宽厚，不事苛求，因此狱事简省。

晁错削藩和七国之乱

汉高祖刘邦称帝后，曾分封自己的兄弟子侄 9 人为王，用以巩固汉室的统治地位。为了控制各诸侯国，汉政府规定中央派太傅辅佐王，派丞相统王国众事。在分封"同姓王"时，诸王都还年少，王国由太傅、相国主事，中央与诸侯王之间的矛盾还不突出。然而等到了文帝时，各诸侯国势力日盛，俨然成了雄踞一方的势力。且各诸侯国自征租赋，自铸货币，自集军队，实际上是处于半独立状态。再加上各诸侯王也出现了争夺皇位的野心，于是中央与诸侯王之间的矛盾日益突出。此时的文帝为了加强中央集权，便打算开始削弱诸侯王势力。

文帝时，政论家贾谊上书《治安策》，指出现在的形势是中央弱而诸侯王强，就像得了肿胀病的患者一样，一条腿肿得和腰一样粗，一个脚趾肿得和腿一样粗，如果不抓紧治疗，必然会成为痼疾。贾谊认为，要使天下安定，最好的办法莫过于将王国分割为若干小国，以削弱其力量。文帝起初没有采纳贾谊的建议，但随着形势的严重，他终于将齐国分为 6 个小王国，立齐王肥的 6 个儿子为王；又把淮南国分为 3 个小王国，立淮南王长的 3 个儿子为王。继贾谊之后，御史大夫晁错也屡次向文帝建议削夺诸王的封土。

到景帝时，中央专制皇权和地方王国势力的矛盾日益激化。晁错又上书《削藩策》，建议借诸侯王犯错误的时机，削减诸侯王的封地。景帝采纳了晁错的建议。景帝三年（公元前 154 年），楚王戊的东海郡、赵王遂的常山郡和胶西王印的 6 个县均被削去。景帝的削藩之举激起了诸侯王的强烈反对。同年，吴王刘濞发动了一场波及整个东方地区的联合叛乱，史称"七国之乱"。事实上，刘濞早就有了蓄谋叛乱的企图，景帝和晁错的削藩之举只是其叛乱的导火索罢了。当时景帝和晁错认为刘濞有罪，准备削他的会稽和豫章两郡，刘濞就借机串通楚、赵、胶西、胶东、菑川、济南六国的诸侯王，发动了联合叛乱。刘濞发兵 20 万，为叛军主力，同时与匈奴、东越、闽越贵族勾结起来，以"请诛晁错，以清君侧"的名义，向西大举进攻。叛军很快攻打到了河南东部，景帝在惶恐之际听信谗言，处死晁错，希望借此可以让刘濞退兵。然而，刘濞不仅没有退兵，反而公开宣布要夺取皇位。此时，景帝才下定决心以武力镇压叛乱。他命太尉周亚夫与大将军窦婴率三十六将军向叛军进击，断绝了叛军的粮道，仅用了三个月的时间就平定了叛乱。刘濞逃到东越，最终被东越人所杀。其余的六王也相继自杀，七国都被废黜。

　　平定了七国之乱以后，景帝为巩固削藩成果，废黜王国官制及其职权，削减诸侯王权力，规定诸侯王不再治民。七国之乱的平定和诸侯王权力的削弱，沉重地打击了当时的分裂割据势力，加强了西汉的中央集权制度。

汉朝与匈奴的战争

　　西汉前期，对匈奴实行的羁縻政策，主要就是汉匈"和亲"政策。然而，匈奴仍然不断南下侵犯边境，抢掠人畜，毁坏庄稼。到文、景二帝时，继续执行与匈奴的"和亲"政策，但同时也储备军粮，增殖马匹，操练士卒，准备对匈奴实行反击。

　　汉武帝即位后，于元光二年（公元前 133 年）开始了大规模反击匈奴的战争。从元朔元年（公元前 128 年）到元狩四年（公元前 119 年）的 10 年中，汉朝与匈奴之间进行了三次大战。第一次大战发生在元朔二年（公元前 127 年）。这年，匈奴以 2 万骑兵南下侵犯边境，杀死了汉辽西太守。汉武帝命将军卫青率领 3 万骑兵反击匈奴，收复了河南地区，设立朔方、五原郡，解除了匈奴对都城长安的威胁。第二次大战发生在元狩二年（公元前 121 年）。骠骑将军霍去病率领数万骑兵，从陇西出发，进攻匈奴。霍去病率领军队追击匈奴前进了 500 多千米，夺得祁连山和河西走廊。汉政府在这里设置了酒泉、武威，后又增置张掖、敦煌，是为河西四郡。汉朝夺得河西走廊，隔断了匈奴与羌人的联系，开辟了汉通往西域的重要通道，为之后中原与西域地区的经济、文化交流奠定了重要基础。

　　第三次大战发生在元狩四年（公元前 119 年）。匈奴以数万骑兵入侵右北平和定襄郡，进行烧杀抢掠。为了彻底根除匈奴的侵犯，汉武帝再次派卫青、霍去病各带 5 万精兵，分两路合击匈奴。卫青从定襄郡出塞，穿过大漠，行军500 多千米，大破单于军，一直追到胭脂山下的赵信城才班师回朝。霍去病则从代郡出发，横越大沙漠，前进了 10000 多千米，大破匈奴左贤王的军队，一直追到狼居胥山，抵达瀚海后回朝。从此，匈奴撤退到漠北以北地区，再不敢向沙漠南面侵犯了。

　　在汉朝与匈奴的诸次战争中，汉朝损失了数万士兵、十几万匹马，匈奴在战争中也损失惨重，分裂成了五部，互相攻击。其中的一部首领为呼韩邪单于，投降了汉朝之后，向南迁徙到了长城一带，并请求与汉朝进行和亲。公元

昭君镜拓本

前 33 年，呼韩邪单于来到长安，汉元帝答应了他的要求，将宫女王昭君嫁给了他，史称"昭君出塞"。昭君出塞和亲，是当时汉匈政治上的一件大事，汉元帝为了纪念这次和亲，改年号为"竟宁"。呼韩邪单于把昭君封为宁胡阏氏，即胡汉友好皇后。昭君出塞后，汉、匈在 40 多年间内没有再发生战争，彼此之间来往密切，大大促进了两国间的经济、文化发展。

王莽篡汉

西汉自宣帝以后，元、成、哀、平四位皇帝都极其荒淫腐朽，朝廷大权落入外戚手中。王家在西汉后期是重要外戚，有 9 人封侯，5 人任掌握政务军事重权的高官大司马。其中，王莽是元帝皇后王政君的侄子，在王氏家族中是一位极有才能的人。因汉哀帝死后无子，王莽便与太皇太后王政君立汉哀帝的堂兄弟中山王刘衎为帝，是为平帝。汉平帝当时年仅 9 岁，由王莽以大司马领尚书事辅政，朝政大权尽归王莽掌握。

王莽掌权后不久，就清除了外戚兼权臣董贤的势力，改善朝政。元始二年（公元 2 年），华北灾荒严重，王莽一下子献出 30 顷土地和 100 万钱。在他的带动下，有 200 多个官员和贵族也捐献钱财，用以救灾。王莽还让汉平帝下诏书，免除贫民和灾民的租税。此外，他还大力宣扬礼乐教化，扩大太学，广招太学生，四处网罗学有专长的士人，给予优待。并将汉宗室和功臣的后裔以及年老致仕的高官，封为官吏或增加俸禄。于是王莽掌权后不久，就得到了大多数贵族、官僚、地主和儒生们的拥护。不过，随着地位的不断巩固，王莽个人的野心也开始显露出来。

平帝元始元年（公元 1 年），王莽称"安汉公"。公元 4 年，加称"宰衡"。次年，王莽毒死平帝，另立一个两岁小儿刘婴为帝，号"孺子"，史称"孺子婴"，由他辅政，称"摄皇帝"。8 年，王莽又废掉了孺子婴，自己当了皇帝，把国号改为"新"，正式篡夺了汉朝政权。次年，改元为"始建国"。

王莽当政后，面临着严重的社会危机。为了缓和阶级矛盾，维持新朝的统治，他打出了周礼的旗号，实行改制。9 年，王莽宣布全国土地改称"王田"，不许买卖。同时，他还把私家奴婢改称"私属"，也不许买卖。然而，王莽要推行的"王田"政策，不仅没有解决社会土地问题，反而将农民禁锢在"王田"里；奴婢改称"私属"，也不仅没有解放奴婢，反而将占有奴婢作为一种制度固定下来。这实质上是复古倒退的改革。

王莽实行了多次币制改革，使用了金、银、龟、贝、铜五物六名二十八品，称为"宝货"。不过由于这些货币名目繁多，造成了严重的金融混乱，致使大量的人民破产。王莽还实行了"五均六筦"的管制措施，即在全国几个大城市里设"五均司市"负责管理市场，平衡物价，收税和贷款；实行盐、酒、铁器官卖；钱由政府统一铸造；收山林、池沼和农商、手工业税等。这个政策本来是用以制止囤积居奇，平抑物价，阻止土地兼并，增加政府财政收入的，然而，王莽所用之人，大多是富商大贾，他们利用职权，与地方官吏勾结，谋取私利，其所作所为完全与政策的初衷相反。

除此之外，王莽还多次改动官名和县名。一些郡甚至五易其名，最后又恢复旧称，甚至主管官吏都弄不清其辖区应叫什么名字。他还颁行五等爵，滥加封赏，却把受封的人留在长安食禄。有的人因为俸禄无着不得不佣作为生，更多的官吏则竟为奸利，受贿以自给。王莽当政期间，还征发 30 万军队对东北和西南少数民族发动战争，大量征发徭役和物资，使人民陷入更加困难的境地。

总而言之，王莽改制不仅没有挽救西汉末年的社会危机，反而使各种矛盾进一步激化，最终导致了以绿林军和赤眉军为主的农民大起义。

西汉末年的农民战争与东汉的建立

王莽统治时期，荆州地区的一些农民因为生活困难，只能逃到野泽中，靠挖野荸荠为生。当时新市有两个有名望的人，一个叫王匡，一个叫王凤，因为他们经常为群众排难解纷，所以很受农民的拥护。于是王匡、王凤便将这些饥民组织起来，以绿林山为根据地，举行起义。因其驻扎在绿林山，因此被称为"绿林军"。

绿林军不断攻占附近的村庄，仅几个月的工夫，队伍就发展到了七八千人。21 年，王莽派 2 万官兵去围剿绿林军，结果被绿林军打败。绿林军趁势攻占竟陵、云杜、安陆等地，队伍发展到 5 万多人。第二年，由于绿林山一带发生瘟疫，士兵差不多死了一半，起义军被迫分兵转移。一路由王常、成丹率领，南下江陵，称为"下江兵"；另一路为主力，由王匡、王凤率领，北上攻打宛，称为"新市兵"。在新市兵攻打随县时，平林人陈牧、廖湛率众加入，于是在绿林军中又增添了一支平林兵。

另一边，西汉的宗室因痛恨王莽篡位，侵夺了汉室的利益，他们乘农民起义的时机，也起兵反对王莽。南阳的刘縯、刘秀兄弟俩为西汉宗室，他们打着"复兴汉室"的旗号，联络周围的地主豪强，把宗族、宾客组成一支七八千人的队伍，在舂陵起兵反对王莽，称为"舂陵军"。为了壮大反对王莽的势力，舂陵军与新市兵还进行了联合。之后，起义军主力在沘水和育阳大败王莽军，队伍发展到了十余万人，并对宛进行围攻。由王凤、刘秀率领的另一支起义军则北进攻下昆阳、定陵等地，以保障主力军攻克宛城。

随着起义军不断发展壮大，接连攻城略地，王莽终于认识到了绿林军的威胁，于是急派大司徒王寻、大司空王邑，征发各州郡精兵 42 万人，从洛阳南下援救宛城。很快，王邑、王寻率领先头部队 10 万人向昆阳逼近。起义军将领王凤则率领八九千人坚守昆阳城，又另派刘秀小部突围，调集各县起义军援救昆阳。之后，王莽军将昆阳团团包围，发起了一次又一次的猛攻，但都被守军和城内居民打退。不久后，刘秀率领 1 万多援军赶回昆阳，向王莽军发起突袭，莽军顿时大乱。城里的守军乘势杀出，大败莽军，王寻被杀，王邑则狼狈逃脱。

18 年，比绿林军发动起义稍后，赤眉军在莒起义，首领为琅邪人樊崇。赤眉军刚开始时仅有一百多人，队伍以泰山地区为根据地，与朝廷进行斗争。一年之后，起义队伍就增加到了 1 万多人。这时，海曲农民起义领袖吕母去世，其手下的 1 万多人皆归附了樊崇。逢安、徐宣、谢禄、杨音也先后率众起义，起义军共有几万人，他们之后与樊崇的起义军会合，推举樊崇为首领。从此，樊崇的起义军声势越来越大，并屡次打败王莽军。因为这支起义军在与王莽军作战时，为了识别敌我，把自己的眉毛染红，因此又被称为"赤眉军"。

22年，随着赤眉军不断发展壮大，王莽派太师王匡、更始将军廉丹率约10万军队进攻赤眉军。双方在成昌大战一场，结果赤眉军大破王莽军，廉丹被杀，王匡逃走。经过这场大战，赤眉军发展到10万余人，势力扩及青州、徐州、兖州、豫州各地。成昌的失利让王莽感到震恐，又急忙派大司徒王寻率领十多万人守卫雒阳，同时又派王匡、哀章率30万军队，严尤、陈茂率10万军队，合力对赤眉军发起进攻。正在这时，绿林军攻占昆阳，对宛形成围攻之势，不断向关中逼近。王莽被迫改派王寻等人率军南下，企图夺回昆阳，解除宛的包围。

23年，王匡、王凤等起义军首领推举刘𬙂的族兄刘玄为皇帝，国号"汉"，年号"更始"。昆阳大捷后，王匡率领绿林军的一支攻下雒阳，另一支在申屠建的率领下攻破武关，进入关中。24年，由申屠建率领的绿林军攻入长安。此时，长安城内的市民纷纷起来响应，举行起义。王莽逃到渐台，被起义商人杜吴杀死。随后，绿林军占领了整个长安城，王莽政权被推翻。

然而，刘玄进入长安后，很快就沉醉于奢靡的宫廷生活，生活奢侈腐朽，不问政事，政权逐渐落入旧贵族手中，王匡、王凤等将领开始受到排斥。不久后，刘玄借口绿林军不可靠，使用计杀死了申屠建、陈牧、成丹等起义军将领。王匡率领部分队伍进行反抗，但被刘玄打败。无奈之下，王匡率军投奔了赤眉军。至此，绿林军基本上面临瓦解。

另一边，刘玄借故杀掉刘𬙂后，刘秀为了保全实力，只得向刘玄谢罪，不敢为哥哥服丧。刘玄也因心有愧意，于是封刘秀为破虏将军。后来刘玄占据洛阳，派刘秀巡视黄河以北，刘秀始得脱离险境。刘秀来到河北后，打着"汉"的旗号，不断积蓄力量，壮大势力。后来他又攻破邯郸，杀掉西汉宗室拥立的王郎，势力日益长大。

25年，赤眉军30万人兵分两路向西进攻长安，一路由樊崇率领，一路由徐宣率领，试图取代更始政权。徐宣部由陆浑关进入关中，樊崇部从武关打进关中。两路军接连攻破刘玄军，在华阴附近会师。与此同时，他们拥立起义军中年仅15岁的西汉宗室刘盆子为帝，由徐宣任丞相，樊崇因不识字，任御史大夫，赤眉军的政权就这样正式建立了。

与此同时，刘秀率吴汉、邓禹等手下大将，在北方大破铜马等部，被关西人称之为"铜马帝"。投降的起义军首领，也都被他封为侯。刘秀通过这种软硬兼施的办法，将队伍扩大到几十万人。25年8月，刘秀在众将的拥戴下，在

汉光武帝刘秀
此图出自《历代帝王图》，传
为唐代阎立本画作。

鄗城即皇帝位，恢复"汉"的国号，年号为建武，史称东汉。

同年 9 月，赤眉军攻入长安，推翻了更始政权。不过在赤眉军进入长安时，长安已经残破不堪。赤眉军因缺乏军粮，四处找寻粮食，结果又遇到大雪，士卒因饥寒而死的极多。这时，刘秀派将领邓禹率军进入关中，对赤眉军发起进攻。赤眉军死伤惨重，于是决定离开关中。但当赤眉军向东撤出关中时，又被刘秀的大军堵在崤山谷底，大军死伤过半，余部只能退到宜阳，但又陷入刘秀军的埋伏。此时的赤眉军饥寒交迫、走投无路，樊崇最终被迫投降。

刘秀在消灭了赤眉军后，继续镇压其他几支农民起义军，先后荡平张步、隗嚣、公孙述等割据势力。建武十二年（36 年），东汉将领吴汉攻克成都，重新统一中国。

东汉的统治

刘秀继位之后，废除了王莽制定的制度和政策，基本上恢复了西汉时期的制度和政策，并重新推动政治、经济方面的发展。

首先是刘秀的内政。西汉后期，吏治败坏，官僚奢侈腐化严重。刘秀继位后，对吏治进行整顿，躬行节俭，奖励廉洁，选拔贤能担任地方官吏，并对地方官吏严格要求，赏罚从严。经过这番整顿之后，东汉的官场风气发生了明显改变。此外，东汉初年，国内的户口只有西汉时期的 3/10 左右，而当时的统治机构却和过去一样庞大。为节省开支，刘秀在建武六年（公元 30 年）下令对郡县进行裁并，减少地方官吏，节省了大量国家开支。

东汉初年，刘秀实施退功臣、进文吏政策。封功臣为列侯，给予他们尊崇的地位，同时解除了他们的实权。当时，除高密侯邓禹、固始侯李通、胶东侯贾复三人参与军国大事外，其余大多数列侯成为闲员，不担任职务。在退功臣的同时，刘秀又多次征召那些熟悉典章制度、懂得治理国家的隐士，如平帝时的高密令卓茂不仕王莽，刘秀征其为太傅，名儒伏湛也被征为尚书。

在官制方面，为了加强中央集权，刘秀一方面削弱三公的权力，另一方面加强尚书台的权力。三公的职位虽高，但徒有虚名，并没有实权。权力集中于尚书台，尚书台则直接听命于皇帝，皇权因此而得到加强。刘秀还将原来掌管公文发放的机构不断扩大，设立各种官吏并加强职权，使其成为皇帝的决策机构。此外，刘秀恢复了西汉时曾设置的三套监察机构，并有了进一步发展。它们分别是：一、御史台。由御史中丞主管御史台，掌监察。其下又设治书侍御史 2 人，掌解释法律条文；侍御史 15 人，掌察举官吏违法，接受公卿、郡吏奏事。御史中丞的权力仅次于尚书令。二、司隶校尉。在京师附近设司隶校尉，主管察举中央百官犯法者和本部各郡事务，并领一州事。司隶校尉既是京官，又属地方官。在参与议论朝政时，司隶校尉位在九卿之上；朝贺时，处于公卿之下。在公卿朝见皇帝时，尚书令、御史中丞、司隶校尉会同并专席而坐，称为"三独坐"。三、州刺史。东汉在司隶校尉辖区之外，分全国为 12 州，每州设有刺史一人。刺史于每年 8 月对所属郡国进行巡行，并将考察的情况于年终上奏皇帝。

在军队方面，刘秀废除了执掌地方兵权的郡国都尉，随后又取消了各郡国的轻车、骑士、材官、楼船士四种常备军，还取消了每年一度的都试制度。这些措施使郡、国的军队很少，无法进行作战，进行大的战争需要中央派遣军队。所以在削减地方兵力的同时，刘秀逐步扩大中央军队。中央军队主要有 4 支：在首都有 2 支，即南军和北军，南军主要掌守卫宫殿和侍从，北军主要保卫京师。地方上有 2 支，一支驻守在黎阳，由幽、冀、并三州兵骑合并而成，主要

东汉二十八宿全图
此图描绘的是帮助刘秀打天下的二十八位大将。二十八人正好对应天上二十八星宿，故称《东汉二十八宿全图》。

任务是守卫黄河以北，为首都洛阳北面的屏障；一支驻守在雍，主要任务是守卫三辅，为首都洛阳西面的屏障。

在社会、经济方面，东汉主要延续了西汉时期的政策，比较重视改善社会状况。奴婢问题是西汉中后期遗留下来的一个重要社会问题。刘秀在称帝后，曾多次下诏释放奴婢，并规定"凡虐待伤害奴婢，抗命不释放奴婢者以犯罪处置"。诏令免奴婢为庶人的范围适用于全国，主要包括了因贫穷而嫁妻卖子被卖为奴婢的，在王莽时期被非法没入为官奴婢者，或在战乱中被掠为私奴婢者等。刘秀释放奴婢、禁止虐待奴婢的政策，在一定程度上稳定了社会秩序，促进了社会经济的发展。此外，东汉初年，连年的战争和灾荒，导致生产凋敝、人口锐减，刘秀于是实行了与民休养生息政策，实行薄赋敛。30年，刘秀下诏恢复西汉前期三十税一的赋制，减轻了人民的负担。

在土地方面，为了加强朝廷对全国土地的控制，增加政府租税和赋役的收入，东汉实行了度田政策。39年，刘秀下令各州、郡，清查人们占有田地的数量和户口、年纪，以便国家对土地和劳动力的控制，同时也核查豪强地主的土地人口，以限制豪强大家兼并土地和奴役人口的数量，增加国家赋税收入。诏令颁布后，遭到了豪强势力的抵制，他们隐瞒田地和依附于他们的人口数量，反对朝廷进行清查。刘秀于是以度田不实的罪名诛杀了10多个郡太守，并下令加紧度田，结果引起了各地豪强大姓的反抗，一些地区甚至爆发了武装叛乱，史称"度田事件"。如此一来，刘秀只能发兵镇压武装叛乱，并采取镇压与分化相结合的政策。这实际上是一种妥协政策，度田政策随后不了了之，反度田斗争也逐渐平息了。

其次是刘秀对边疆少数民族地区的管理。东汉经过多年的征伐，基本上已经征服了四方蛮夷，乌桓、鲜卑相继派人入朝进贡表示愿意内属，西域鄯善、东师等 16 国也纷纷入朝侍奉，请求派驻都护。51 年，功臣朗陵侯臧宫、扬虚侯马武向刘秀上书，称朝廷应乘匈奴发生分裂、北匈奴衰弱之机发兵将其消灭。但刘秀却下诏说："今国无善政，灾变不息，百姓惊惶，人不自保，而复欲远事边外乎！……不如息民。"不久后，南匈奴主动要求内附，与东汉"和亲"，刘秀很快答应了这个请求。在统一天下之后，刘秀基本上没有再对外用兵，对边疆地区的少数民族政权也基本以安抚为主。刘秀的这些措施得到了广大人民的拥护，保证了社会秩序的安定，促进了经济的恢复与发展。

秦汉文化

秦汉时期是中国封建社会发展的第一个高峰时期，也是中国古代文化大发展的时期。光辉灿烂的秦汉文化为中国此后两千多年的封建文化发展奠定了基础。

经学和哲学

秦朝时期的"焚书坑儒"，使儒家经典大部分被毁，因此在秦代没有出现传授和学习儒家经典的学者。到西汉文帝时期，一些老儒依靠记忆，口头传经，弟子们就用当时通行的隶书将老儒背诵的经典本文和解释记录下来，这样的经典就是所谓的"今文经"。文帝时，开始设置经学博士，并由今文经学家担任。到武帝时，又设置五经博士，同样由今文经学家担任，在太学教授弟子，今文经学由此得以在全国范围内广泛传播。不过，由于今文经主要来自老儒的记忆，而每个老儒的记忆都有不同出入，解说时会出现差异，于是出现了一经有几家说法的情况，以此代代相传，逐渐形成了一些学术流派。

古文经是用秦统一以前的篆书抄写的经典。秦始皇在焚书时，人们将一些经典和古书埋藏起来，在西汉初期陆续被发现，这些新发现的经典就是"古文经"。到汉成帝时，专门设有官员负责收集古书，并进行整理。西汉末年，学者刘歆在整理古书时，发现古文经典不仅经文与今文经有差异，而且在篇章方面还要多一些。虽然古文经不得立学官，但在民间却广泛流传。古文经中虽然有一些内容是经过两汉学者篡改或增加的，但总体而言，它主要按字的形、音、义解经，极力恢复经的本义，没有作任意发挥，反而形成了系统的训诂方法。在西汉晚期至东汉初期，今文经与古文经两大学派进行了激烈的斗争，到东汉初期时，古文经在经学上占据上风，到东汉晚期两者则趋于合流。

两汉时期，在世界观上出现了唯心主义与唯物主义的斗争。唯心主义的代表人物为西汉中期的董仲舒，唯物主义的代表人物为东汉前期的王充。董仲舒是今文经学派的公羊学家，他的思想主要集中体现在《天人三策》和《春秋繁露》等书中。他反对天道自然观，对先秦的"天人同一"思想做了进一步发展，这个思想的核心是"天人感应"学说。董仲舒的宇宙观是唯心主义的，方法论是形而上学的。他的思想核心从维护封建中央集权的立场出发，神化皇权，为统治阶级服务。

董仲舒像

王充的代表作则为《论衡》，共有 85 篇。他认为元气构成了万物，而元气是一种客观存在的物质。他反对有神论，反对天人感应说，对古代的天道自然观做了进一步发展。他认为人有生即有死，人所以能生，是因为有精气血脉，人死则血脉衰竭，如同火灭，而鬼只不过是人们的一种幻觉。王充的论证方法是"引物事以验其言行"，这是比较科学的，但由于当时自然科学还没有大的发展，引作论据的事物不够充分，因此其结论难免会受到限制。不过，王充在评述社会问题或历史人物时，常常将其归为命，这就属于唯心主义了。

宗教

　　两汉时期的宗教主要有道教和佛教，两者大约在东汉时期开始流传。道教是发源于中国的传统宗教，主要由黄老学说与巫术结合而形成，以老子的《道德经》、庄子的《南华经》为主要经典。东汉末年，道教分为三大支派，一支为太平道，以张角为教主，在黄河南北传教；另一支为天师道，也称为"五斗米道"，以张修和张鲁为教主，在汉中、巴蜀地区传教；第三支也属于"五斗米道"，以于吉为教主，在长江下游两岸进行传教。道教的信徒多为贫苦农民，他们绝大部分也是东汉末期农民起义的主力。

　　佛教是古印度迦毗罗卫城净饭王太子悉达多在公元前6世纪创立的一个宗教。悉达多成佛后被佛教徒称为释迦牟尼，尊称佛陀，意思是彻悟宇宙、人生真相者。西汉末年，佛教就已经传入中国的长安。东汉明帝时，蔡愔从印度求得佛经归来，在洛阳建白马寺进行译经，从此中国开始有了汉译本的佛经。东汉末年，安息僧人安世高、月氏僧人支谶等相继来到洛阳，翻译佛经。佛教最早在贵族之间流传，到东汉末期，由于政治腐朽，民不聊生，佛教逐渐成为人们的一种精神寄托，开始在广大劳动人民中流传开来。

文学

　　秦汉时期的文学成就主要在散文、诗歌和赋等方面。

　　散文的代表作品为《史记》，其中许多篇传记生动具体地叙述和刻画了社会各个方面的事件或人物，开创了"纪传体"史学。鲁迅的一句"史家之绝唱，无韵之离骚"就形象地评价了《史记》在文学上的地位。两汉时期还出现了许多文字生动、说理深刻的政论文章，其中以贾谊的《过秦论》《治安策），晁错的《论贵粟疏》《守边劝农疏》最具代表性。此外，桓宽撰写的《盐铁论》是一部以讨论汉昭帝时期的盐铁政策为主要内容的著作，该书以对话的形式生动地记载了这场辩论的情况，语言精练、流畅，是一部优秀的对话体文学作品。

两汉时期的诗歌以《乐府》《古诗十九首》为代表作品。《乐府》又称《乐府诗》，是汉武帝时期由乐府采集民间诗歌选编配乐而成的诗集，在内容上反映了当时广阔的社会生活。两汉乐府诗开创了古代叙事诗可贵的战斗传统，抨击政治黑暗，表达对繁重徭役、横征暴敛的不满，反映了人民的悲惨遭遇及其坚强不屈的性格等。其中的主要作品有《战城南》《陌上桑》《平陵东》《十五从军征》《东门行》《思悲翁》《有所思》等。《古诗十九首》是东汉中后期中下层知识分子的作品，主要倾诉对生离死别、情感追求和仕途坎坷的社会感触。

赋是在两汉时期出现的一种新的文学体裁。西汉的赋起初以表达作者的思想感情为主，西汉中期以后，赋成为统治阶级歌功颂德的工具。这时期的赋篇幅都很长，称为大赋。代表作品有司马相如的《子虚赋》《上林赋》等。东汉时期的赋则篇幅较小，主要朝反映现实的方向发展，称为小赋。代表作品有张衡的《思玄赋》《归田赋》，赵壹的《刺世疾邪赋》等。

艺术

两汉时期绘画艺术有了很大的发展，且大多用于宫廷府寺的墙壁上和贵族、官僚、地主宅第的墙壁、墓壁上。绘画内容以神话人物、黄帝、尧、舜、夏商周三代兴亡及历史上著名的忠臣、孝子、烈士、贞女的事迹为主，此外，还记载有国君的贤愚、政事的成败等。长沙马王堆一号汉墓出土的彩绘帛画是两汉时期绘画艺术的代表作品。帛画内容丰富多彩，线条流畅，色彩鲜艳精细，人物神态自若，鸟兽栩栩如生，有着极高的艺术水平。

雕塑艺术在秦汉时期也出现了一些具有代表性的作品。秦始皇陵的兵马俑坑就是一座雕塑艺术的宝库。俑坑的兵俑有的身着短褐，有的外披铠甲，有的持弓，有的执剑，形象生动，生气勃勃。西汉雕塑艺术最有代表性的是霍去病墓前的石刻群，石刻群以巨大完整的天然石料顺势加工而成，其中的马踏匈奴形象生动逼真，最为著名。东汉时期的雕塑代表作品为 1969 年在甘肃武威雷

马王堆一号汉墓 T 型帛画

整个帛画以"引魂升天"的主题，分为上中下三部分——最上端画的是天国，中间为人世，下端为地下。整幅画色彩浓烈，寓意丰富，展现了高超的绘画技艺。现存于湖南博物院。

跪射俑

这件呈跪射姿势的兵马俑上身笔直挺立，下身右膝着地，表情神态生动传神，是已出土的兵马俑中的艺术精品。现存于秦始皇帝陵博物院。

台的一座墓葬中发现的铜马、铜俑。其中的马踏飞燕铜雕是中国古代雕塑艺术中一件极具代表性的作品。此外，东汉时期主要用于垒砌墓葬的画像石、砖，是中国最早的一批浮雕艺术，有着很高的雕刻水平。

史学

两汉时期，统治阶级在中央设置史官，编修历史，出现了一些史书作品，其中最具代表性的史书是《史记》和《汉书》。

《史记》的作者为司马迁，他的父亲司马谈在武帝时担任太史令，学识渊博。司马谈原本打算撰写一部史书，但还没来得及撰述，就因病去世了。司马迁继承了父亲的太史令职位，继续其父未能完成的撰写史书的事业。司马迁用了10余年的时间，忍辱负重，历尽艰辛，终于撰成《史记》。该书上起黄帝，下迄汉武帝时代，记述了3000余年的历史。《史记》以人物传记为主，以编年体和纪事本末体为辅，体例严整，内容丰富，是中国古代首部纪传体通史，为中国此后 2000 多年的正史编纂创立了规范。《史记》全书分为十二本纪、十表、八书、三十世家、七十列传，共 130 篇，不仅对皇帝、宗室贵族、外戚和官僚以及陈胜、吴广等农民起义领袖进行了记述和评价，还为当时的学者、医者、商人以及各阶层、行业的代表人物立传，又对礼乐、天文、历法、经济、水利、边疆地区民族等进行了专门论述。

　　《汉书》的作者为班固。班固的父亲班彪也是东汉时期著名的史学家，由于司马迁的《史记》只写到了汉武帝太初（公元前 104—公元前 101 年）年间，因此班彪不断收集史料，撰写《史记后传》，想要补足《史记》的西汉部分。但书未完成，班彪就去世了。后来，班固奉诏继续撰写父亲所作的《史记后传》。他用了 20 多年的时间，修成了《汉书》120 卷。该书分为十二纪、八表、十志、七十列传，开始于刘邦起兵，于王莽覆灭结束，记述了 230 多年间的历史事件和人物。全书仿照《史记》的体例，只是改"书"为"志"，废除了"世家"并将其列入"列传"。此外，班固在书中新创了《刑法》《五行》《地理》《艺文》四志和《百官公卿表》等。《汉书》是中国首部体例完整、内容丰

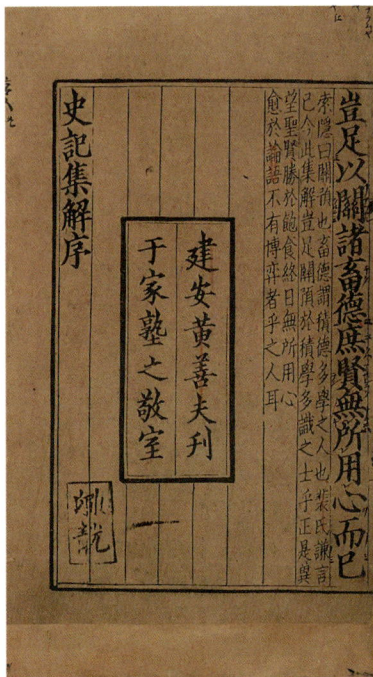

南宋建安黄善夫家塾刊本《史记》书影
南宋刻书家黄善夫刊刻的《史记》是现存最早的三家注合刻本，现存于日本国立历史民俗博物馆。

富的断代史，同时各传、志中还记载了许多关于学术、政论的文章。班固去世时，"八表"和《天文志》尚未写完，后由其妹妹班昭和史学家马续完成。

除了《史记》和《汉书》，两汉时期的主要史学著作还有《东观汉记》《吴越春秋》《越绝书》等。

数学和天文历法

秦汉时期，科学技术有了极大的发展。在数学方面，中国古代的第一部天文学和数学著作《周髀算经》于西汉中期成书。该书记载了较为复杂的分数算法以及开平方法，还用勾股定理以竿标测日影以求日高，成为中国现存文献中最早引用勾股定理的著作。大约在东汉前期，另一部重要的数学著作《九章算术》成书。该书分为九章：方田、粟米、衰分、少广、商功、均输、盈不足、方程和勾股。其中有关负数、分数计算，联立一次方程解法等是当时世界上最先进的数学解法。全书由 246 个算术命题和解法汇编而成，它的出现标志着中国古代数学形成了完整的体系。

在天文历法方面，西汉时期对星象的观测和认识有了很大的发展。在长沙马王堆汉墓出土的《五星占》中就记载了五大行星运行的内容。在一些汉墓中发现了二十八星宿图，其中还有关于太阳黑子的记载。这表明了西汉时期天文学的发达。在天体结构方面，两汉时期出现了三种说法，一是宣夜说，二是盖天说，三是浑天说，其中浑天说的说法对于天体结构的设想较为接近实际，史官大多采用了这种说法。

曾侯乙衣箱上的《二十八宿图》

东汉安帝时，太史令张衡掌天文，撰写了《灵宪》一书，对许多天文现象进行了比较准确的阐述。张衡在西汉浑天仪的基础上又设计了一种新的浑天仪，以漏水驱动，使浑天仪的转动与地球的周日运动相等，以此将天象准确地表现出来。此外，他还设计制作了最早的地震仪，称为"候风地动仪"。地动仪采用精铜制造，圆径八尺，形状像酒樽，内部设有机关，在 8 个方向都安有一条含有铜珠的龙头，龙的下方有一只蟾蜍与其对应。如其中一个方向有地震发生，该方向的龙头就会落入蟾蜍口中，由此便可测出发生地震的方向。可以说，张衡制造的浑天仪和地动仪，是世界科学技术史上的一大成就。

天文学的发展为历法的改进提供了基础。秦统一中国后，在全国颁行了《颛顼历》。《颛顼历》是一种四分历，以十月为岁首，闰月放在九月之后，称为后九月。该历一直沿用到汉武帝时期。到汉武帝时，修改历法，编成《太初历》代替了《颛顼历》。人们可以通过《太初历》校正朔望，预知日食。该历法还把二十四节气第一次收入历法中，对农业生产起了非常重要的指导作用。

医学与造纸

两汉时期，医学有了很大的发展。当时，在官府内设有医官，民间也出现了很多医师，大部分方士也兼通医术。西汉时期比较著名的医学家有淳于意、楼护等。淳于意曾任齐国的太仓长，精通医道，诊断疾病时还注意详细记录病案。他将典型病例进行整理，写出了中国医学史上第一部医案——《诊籍》。楼护则是西汉后期一位造诣很深的医学家，他少年时就熟读医经、本草、方术方面的书籍，在长安一带享有盛誉。

东汉时期最著名的医学家是张仲景和华佗。张仲景钻研《内经》《难经》等古代医书，广泛收集方剂，著有《伤寒杂病论》一书。到西晋时，王叔和又将其分为《伤寒论》和《金匮要略》二书，前者主要论述当时属于"伤寒"的病症，后者主要论述的是内科、妇科等常见病。张仲景从临床实际出发，吸收当时的医学成就，把以往的病因学说、脏腑经络学说和四诊、八纲等辩证方法有机地联系起来，总结出汗、吐、下、和、温、清、补、消等治疗法则，以及一些处方用药的医治方法，张仲景也因此被后世医家尊为"医圣"。

华佗大约与张仲景同时代，是中国古代杰出的外科医生，精通针灸技术。

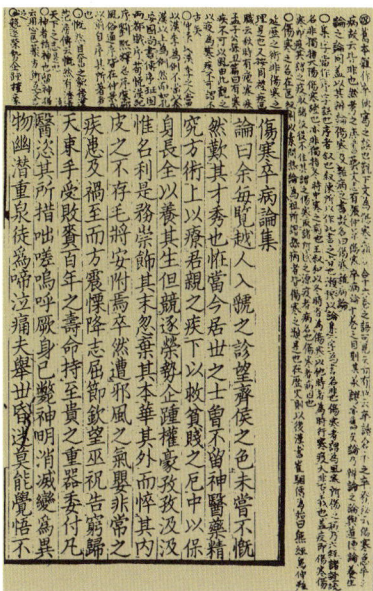

《注解伤寒论》书影

华佗在长期的医疗实践中，掌握和发展了麻醉学和外科手术学。他进行手术时，先给病人用酒服麻沸散，饮后有如麻醉，然后进行手术，再缝合伤口，敷上药膏，短时间内伤口便能愈合。华佗是第一位使用麻醉药进行手术的医学家，他的麻醉术在当时的世界上是最先进的。此外，华佗还模仿虎、鹿、熊、猿、鸟类的活动姿态，编成"五禽之戏"。五禽戏是以体育活动为主，与气功结合的健身运动。

《神农本草经》是成书于东汉时期的一部重要医学著作。该书共著录了365种药物，其中植物药252种，动物药67种，矿物药46种，是中国最早的一部较完善的药物学著作。

另外，位列中国古代四大发明之一的纸也出现在两汉时期。西汉中后期，宫廷内已经开始使用一种丝质纸，薄而小，称为赫蹏，在民间也出现了用植物纤维制造的纸张。东汉和帝时，宦官蔡伦改进了造纸方法，将树皮、敝布、麻头、渔网等植物纤维捣成浆液，制造出了质量较好的纸张。此后，蔡伦的造纸方法得到推广，所以后来人们都称纸为"蔡侯纸"。蔡侯纸由于成本低廉、平滑适用，成为后世人们的主要书写材料，对人类文化的进步产生了重要影响。

04

古印度文明

　　古印度是人类文明的发祥地之一。在这片古老的土地上，人类创造了不输于古埃及、古巴比伦和中国的璀璨文明，因此有人将其列入"四大文明古国"。不过，历史学概念上的古印度文明范围可要比今天的印度国家范围要大得多，其具体如何诞生、演变与发展，非常值得人们一探究竟。

印度早期文明：哈拉帕文化

古印度文明的最早阶段当属哈拉帕文明（约公元前 2350 年—公元前 1750 年），不过这一文明被发现得很晚。在 1922 年出版的《剑桥印度史》上，开篇说的还是吠陀时代后期，而那已经是公元前 1 千纪的事情了。幸好考古发现最终证实，在印度这片土地上还有比吠陀时代更久远的文明，这就是哈拉帕文化。

地理概况

在古代历史上，印度是一个地理概念，因印度河而得名，它指的是喜马拉雅山以南的整个南亚次大陆，包括了现在的印度、巴基斯坦、孟加拉国、尼泊尔、不丹等国家。它并不是一个政治概念，纵观历史，从未有一个国家以印度作为自己的国名。倒是其他地区的人，比如波斯人、希腊人将"印度"作为这里的泛称。中国古代对这里也有不同的称呼，《史记》《汉书》中称其为"身毒"，《后汉书》中称其为"天竺"。后来到了唐代，佛教学者玄奘认为身毒和天竺的称呼都不够准确，于是改译为印度。

从地理上看，古印度地理环境相对封闭：北面是作为"世界屋脊"的青藏高原和喜马拉雅山，西北是苏莱曼山和兴都库什山，西临阿拉伯海，东边是孟加拉湾，南边是一望无际的印度洋。这些在古代科技不发达之时都是不可逾越的障碍，只有西北部的一些山口是比较方便的对外通道。

古印度地域辽阔，不同的地区自然条件相差很大，基本可以以温迪亚山和讷尔默达河为界分为南北两部分。北部以东面的恒河流域和西面的印度河流域为主，这也是古代印度文明发展的主要地区。这两条大河的流域也有区别，印度河流域气候干燥，往往出河流灌溉区不远就是干旱的沙漠；而恒河则流经水资源丰富的地区，越往下游水量越大，在远古时这里是丛林茂盛的地方。南部地区则是一个多山的半岛，中间是山脉环绕的德干高原，气候相对干旱，只有东西两岸的沿海地带比较适合发展农业。而历史上，印度的南部地区就是发展相对较为缓慢的地区。

古印度地区很早就有了人类活动，在西北的旁遮普地区、中部的纳巴达河一带、半岛西部的孟买地区和半岛东南部的金奈等地都曾发现过旧石器时代的遗址。新石器时代的遗址就更多了，分布也更为广泛。大约在公元前 4 千纪末至公元前 3 千纪，信德、俾路支斯坦和拉贾斯坦等地开始进入金石并用时代。现代的考古发现已经证实，整个史前时期一直到文明出现的前夜，古印度都是有人类居住的。不过这些史前文化是谁创造的，现在还没有定论。只能说，他们当中可能有矮黑人、原始澳大利亚人、蒙古利亚人和达罗毗荼人，他们至今也还居住在南亚次大陆的不同地区。

哈拉帕文化的发现

前面提到过，在 1922 年《剑桥印度史》出版时，人类还不知道印度还有更古老的文明，不过也正是在这一时期，考古学家们开始在印度河流域有了新的发现。1921 年左右，考古学家们在旁遮普地区的哈拉帕发现了一处远古遗址，其中有不少文物，还有两枚印章。事实上，在 19 世纪，这里就发现过一枚年代十分久远的印章，不过当时并未引起人们的关注。时隔一年，人们又在信德地区的摩亨佐·达罗的一个佛教建筑废墟里发现了一处远古遗址，里面也有和在哈拉帕发现的印章很像的印章。根据遗址所在地区，这一新发现的远古文明被称为"印度河流域文明"，另外根据考古学上以首次发现文物的地点命名的惯例，这一文明又被称为"哈拉帕文化"。

从这以后，学者们在印度地区相继发现了更多的该文化遗址，可达上百处。分布范围大致是北起喜马拉雅山麓，南到讷尔默达河下游，西至现在巴基斯坦西南沿海地区，东到亚穆纳河上游。东西长约 1550 千米，南北长约 1100 千米，地域范围比早期的埃及文明和两河流域古文明的范围大得多。

哈拉帕文化是早已被历史尘埃所遮盖的文化，现在发现的后世文献中找不到关于它的一点记载，甚至连传说都没有。不过，考古学家们却在两河流域，

哈拉帕文化遗址

尤其是乌尔地区发现过有哈拉帕文化特征的印章，所以现在大致可以推测，大约在公元前 2350 年到公元前 1750 年间，印度河流域文明就与两河流域文明有过往来。后来根据碳 14 测年法对若干遗址发现的文物年代测定的结果推定，哈拉帕文化大约存在于公元前 2300 年到公元前 1750 年间，再具体地说，中心区域大概是公元前 2300 年到公元前 2000 年，周边地区开始得晚一些，结束得也晚一些，大约是在公元前 2200 年到公元前 1700 年。

哈拉帕文化一共发现过 2000 多枚印章，上面基本都有文字，有的多一些，有的少一些，有些是象形符号，也有一些可能是表示音节的符号，不过现在这种文字还没有释读成功，所以，人们现在只能根据考古发现的材料来揣摩这个远古文明的大体样子。

哈拉帕文化的创造者是谁，有很多种说法，由于文字还没有释读成功，所以到现在还没有定论。过去一种较为通行的说法是原始达罗毗荼人，或者是原始澳语人。近年来，有些学者从印欧语系的角度对哈拉帕印章上的文字进行解读，获得一些进展，因此他们提出哈拉帕文化的创造者是印度雅利安人。

哈拉帕文化的社会经济状况

农业是哈拉帕文化的主要经济部门。目前在哈拉帕文化遗址中已经发现了青铜镰刀、鹤嘴锄、燧石犁头等农具，可以推测当时种植的作物有小麦、大麦、豆类、蔬菜、芝麻、胡麻和棉花等。在印度河流域的遗址中没有发现过水

稻的踪影，不过在洛塔尔遗址中发现过稻壳，所以当时可能在水资源比较丰富
的地方也已经开始种植水稻了。椰枣和果品是当时人们常吃的食物，此外，牛
肉、羊肉、猪肉以及鱼类也已经摆上了人们的餐桌。当时的人们也已经开始驯
养牛、山羊、绵羊、猪、狗、驴还有各种家禽，至于马还无法判定，因为只在
摩亨佐·达罗遗址的表层发现过马的骨骼化石。

　　哈拉帕文化的手工业也很发达，其中两个重要的部门是纺织和制陶。不少
遗址里都发现了纺轮和纺锤，这些是当时纺毛和纺棉不可缺少的工具。遗址里
还发现过染缸，这说明当时的人们已经会给纺织品染色。据考古发现，当时的
制陶业是在陶轮上制成陶坯（也有手工制造的），然后送入陶窑烧制。陶窑呈
圆形，分为两层，上层放置陶坯，下层烧火，中间的隔层上有空洞，这样火焰
便可透到上层，效果甚好。现在发现的大量陶器中有各种日用器皿，也有一些
有图案装饰的器皿，做工精美。此外，冶金技术已经达到相当的水平。哈拉帕
文化属于青铜时代文化，虽然在各个遗址里都发现了不少石器，比如石臼、石
罐、石刀、石秤锤等，但是也发现了大量的铜器，比如镰刀、锯子、斧、凿、
鱼钩等生产工具，还有箭头、矛头、匕首等武器。当时金属的冶炼、锻造、焊
接已经有了较高的水平，人们不仅对铜器的加工，而且对其他金属如金、银、
铅、锡等的加工也很在行。出土的金银首饰包括项链、戒指、手镯、臂镯等，
都体现了当时工匠们的高超技艺。

　　商业在农业和手工业发展的基础上也发展起来了。当时手工业中的不少原
材料，比如各种金属都是从哈拉帕文化区之外输入的，像黄金可能来自南印度，
银可能是从阿富汗和伊朗远道而来，铜则可能来自南印度和俾路支斯坦等地。
陆路运输的主要交通工具是牛车。前面已经说到过，古代两河流域和印度河流

哈拉帕文化遗物

域可能有商业上的往来，这不仅体现在两河流域遗址中发现了一些哈拉帕文化特征的印章，事实上，在哈拉帕文化遗址中也发现了一些来自两河流域的圆柱形印章和金属制品。古代两河流域和印度河流域的贸易往来大概是走的海路，因为在哈拉帕文化的印章上发现了船的图案，可能这就是往来于两河流域和印度河流域之间的交通工具。

哈拉帕文化的城市

哈拉帕文化的上百个遗址中多数都是小村落遗址，不过能够将哈拉帕文化特色真正展现出来的还是城市遗址。不管是大城市还是小城市，它们都有一个特点，那就是可以分成卫城和下城两部分。众多城市遗址中保存比较完整的、规模较大的有两处，分别是哈拉帕和摩亨佐·达罗，后者保存得尤其完整。

摩亨佐·达罗，位于今巴基斯坦信德省拉尔卡纳县，靠近印度河西岸，于1922年开始发掘。摩亨佐·达罗西部是卫城，建于砖砌成的高台之上；东部是下城，是居民区和商业区所在地。一道宽厚的砖墙将卫城和下城围起来，使其成为一个整体。卫城的中心是一个宽大的公用浴池，长12米，宽7米，深2.4米，砖砌而成，表面涂有防水的沥青。浴池设有排水沟道，附近有水井，提供水源。这应当是当年人们在举行重大的礼仪之前集体沐浴的地方。浴池的西面是27排砖建筑物，设有通风孔道，这显然是谷仓。浴池的东北方向是一组建筑群，其中的一座大厅大概是这一地区最高首脑的官邸。卫城的南部还有一组建筑群，中心是一座会议厅，长宽都在25米左右。据推测，卫城大概

摩亨佐·达罗的骰子
出土于今巴基斯坦境内摩亨佐·达罗遗址的骰子。

是城市的宗教和行政中心，在危急时刻，比如有外敌入侵时，也可以作为固守的据点。

下城的规划更是井然有序。笔直的大街或东西向或南北向，将下城分为若干个街区。每个街区又有若干条小巷，也是整齐地或东西向、或南北向地排列着，与大街一起构成了一套整齐划一的交通网络。主干道可达 10 米宽，路口建筑物墙角成弧形，方便交通往来。据推测，当时晚上可能已经出现了路灯照明，因为街道上有不少灯柱。城市排水设施齐备，埋藏在地下的排水管道用砖砌成，上有砖或石板作为顶盖。沿街建筑物设有沿街的窗户，但一般门不沿街，都开在小巷里。

当时的住宅有明显的贫富差别。首先是占地面积大小的区别，有的只有两间小房；有的则是以院子为中心，周围还有不少房屋；还有的更小，好像部队营房一样的单间住房，大概是穷苦人的住处。其次是楼层和浴室设置的区别，有的能看出来楼梯的残迹，说明至少有两层。富人的家里还会设有浴室，浴室的地面不会漏水，有一定的坡度，使水流向墙角再顺着管道流到下水道中。穷人因为住的是非常简陋的平房或茅舍，就没有这些可供享受的设施了。富人家里完善的排水系统也显示出了当时城市设计的高超水平。

卫城内的巨大公共建筑物，还有粮仓等设施显示出当时已经存在掌管支配权力的机构。现在根据城市遗址的规模推测，当时的摩亨佐·达罗和哈拉帕各自大约拥有 35000 人，是典型的规模不大的城市国家，由中心城市和周围的一片农村组成。这两座城市距离 644 千米（哈拉帕位于今巴基斯坦的旁遮普地区，拉维河东岸），大概是两个国家的都城，或者是两个城邦统治者的都城。

哈拉帕文化的神秘衰亡

哈拉帕文化的创造者是个谜团，为何衰亡同样也是个谜团。现在只知道大约在公元前 1750 年以后，哈拉帕文明开始衰落。目前比较有影响力的说法有两大类。一类是自然环境恶化说。有些学者认为，信德地区雨量减少，干旱日益严重，居民不得不迁移到别的地方；还有的学者认为，是印度河改道，所以原来肥沃的河谷地带变成了荒漠，人们不得不撤离。其他也在推测之列的自然因素还有地震、泥石流、旋风等。另一类是外敌入侵说。比如雅利安人的入侵导致了哈拉帕文化的衰亡，这种说法曾盛行一时。这两类观点都有一定道理，也都有说不通的地方，比如自然环境恶化说无法解释如此广阔的土地上的城邦为何会同时衰亡，毕竟自然环境恶化的范围是有限的；而雅利安人的入侵大约是在公元前 1500 年以后，这时哈拉帕文化已经衰亡 100 多年了，这一观点也难以自圆其说。所以，哈拉帕文化为何衰亡，至今还是一个未解之谜。

在哈拉帕文化末期，摩亨佐·达罗等城市遭到破坏，一些居民开始向东面和南面迁移，可以说，哈拉帕文化在印度古吉拉特邦、旁遮普邦、哈里亚纳邦和北方邦西部的某些地区又残存了一段时期，有可能维持到了公元前 1000 年左右。不过，他们的陶器类型和哈拉帕文化主要时期的有所区别，一般学者们将残存的哈拉帕文化称为"朱卡尔文化"，又称"后哈拉帕文化"。

吠陀时代

哈拉帕文化衰亡以后，古印度历史进入了"吠陀时代"。"吠陀"一词的原意是知识，指神圣的或者宗教的知识，具体指的是包含大量知识的宗教文献，所以后世将这些文献所反映的时代称为"吠陀时代"。这个时代大约从公元前 1500 年持续到公元前 600 年。

外来的雅利安人

哈拉帕文化只存在于丰富的考古材料当中，没有任何文献资料可供参考。吠陀时代却正好相反，迄今为止，基本没有发现重大的吠陀时代遗址可供参考，但是却有丰富的吠陀文献留存。吠陀文献主要有四部经典，一般称为"四吠陀"，分别是《梨俱吠陀》《娑摩吠陀》《夜柔吠陀》和《阿闼婆吠陀》。其中，《梨俱吠陀》是一部赞颂神祇的诗歌集，它诞生的时间最早，大约成书于公元前 12 世纪到公元前 9 世纪之间，其中有些部分可能年代更为久远，在公元前

1500 年左右就已出现。《梨俱吠陀》反映的这段时期被称为"早期吠陀时代"，即约公元前 1500 年到公元前 900 年。《娑摩吠陀》《夜柔吠陀》和《阿闼婆吠陀》诞生的时间相对较晚，其反映的时期（约公元前 900—公元前 600 年）被称为"晚期吠陀时代"。在晚期吠陀时代还出现了《梵书》《森林书》和《奥义书》几种对吠陀进行解释的文献。

编撰吠陀文献的人们自称"雅利安人"，意思是"出身高贵的人"，他们称自己的敌人为"达萨"，说他们没有鼻梁、皮肤发黑、说着邪恶的语言和不敬神灵。在吠陀文献中，雅利安人还被称为"雅利安瓦尔那"，达萨则为"达萨瓦尔那"，"瓦尔那"就是颜色的意思。从中可以看出，他们是在头型、肤色、语言和宗教等方面都不相同的两个种族。吠陀文献中还有不少赞颂雅利安人在神祇的帮助下，攻下达萨人的城堡，杀死他们，获得胜利的诗歌。这些语系上属于印欧语系的"雅利安人"的来路现在还不确定，一种比较通行的说法是，他们不是印度本地居民，"达萨"才是。雅利安人实际上是从古代印度的西北方侵入到印度河流域的，并逐渐在这里占据了统治地位。

雅利安人是欧洲 19 世纪的文献中对印欧语系各民族的一个总称。从现在发现的印度和波斯古代文献中可以得出一些信息，即在远古的中亚地区，曾经存在一个自称"雅利安"的部落集团，他们从事畜牧业，擅长骑射，有父系氏族组织，崇拜多神。在公元前 2000 年到公元前 1000 年左右的时间里，这个部落的一支迁入小亚细亚地区，一支转向西南进入波斯，另一支则进入了印度河上游流域。自 18 世纪以来，欧洲的语言学者们在发现梵语和希腊语、拉丁语、日耳曼语、斯拉

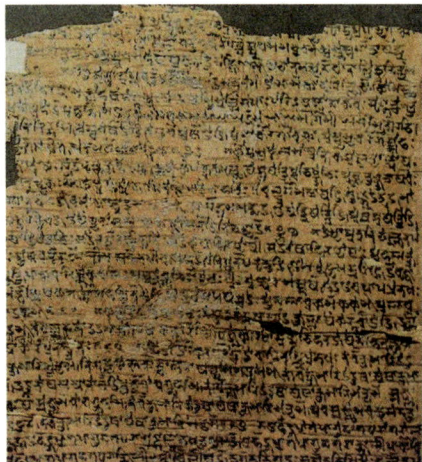

《梨俱吠陀》

夫语等语言存在共同点以后，就用"雅利安语"来概括这些语言。在近现代，某些极端民族主义者宣扬种族歧视观点，认为雅利安人，尤其是雅利安人中的日耳曼人是世界上最高贵的种族，其他民族都是劣等民族。实际上，说印欧语系的诸多部落，也就是雅利安人，曾经流动于亚欧大陆的广大地区，不同种族的人在交往过程中使用了相近似的语言，血缘上自然也不断地在融合，所以，所谓"天生高贵"的雅利安种族是根本不存在的。

古代印度地区也是雅利安部落迁徙到的地区之一，他们大概是从伊朗经喀布尔河一带的谷地进入古印度的西北地区。雅利安人原来是游牧部落，迁入印度河流域以后逐渐定居下来，过上了从事农业生产的生活。

早期吠陀时代和晚期吠陀时代

早期吠陀时代大约从公元前1500年持续到公元前900年，当时的人们主要分布在旁遮普地区和北方邦的西部边缘地区。原是游牧部落的雅利安人过上了定居农业的生活，一开始，畜牧业还在他们的经济生活中处于主导地位，不过也渐渐让位于农业。雅利安人蓄养牛、山羊、绵羊、骆驼以及象等动物。牛的用途很多，雅利安人会把牛粪做成饼状，之后作为燃料使用。在农业上，雅利安人开始使用两头牛拉犁耕地，还会为土地施肥，使用镰刀收割庄稼，也会建设一些简单的水利设施。小麦和大麦是他们的主要农作物，可能当时尚未种植水稻。

当时的手工业也具备了一定的水平。木匠、铜匠、金银匠等手工业者已经开始懂得分工制作车辆、农具、青铜工具和金银饰品等物品了。考古发现显示，在早期吠陀时代后期，铁已经出现在雅利安人的生活当中，但还是稀罕之物。人们已经开始以物易物，牛、金属或者装饰品都可以作为交换媒介。

早期吠陀时代的雅利安人还处于原始部落阶段，氏族部落下面的单位是村，每个村又有若干家族。一个家族当中由男性家长领导，不过妇女的地位和男子基本平等。氏族部落通过各种会议讨论、决定各种事情。在早期吠陀时代晚期产生了两种相对特殊的会议，在《梨俱吠陀》中它们分别叫作"萨巴"和"萨米提"，前者是贵族长老会议，后者是全体战士会议，这两个会议和军事首领构成了雅利安人军事民主制的权力机构三大要素。

当时私有制已经产生，牲畜等动产分属各个家庭所有，耕地也分配给各个家庭耕种。贫富差距也已经出现，还不起债务的穷人需要为富人服劳役以抵债。战俘是奴隶的主要来源，所以雅利安人的敌人"达萨"顺理成章地也成了奴隶的称呼，男奴叫"达萨"，女奴叫"达西"。除了战俘以外，欠债而无法偿还的人也会沦为奴隶。不过，当时社会生产劳动的主力军还是自由的氏族部落成员，奴隶只是辅助性的、次要的。另外，还有学者认为，在早期吠陀时代已经出现了等级制度的萌芽。

到了晚期吠陀时代（约公元前900—公元前600年），雅利安人的活动范围有了变化。原来活动于印度河上、中游和恒河上游一带的他们开始向东、向南扩展，整个恒河流域还有讷尔默达河流域都留下了他们的足迹。

晚期吠陀时代经济发展的一个显著特点，就是铁器的推广使用。《阿闼婆吠陀》中经常提到一种"黑色的金属"，指的就是铁。在恒河上游的密拉特附近的一处遗址中，出现了一些这一时期的铁矿石和熔渣，这说明当年的铁器就是在这里冶炼生产出来的。当年的恒河下游是一片茂密的原始森林，铁器的广泛使用为雅利安人对该地的大力开发提供了有利条件。

农业在原有基础上也得到了进一步的发展。文献中提到，当时有一种卧式的犁，竟然可以用6头、8头、12头甚至24头牛来牵引犁地，这么重的犁自然可以做到深耕。施粪肥、修建水利灌溉系统也在原来的基础上有了不小的进步。当时的人已经懂得根据庄稼的不同特点在不同的季节进行种植，比如稻子

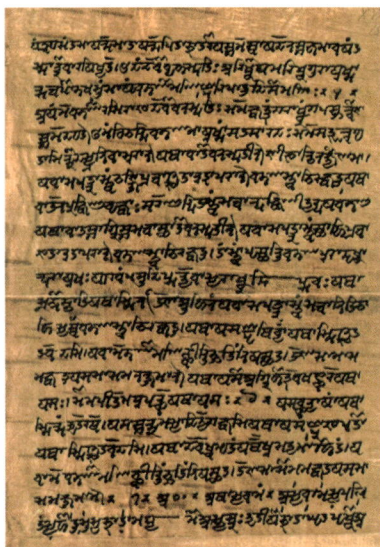

《阿闼婆吠陀》

要夏天耕种秋天收获，大麦则是冬天耕种夏天收获。畜牧业在经济生活中也还有一定的地位。牛是最重要的牲畜，毕竟它不仅可以作为耕种的劳动力，还可以提供牛奶、牛肉作为食品。

当时的劳动分工更加明确。在一份《梵书》中列过一份职业清单，其中有守门人、驾车人、侍者、鼓手、织席人、铁匠、农夫、造弓弦人、木匠、樵夫和守火人等职业，在其他的文献里还提到过高利贷者、吹火人、摆渡人、洗衣人、奴仆、陶工、剃头工、撑船人、厨工等等，粗略一数已有几十种，同时也能看出来在晚期吠陀时代已经存在剥削者和劳动者了。

商业在农业、手工业的发展基础上开始兴起。往来各地的商人们的主要运输工具是牛车，走水路时则用船运输。象和马也开始用于货运。商品交换时可以用物换物，也可以用黄金等金属交换。当时的人们已经知道在古印度地区的东西两侧存在海洋，即孟加拉湾和阿拉伯海，但是现在还不清楚他们当时是否已经开始从事海外贸易。

种姓制度的成形和国家的出现

晚期吠陀时代的阶级关系和早期吠陀时代的已经有了较大的变化。一个较为突出的现象就是种姓制度的出现。种姓制度是中国古代文献中对印度的一种复杂社会等级制度的泛称，包括瓦尔那制度，还有后来从中衍生出的阇提制度。在西方文献中，这种制度一般被称为"喀斯特制度"。

种姓制度的历史可以追溯到早期吠陀时代。现在通行的说法是，雅利安人是从外地迁来古印度地区的，他们统治了本地的"达萨"们。雅利安人自称"雅利安瓦尔那"，雅利安有"高贵""富有"的意思，而原来的本地居民则被称为"达萨瓦尔那"。后来，雅利安人内部也进一步分化。在早期吠陀时代末期，他们分化为两部分：平民和氏族贵族，前者被称为"吠舍"，后者被称为"罗阇尼亚"。有一部分氏族贵族专门从事祭祀活动，他们又被称为"婆罗门"。就这样，入侵的、占统治地位的雅利安人和本地的居民分属不同的阶层，雅利安人内部又一分为二，其中之一的氏族贵族又分化出一个祭司贵族阶层，这也就是后来的四瓦尔那制度雏形。

在晚期吠陀时代，四瓦尔那制度正式形成，婆罗门教的典籍中对四个瓦尔那的地位、权利和义务作出了明确的规定。

处在最高层的是婆罗门，他们主要掌管宗教祭祀，担任各个层级的祭司。他们中的一些人也参与政治，比如有的婆罗门就做了"普罗希塔"，即国王的顾问。一般情况下，婆罗门通过占卜等宗教手段对政治施加影响。

处在第二层的是刹帝利，他们是从"罗阇尼亚"发展而来的。刹帝利是以国王为首的大小军政贵族，掌握着军政大权，武士是他们的基本职业。婆罗门和刹帝利都不用从事生产劳动，也不用缴纳赋税。

处在第三层的是吠舍，基本就是平民，从事着农业、畜牧业、商业等工作。他们没有任何特权，要以布施（捐赠）和纳税的形式供养以上两个阶层。不过，吠舍还是雅利安人氏族部落公社的成员，他们有资格参加公社的宗教仪式，和前两个阶层一样属于"再生族"。

处于最底层的是首陀罗，他们是从"达萨瓦尔那"发展而来的。大部分首陀罗都是非雅利安人，不过也有一部分是因为穷困潦倒等各种原因而失去公社成员身份的雅利安人。首陀罗无权参加宗教仪式，不能得到所谓的第二次生命（宗教生命），也就不是所谓的"再生族"，他们是"一生族"。首陀罗从事着农、牧、渔、猎和其他当时被认为是低贱的各种职业，他们是地位低下、已经接近奴隶的底层平民，其中有的人甚至已经丧失了生产资料，沦为雇工甚至奴隶。从以上介绍中可以看出，婆罗门和刹帝利是统治阶级，吠舍和首陀罗是被统治阶级。

在早期吠陀时代，瓦尔那制度还处于雏形阶段，瓦尔那之间的界限还没有那么森严，一家人可以从事不同的职业，一个人属于哪个瓦尔那也没有严格的规定。不过到了晚期吠陀时代，瓦尔那制度正式形成以后，情况就大不一样了。人的社会地位是世代相传、不可改变的，各个瓦尔那的人都要世代从事规定的

吠陀时代建筑

职业，不可更改。原则上，各个瓦尔那之间严禁通婚，但是在实际生活中，地位高的男子可以娶地位低的女子为妾，但是地位低的男子娶地位高的女子为妻是被严格禁止的。在法律上，各个瓦尔那的地位显然不平等，地位高的人伤害了地位低的人所受的处罚远比反过来的情况轻。

社会阶层分化自然带来了阶级矛盾，原先的军事民主机构已经无法胜任现在的职责，它们渐渐地演变成了阶级统治的机构——国家。罗阇也从军事首领变成了世袭的君主。以国王为首的贵族和官吏们统治着国家，在文献中提到过的辅助国王的人有作为顾问的婆罗门、军事贵族、军事长官、村长、司库和收税人等，同时国王本人也开始出现神化的苗头。

不过晚期吠陀时代的国王权力还很有限，还不是专制君主。在一份文献中记载了这样一个故事：诸神和魔鬼们发生战争，诸神屡战屡败，他们总结原因，认为是缺少一个首领、一个王来统领自己，于是他们选出了一个王。在王的领导下，诸神打败了魔鬼。这个神话可以反映出当时的社会状况，国王是因为某种需要而被选出来的。当时的国王权力受限，他们必须遵守法律，加冕的时候要宣誓忠于法律，不得独断专行。文献中还提到过国王被罢黜、重选国王和某个国王复位的事情，这些都可以证明当时的王权还很不稳固。萨巴和萨米提会议也还存在，虽然重要性已经不如早期吠陀时代了，但是它们对王权还是一种限制。

关于在晚期吠陀时代时国家形成的具体过程，现在还没有十分详细的历史材料。通常来说，刚从部落发展过来的国家规模一般都很小，而从整个印度地区的角度看，这样的小国家也有很多。大约在公元前 7 世纪初，从印度河上游到恒河中游出现了一些重要的国家，它们包括乌希纳拉、玛蹉、马德拉、迦尸、憍萨罗、居楼、般阇罗、犍陀罗、克迦耶、毗提诃等。也正是从这时起，吠陀时代走向终结，古印度地区开始进入列国时代。

列国时代

从公元前 6 世纪初，到公元前 324 年这几百年间，古印度地区处于邦国林立而没有一个强大统一国家的时期，因此，这一段历史被称为古印度历史上的"列国时代"。佛教的早期典籍为人们了解这一时期的情况起到了不小的作用，所以这一时期又被称为"早期佛教时代"或"佛陀时代"。

"十六国"时期

古印度历史久远，现代人了解起来很不容易，这其中的主要原因是传世的可靠资料较少，缺乏明确的年代记录等比较详细的历史资料。不过到了公元前 6 世纪时，情况有了改变，因为西方崛起的波斯帝国和马其顿帝国先后入侵过印度，所以从公元前 6 世纪到公元前 4 世纪的印度历史大体时间框架得以确定，而从这一时期的佛教和耆那教的文献中也可以窥见当时的一些端倪。

根据佛教文献记载，这一时期在印度北部存在着"十六大国"，大部分在恒河流域，少数几个在印度河流域，它们分别是：鸯伽（今印度比哈尔邦东部）、摩揭陀（今印度比哈尔邦南部）、迦尸（今印度北方邦，以上三国自东至西分布在恒河三角洲西南岸）、憍萨罗（迦尸西北）、跋阇（即弗栗恃，摩揭陀以北）、摩罗（憍萨罗东北）、跋蹉（即梵萨，迦尸以西）、支提（跋蹉以西）、般阇罗（憍萨罗西北）、居楼（般阇罗西北）、婆蹉（居楼以南）、苏罗娑（居楼以南）、阿般提（支提西南）、阿湿波（阿般提西南）、犍陀罗和剑浮沙（以上两国在西北方印度河上游，近今阿富汗）。

事实上，耆那教文献中也有十六国之说，不过和佛教文献中提到的不尽相

摩揭陀王国遗址

同。其实当时古印度北部地区邦国林立，国家众多，远不止 16 个，而且上面列出来的国家有些也是时分时合，并不是一成不变的。众多国家中比较重要的有摩揭陀、迦尸、憍萨罗、跋阇、犍陀罗等。

古印度地区的西邻、新崛起的波斯帝国对古印度的政治格局影响很大。早在吠陀时代，曾是雅利安人中心地带的旁遮普地区就一度被波斯帝国统治，建立了波斯帝国的居鲁士二世曾经也征服过兴都库什和犍陀罗一带，后来大流士一世也曾远征印度，直抵印度河口。所以，一直到公元前 4 世纪波斯帝国灭亡，旁遮普地区还有印度河以西地区一直都为波斯人所统治。

古印度的政治重心在不断东移。恒河上游一带在晚期吠陀时代也曾是雅利安人的活动中心，不过到了列国时代，地处恒河中下游的憍萨罗、迦尸、摩揭陀等国才是古印度政治舞台上的主角。

政治状况：君主国与共和国

列国时代的众多国家按照政治制度分，可以分为君主国和共和国，其中前者在十六国中占了大多数。

在君主国中，国王掌握着军政司法大权，在国王之下有各级官僚辅佐国王一起统治国家，比如地位仅次于国王的国王顾问"普罗希塔"。不过在一些君主国里，地位仅次于国王的是大将军"森纳帕提"，而有的时候大将军由王子出任，所以他们的权力就更大了，不仅掌握军事大权，还有一定的司法权力。

大臣们分工明确，分别掌管审判、军队等事务，他们被称为"摩诃摩特罗"。还有一些负责协助国王进行审判的法官，他们被称为"维耶瓦哈里伽"。列国时代，城邦林立，征服和兼并经常发生，而一些兼并了别国地区的国家就会在该地区设总督或者"副王"统治，一般都由王子担此重任。相对于吠陀时代，列国时代的王权明显加强，已经有了君主专制的趋势。

在十六国中，共和国只有跋阇和摩罗两个国家，但是在其他小国中却有不少共和国，比如佛陀的故乡释迦共和国（今尼泊尔境内蓝毗尼一带）、科利耶共和国（释迦以东）、莫利耶共和国（释迦以南）等等。当时的各个共和国各有各的特点，组织形式并不完全相同。释迦、科利耶等国都是由一个部落组成的，而跋阇却是由八九个部落联盟组成的。尼沙国的统治者是一个首领和一个由三百人组成的会议，属于寡头政体；而帕塔勒尼则有两个国王，且国王世代都是从这两个家族中选出来的，另外还有一个长老会议掌握最高权力，这和古希腊的斯巴达很像，也是寡头政体的一种形式。在释迦国，选出来的首领叫罗阇（佛经中一般将这个词译为王），但是如果有军国大事，还得由全族大会开会决定。跋阇共和国由八九个部落联盟组成，这些部落还保持着独立的地位，也拥有各自的议事会。所以说，这种"共和"还是统治阶级内部的共和，而不是全体国民的共和，那些低级种姓的成员还有雇工、奴隶们是没有资格参加议事的，共和国的民主共和只是刹帝利种姓的民主共和罢了。没有世袭的君主，且议事会作用很大，这是各个共和国共同的特点，也是它们和君主国的基本不同点。

在列国时代，君主制和共和制一直并存，不过从整个历史趋势看，君主制更占优势，也最终将共和制取而代之。

经济状况

列国时代，农业是社会经济的主要部门，农村人口占了人口的大多数。个体家庭为最小的劳动单位，一个村子的家庭组合起来，就是一个自给自足的单位。修建水利、交通等设施通常由全体村民一起动手。每个村子也都有公用的牧场，村民们一般都把牲畜集中起来，委托一位懂得牲畜习性的牧人来统一放牧。农业中的主力军是吠舍，不过在共和国中也有耕种土地的刹帝利。各个村有自己的村议事会管理内部事务，议事会选出来的首领就是村长，他代表国王征收土地税，一般在收成的 1/6 至 1/12 之间。村长还负责村内的一些法律事务，组织村民兴修各项设施等。

此外，手工业也发展得更加细化、专门化，而且在一些重要的行业还出现了行会，每个行会都有一个领头人，通常是能够接近国王的有权有势的人。列国时代的商业已经比较繁荣，出现了一些有代表性的城市，如摩揭陀的王舍城、跋阇的吠舍离城、憍萨罗的舍卫城和阿逾陀城、迦尸的波罗祇斯城、鸯伽的赡波城、跋蹉的憍赏弥城和犍陀罗的呾叉始罗城等。当时一部分商人组成商会，目的是控制价格，谋求更高的利润。以物易物早已淘汰，金属铸币已经出现，以银币和铜币为主，部分文献中也提到了金币。

商品货币关系的发展不可避免地改变了列国时代社会阶层的划分。最明显的一点就是已经不能根据原有的四个瓦尔那身份来判断一个人的实际地位了。婆罗门作为最高种姓，本应是神权贵族，但是这时有的婆罗门成为使用奴隶劳动的奴隶主，还有的甚至沦为贫困的农民了。佛经中也说过，有不少婆罗门当了医生、信差、税吏、樵夫、商人、牧人、屠夫和侍卫等等，而这些原来都是下等种姓的人才从事的职业。还有的婆罗门甚至沦落到靠着赌博、斗鸡斗狗、算命相面等方式过活。其他的三个瓦尔那也都是一样。瓦尔那内部分化严重，简单的四个瓦尔那的划分已经不符合当时社会的实际情况了。曾经，婆罗门作为神权势力属于第一种姓，手握实权的刹帝利屈居第二，而在列国时代，势力日益增长的刹帝利以及吠舍的上层人士对享有特权的婆罗门越来越不满，同时，处于社会底层的大部分吠舍和首陀罗们，因受尽统治者的压榨剥削，自然也对现实社会秩序不满，渴望着改变。

当时的奴隶制度已经有了很大发展，虽然没有具体的奴隶数量统计，但是可以推定，当时的宫廷里和贵族家庭里都有不少奴隶，农业生产劳动中也有奴隶们的身影。不过，当时的种姓制度已经成为限制奴隶制度发展的障碍。奴隶制下的奴隶或奴隶主的身份仅与本人的实际经济情况有关，自由人甚至是曾经的大奴隶主在衰败之后也有可能沦为奴隶，而奴隶也可能在机缘巧合下被释放成了自由人，甚至自己也拥有了奴隶。但是，种姓制度下的身份却是世袭的、永久不变的，贫穷流浪的婆罗门依旧是最高种姓，依旧享有各种特权，而那些成了奴隶主、富翁的吠舍社会地位依旧低下。

奴隶制度在当时的社会是进步的制度，而落后腐朽的种姓制度已经成为限制社会发展的桎梏。随着经济的发展，阶级分化带来了尖锐的阶级矛盾。现在虽然没有可靠的史料记载当时的阶级斗争情况，但是通过佛经中的一些故事也可以了解一些信息。《佛本生经》中有这样一个故事：贝拿勒斯地方的一个国王宠信一个婆罗门，让他去掌管司法，但是这个人却贪赃枉法。冤屈的民众到王子那去诉说冤情，请王子为他们做主。王子于是纠正了那个婆罗门的错误判决。之后，那个婆罗门对王子怀恨在心，开始在国王面前进献妖言，蛊惑国王用王后、王子和公主们牺牲祭神，这样国王就可以升天。一心想要升天的国王竟然相信了，他不仅把王后、王子、公主们都抓来，还另外抓了四个大商人。他的暴行激起民愤，百姓奋起反抗，最终杀死了那个作恶的婆罗门，放逐了昏庸的国王，拥立王子为王。这个故事表明，当时的统治阶级和被统治阶级之间的矛盾相当尖锐，下层民众已经开始有了反抗残暴统治的愿望。

社会思潮：反婆罗门教

列国时代，社会关系的变化及阶级矛盾也在意识形态领域反映了出来。毕竟在社会需要变革、社会矛盾比较尖锐之时，思想领域总是随之活跃的。当时兴起的各种思潮虽然可以说是百家争鸣，但是又都有一个共同的特点，那就是反婆罗门教。

婆罗门教成为众矢之的是有原因的，从根本上说，此时的种姓制度已经不符合社会发展前进的要求，被淘汰是必然的。但是婆罗门作为从这种落后制度中获益最大的阶层，自然不愿顺应时代潮流而主动作出改变。另外，作为神权势力代表的婆罗门阶层的堕落也是婆罗门教被攻击的主要原因之一。那些贪得无厌的婆罗门祭司们为了中饱私囊而大肆搜刮民财时，他们的手段就是打着神灵的旗号招摇撞骗，让信众献祭。很多普通人因不堪婆罗门的压榨而破产，他

《佛本生经》中描述的故事

们自然会对婆罗门阶层越来越反感。

当时的印度思想流派很多，佛教文献中说当时有"六十二见""九十六外道"，不过因为缺少可靠的文献传世，现在已经无从知晓当时的各学派以及其思想主张。目前已知的，当时最有影响的意识形态势力有 4 种，分别是斫婆迦派、阿什斐迦派，还有新兴的耆那教和佛教。

斫婆迦派是一个朴素唯物主义学派，在佛教中被称为"顺世外道"。这一学派没有著作流传后世，现代人只能从其他学派的文献中寻找他们的踪迹。斫婆迦派认为，世界万物都是由地、水、火、风四大物质所组成的，生命和其他物体一样，都是符合这四大物质的产物。人的死亡就是原来组合成生物的物质的离散，所以根本没有什么灵魂、来世，人的死亡就是所有的终结。所以，斫婆迦派主张珍惜生命、及时享乐。斫婆迦派也不承认《吠陀》等所有婆罗门教的文献，他们的理论也从根本上否定了一切宗教的基础，可以说他们的观点是一种朴素的唯物主义观点。

在认识论上，斫婆迦派否定了推理的有效性。他们注重直接的感性认识，认为除了直接被感知的事物以外再没有可以确信的东西，这是因为他们认为间接认识的中间环节存在不可靠的因素，自然会导致认知结果的不可靠。一般来说，斫婆迦派肯定直接的感性认识是正确的，但是彻底否定了间接知识和推理，这就陷入了一个错误的极端。

斫婆迦派的论敌们抨击他们彻底否定宗教，没有道德责任感。但其实是不公平的，毕竟当时的斫婆迦派的代表人物是阿耆多·翅舍钦婆罗，在佛经中他被列为六师之一，即六个学派的领袖之一。

阿什斐迦派和斫婆迦派正相反，这是一个主张宿命论的学派，代表人物是末伽黎·拘舍罗，也是六师之一，据说他曾师从耆那教的实际创立者大雄，后来因为意见不合而另创一派。阿什斐迦派认为，这个世界上的一切都是在已经安排好的轨道上运行着的。这个世界最根本的元素是"生命单子"，世间万物都是由生命单子构成的，每一个生命单子都要重复再生 84000 次，先从最低端的以太、气、火、水、地的基本分子开始，逐步经过地质的、生物的、动物的、最后是人的各种形态。每个生命单子在各个阶段的一切轨迹，包括重生次数、每次重生的时间，甚至每个生命单子之间的关系也都是安排好的。从人的角度来说，他的一生也都是安排好的，人的意志和行为并不能干涉到整个过程，即便肯刻苦修行，也只能说明这个人在生命过程中已经比较超脱，甚至一个人是否超脱，也是事先安排好的一部分。可以说，阿什斐迦派的主张是消极的，它虽然否定了各种宗教善恶有报的宣传，但是也彻底否认了人的主观能动性，使人失去希望而甘于接受眼前的状况。

斫婆迦派和阿什斐迦派这两派在列国时代都曾盛行一时，不过论影响力，还是差耆那教和佛教一筹。

耆那教，公元前 6 世纪兴起于印度。据耆那教自己的说法，这一宗教的历史可谓悠久，在大雄之前已经传了 23 祖，大雄是第 24 祖。但是之前的 23 祖，除了第 23 祖白史婆以外都仅仅只是传说，并不可信。第 23 祖白史婆大概是公元前 8 世纪的人，是历史上确实存在的人。他态度宽容，反对种姓制度，认为一切人皆可修行。他初步组成了传教团体，并规定了一些教规。不过，真正使耆那教成形并兴旺起来的还是筏驮摩那。筏驮摩那生于一个部落首领之家，他的父母都是白史婆的信奉者，这也使他深受影响。在他 42 岁（一说 43 岁）那年，他自以为得道，成为"耆那"（战胜情欲者）、"尼乾陀"（解脱束缚者），他被称为"耆那大雄"，意思是战胜了情欲的伟大英雄，之后他的教徒也就被称为"耆那"。大雄和佛陀基本是同时代的人，他被耆那教徒们尊为第 24 祖，也是最后一祖。

耆那教针锋相对地批判婆罗门教。他们认为吠陀并不是什么真知，而祭祀杀生只会增加罪恶，婆罗门不过是一些不学无术的祭司。他们反对种姓制度，宣传人人平等。耆那教认为，一切生物都有灵魂，人的灵魂在没有获得解脱之前，是被"业"所束缚的，所以才陷入无限的轮回。人们只有通过修行，才能使灵魂摆脱"业"的桎梏，获得解脱，超越轮回，处于无所不知、无所不能的极乐状态。

耆那教反对杀生祭神以求自己解脱，而主张用战胜自己情欲的方式来解脱自己。此外，他们还反对神主宰命运的思想，反对宿命论，认为人可以决定自己的命运。这些明显都是针对当时落后的婆罗门教，在当时来说算是进步的。但是，耆那教又走向了另一个极端，它主张人用身体的极苦去追求灵魂的极乐，用现实的自杀去追求灵魂的永生，这无疑是消极的。也许是因为这样的原因，耆那教被一些国家的君主还有刹帝利阶层所支持，因为这样的宗教有利于他们的统治，同时耆那教反对婆罗门教的主张也很贴合他们的心理，毕竟他们也对婆罗门的特权地位早就心有不满了。另外，耆那教最重要的戒条是禁止杀生，所以耆那教徒不能从事农业，他们大部分都是商人。

和耆那教同时兴起的还有一个宗教，那就是佛教。佛教的创始人是乔达摩·悉达多，他的父亲是伽毗罗卫城（在今尼泊尔境内）释迦族首领净饭王。

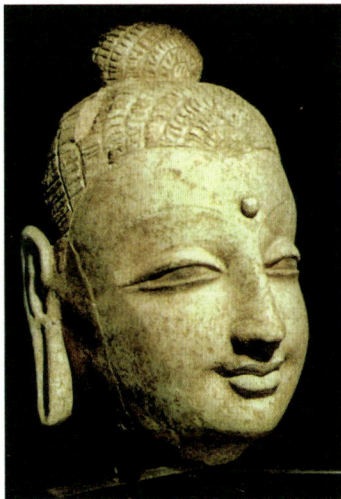

乔达摩·悉达多头像

悉达多大约出生于公元前565年，在29岁那年开始出家修行，6年以后他认为自己已经得道，正式创立了佛教。他的教徒们尊称他为"佛陀""释迦牟尼"。

佛教将现实人生断定为"无常""无我""苦"。"苦"的根源是每人自身带来的"惑""业"，"惑"指贪、嗔、痴等烦恼，"业"则是人们的身、口、意等活动。产生"苦"的根本原因是人的"欲爱"，包括对长生的欲爱、对权力的欲爱、对淫乐的欲爱等。欲爱追求的是"有常"，但是世界万物都是"无常"的；欲爱要求肯定自我，但是又没有一个恒常的"我"，也就是佛经上说的"诸行无常，诸法无我"。所以说，人的"欲爱"是不能实现的，所以，"苦"就产生了，进而有了"惑""业"，有了生死不息的循环，再根据个人的善或者恶，进入轮回报应。那如何才能摆脱痛苦轮回呢？只有按照佛教经、律、论三藏所规定的训练方法，修持"戒""定""慧"三学，彻底转变自己世俗的欲望和认识，超越生死轮回，在精神上达到一种最高的解脱目标，用佛教的说法，这就叫作"涅槃"或"解脱"。

佛教的这些基本理论都包括在"四谛""五蕴""十二因缘"等基本教理中，成为后来佛教各支派的教义基础。相对于婆罗门教的严格划分四个种姓等级，佛教认为诸生平等，只要虔心向佛，不分种姓贵贱，都能获得精神上的解脱。因此，佛教得到了大量对婆罗门不满的刹帝利和吠舍的支持。

摩揭陀的兴起

列国时代是一个诸强国先后称霸的时代。列国中最先崛起的是迦尸，它在称霸路上的主要对手是憍萨罗。此外，迦尸也与鸯伽和摩揭陀有过战争。迦尸曾一度称霸，并将憍萨罗兼并，不过后来憍萨罗又强大了起来，反过来兼并了迦尸，还将包括佛陀的故乡伽毗罗卫城在内的一些小国纳入了自己的势力范围。通常来说，佛教兴起之前，古印度北部地区就是这样的形势。

这时，另一个强国摩揭陀也开始兴起。摩揭陀王频毗娑罗（约公元前544—公元前493年在位），通过通婚和憍萨罗、跋阇等国搞好关系，集中全力对付另外一个邻国鸯伽。因为鸯伽的地理位置非常重要，又控制着恒河三角洲的一些重要港口，占领鸯伽对商业贸易有很大的意义，所以频毗娑罗将矛头直指鸯伽，并最终征服了它。

后来，频毗娑罗被他的儿子阿阇世杀害，他的王后因此悲痛万分，没多久也去世了。然而，这位王后在出嫁前曾是憍萨罗的公主，迦尸村庄是她的陪嫁，所以在她去世后，憍萨罗王提出收回迦尸村庄，阿阇世自然不同意，双方兵戎相见，最终结果是议和，迦尸村庄还属摩揭陀。之后，阿阇世又对另一个邻国跋阇下手了。双方交战16年，最终摩揭陀兼并了跋阇，此时的摩揭陀正式成为了恒河流域一霸。

阿阇世之后的摩揭陀历史有很长一段时间是模糊不清的，现在只知道阿阇世以后的几代国王都是暴君，残酷统治百姓，导致忍无可忍的百姓奋起反抗，推翻了最后一位暴君。再之后，摩揭陀的一位大臣悉输那伽登上了王位。在他统治期间，摩揭陀进一步强大，征服了阿般提、跋蹉还有老对手憍萨罗（一说憍萨罗是后来的难陀王朝征服的）。约公元前364年，一个名叫摩诃帕德摩·难陀的人杀死了悉输那伽王朝的末代国王，建立了难陀王朝。

关于摩诃帕德摩·难陀到底是谁，现在有很多传说。有人说他的父亲就是他杀死的悉输那伽王朝的末代国王，他的母亲则是一个首陀罗；还有人说他的父亲其实是一个理发匠，而他的母亲是一个妓女；第三种说法则是，其实他自己就是一个理发匠，但是却和悉输那伽王朝末代国王的王后有私情，后来两人合谋杀死了国王，篡夺了政权。总之，摩诃帕德摩·难陀大概是一个出身低下的人。且此后不少王朝的建立者都是如此，这也说明在统治者还有婆罗门、刹帝利等高层种姓日益腐朽的同时，下层百姓的力量也在增强。同时，摩揭陀后期出现的几个残酷暴君也表明了专制王权正在加强，这也是建立一个帝国的必备条件。

在难陀王朝时期，摩揭陀统一了恒河流域。据希腊作家记载，当时的难陀王朝实力雄厚，拥有 20 万步兵、2 万骑兵、2000 辆战车还有 3000 头战象（另一种说法是 20 万步兵、8 万骑兵、8000 辆战车和 6000 头战象）。可以说，当时的难陀王朝已经具备了向西边印度河流域推进的实力，但也就在这时，从西方入侵的亚历山大大帝打断了古印度地区的历史发展趋势。

马其顿对印度的入侵

古印度西北部地区在公元前 6 世纪时就落入了波斯帝国的统治之下，直到公元前 4 世纪，波斯帝国势衰，对古印度地区的控制也就弱了下来。当时这里散布着很多的小邦以及部落，这些小邦和部落实际上是独立的，波斯帝国对它们并没有多少约束力，且这些小邦内部也存在着矛盾。总之，在亚历山大入侵之前，古印度西北部地区可以说是一盘散沙。

这时，西方的马其顿帝国强势崛起。公元前 330 年，亚历山大大帝灭亡了波斯帝国；公元前 327 年，亚历山大大帝率领大军进军印度。刚开始他们并没有遇到像样的抵抗，当然这也和亚历山大本人杰出的军事才能有关。印度西北部是已灭亡的波斯帝国最富裕的省份之一，亚历山大大帝在这里为他的马其顿远征军筹集粮草，同时也为他自己搜集奇珍异宝。

当时的犍陀罗王和东邻波鲁斯王互相敌视，犍陀罗王就想借着外人的力量消灭自己的敌人。因此，当亚历山大大帝率军渡过印度河时，犍陀罗王就派人向其示好，并送上了大批的白银、牛、羊、象，还有 700 骑兵，补给他的军队。亚历山大继续东进，直到在希达斯皮斯河（印度河的支流，今称杰卢姆河）河畔遇到了波鲁斯王。据说波鲁斯王有 3 万步兵、4000 骑兵和 200 头战象，实力不容小觑。但亚历山大大帝善用计谋，从上游偷渡过河，用巧妙的战术打败了波鲁斯王的军队，英勇奋战的波鲁斯王重伤被俘。之后，亚历山大大帝问他想要得到何种待遇，他说道："应以国王之礼待我。"于是，亚历山大大帝采用了怀柔政策，继续让他当国王，波鲁斯的王国也就此成了马其顿忠诚的属国和盟邦。继续东进的亚历山大大帝征服了整个旁遮普地区，不过在征服中，他也遭到了当地人民的强烈反抗，马其顿大军自身也损失不轻。

亚历山大的目光最后落到了恒河流域，他想继续深入印度腹地，征服整个富裕丰饶的南亚次大陆，但是他手下身经百战的马其顿士兵们却不这么想。多年的劳师远征早已经让他们疲惫不堪，军中弥漫着强烈的厌战情绪，再加上印度本地气候炎热，瘟疫流行，水土不服的马其顿士兵们病倒了很多。此外，印度人民一直在顽强抵抗，又听说恒河流域的难陀王朝兵强马壮，所以，马其顿大军拒绝再前进，亚历山大也只好放弃了东进计划，打道回府。

至此，以希达斯皮斯河为界，希达斯皮斯河以东由归顺了亚历山大大帝的本地国王们统治，希达斯皮斯河以西则由亚历山大大帝任命的总督统治。之后，在印度河河口，亚历山大大帝将军队分为水陆两支分兵回国。公元前 325 年，亚历山大大帝返回巴比伦，两年后他病逝于此。

亚历山大征服印度河流域是世界古代史上的一件大事。虽然他在印度仅仅停留了两年左右的时间，并且他一撤走，这里的希腊化政权就消失了，且迄今为止发现的印度文献中，也没有提到过亚历山大，但是，这一场短暂的历史还是给古印度文明的发展带来了巨大影响。

亚历山大入侵印度河流域是欧洲文明社会第一次和印度文明社会进行接触。亚历山大帝国地跨欧亚非三大洲，西起巴尔干半岛、东至印度河，虽然存续时间非常短暂，但还是给予了希腊文明与埃及、巴比伦和印度文明交流、接触、融合的机会。欧洲人通过亚历山大东征，第一次对古印度的大致地理方位和文明状况有了一定的了解，在此后的 2000 年间，欧洲人再也没有和印度直接的接触，但是亚历山大远征中所记录的印度财富、印度文明的盛况却给欧洲人留下了深刻的印象，这让他们一直在寻找去印度的路径，也最终促成了近代史上的地理大发现。

从某种角度说，亚历山大的东征是一次异国文化探秘之旅，在他的大军中有工程师、哲学家、历史学家、地理学家和测绘师等诸多专门人才，他们随军沿途搜集各种资料，采集动植物标本，绘制地图，和当地居民交谈，不仅丰富了古希腊文化的地理知识，同时也保留了不少古印度当时的信息，这些都是现代人研究古代印度历史的重要资料。印度，作为几大文明古国之一，并没有流传下来浩如烟海、泽被后世的历史文化典籍，所以现在印度人在对本国早期历史进行研究时，不得不借助一些宗教经典、史诗和时政材料，以及当时的外国人对古代印度的描述和评论等，而亚历山大东征时的记录就是其中之一。

亚历山大一回巴比伦，印度当地人民就开始反抗马其顿人的统治，最后，亚历山大任命在这里的总督带着大部分军队撤回了马其顿，剩下为数不多的守军则被印度人民的起义军消灭。也正是在这时的印度人民起义中，涌现出了一位领袖，他名叫旃陀罗笈多，据说他出身一个养孔雀的家族，所以他后来建立的王朝被称为"孔雀王朝"；也有人说他出身刹帝利阶层，来自莫里亚家族，

"孔雀（maurya）"这个词就是从"莫利亚"演变来的。相传，旃陀罗笈多曾在旁遮普地区见到过亚历山大，却因为言语冒犯差点被亚历山大处死。他侥幸逃出来以后，得到了一个婆罗门的帮助，拉起一支起义队伍，将旁遮普地区的马其顿侵略军赶走以后又回师向东，攻陷了摩揭陀的都城华氏城（今巴特那），推翻了难陀王朝，建立起孔雀王朝，他也因此成为孔雀王朝的第一个国王（公元前324—公元前300年在位）。

孔雀王朝

孔雀王朝（公元前324—公元前187年）是印度文明史上第一个大一统的奴隶制帝国，领土包括了印度河、恒河两大流域，还有南印度的部分地区，孔雀王朝统治时期是印度历史上十分强盛的时代。

统一的孔雀王朝

西方的马其顿帝国在亚历山大大帝死后，分崩离析。之后，亚历山大的部将、继承了帝国在亚洲的大部分领土的塞琉古又对印度这片富饶的土地动起了心思。公元前305年，塞琉古率兵入侵印度，但是却被旃陀罗笈多击败，只好求和，并将印度河以西，相当于今阿富汗和俾路支斯坦的土地割让给了孔雀王朝。双方还缔结了婚姻，维持和平。此后，塞琉古派出使节驻在孔雀王朝首都华氏城，这位使节对孔雀王朝的记录也成了研究古印度史的珍贵文献。

旃陀罗笈多为孔雀王朝打下了坚实的基础。晚年他虔信耆那教，后来放弃了王位选择出家，最后也是尊奉耆那教的教义，绝食而死。在旃陀罗笈多出家以后，继位的是他的儿子频头娑罗。他在位时期的主要贡献是向南方拓展了孔雀王朝的领土。据佛经记载，频头娑罗杀死了 16 位君主，占领了他们的土地，不过这些国家具体在哪还不清楚。频头娑罗时期，孔雀王朝和塞琉古王朝还保持着友好的关系。塞琉古王朝的使节也还驻在华氏城，当时埃及的托勒密王朝也有使节驻在华氏城，可惜的是这些使节们关于当时的记录都已失传，只有零星的篇章被其他历史学家们的著作引用。

频头娑罗死后，他的儿子阿育王于公元前 269 年左右继位。阿育王原本在印度西北部地区任总督，频头娑罗病重后他才赶回首都华氏城。佛教文献上说，在频头娑罗死后，阿育王杀死了 99 个兄弟，才坐稳了宝座；还有的说，在频头娑罗死后 4 年，阿育王才举行正式的继位典礼。所以，关于他的在位年代一直众说纷纭。也有可能是老国王死后，众王子一直在争夺王位，一直争夺了 4 年，阿育王胜出才算尘埃落定。

佛教文献上说，阿育王原来是个穷凶极恶的暴君，曾经专门选出最为残暴的人，设立一个"人间地狱"，让他们去残害百姓。大约是在正式继位后的第 8 年，阿育王征服了南方的羯陵伽国。在这场战争中，羯陵伽国有 15 万人被掳走，10 万人被杀，还有几倍于此的人死亡。据说在这场战争之后，阿育王有了翻天覆地的变化，他虔诚地忏悔，皈依了佛教，不再发动战争，转而热心宣扬佛教。佛教文献极力描绘阿育王之前的暴虐，还有他转变以后的仁慈，并将这一巨大的转变归功于佛教的感化。可能也正是因此，在阿育王统治期间，佛教得到了快速发展。

阿育王征服羯陵伽以后，孔雀王朝的版图又扩大了，北起喜马拉雅山南麓，南到迈索尔，东起阿萨姆西界，西到兴都库什山，都是孔雀王朝的领土。可以说，经过旃陀罗笈多、频头娑罗以及阿育王三代人的经营，孔雀王朝达到了极盛。

帝国的统治和衰落

阿育王统治下的孔雀王朝是一个君主专制帝国，国王独揽大权，一切重要的决策都由他决定，重要官员的任免也由他决定，同时国王还是全国最高军事统帅，掌握着军权，重大案件也由他审理。国王以下由第一大臣和王子辅政，还有总税务官和财政大臣，此外还设有供国王咨询的大臣会议。边远地区设总督统治，一般都由王子担任。从中央到地方设有各级管理机构，全国分为 5 个省（一说 4 个省），省的下一级是区，最基层的行政单位是村。城市设一最高长官，负责管理各项事务。司法系统分为最高法院和地方法院，最高法院由大

阿育王石柱
孔雀王朝时代最具代表性的建筑雕刻，被视为印度民族精神的象征。

法官负责，地方法院和行政层级保持一致，分为四级，最低一级的法院由村行政官吏和长老们组成。

孔雀王朝时期，生产力有了很大的发展，铁制品已经广泛地应用在生产生活当中。在农业上，农产品的种类有所增加，农业在国民经济中的优势地位明显；在手工业上，纺织、金属制造、造船等行业也都有明显的进步。商业也比较发达，当时的印度和中国、两河流域、埃及等地都有着活跃的贸易往来。

不过，孔雀王朝的统治是不稳定的，阿育王时的强盛只是昙花一现。当时孔雀王朝内部各地区发展很不平衡，在除了恒河流域和印度河流域这样的帝国中心以外的地区，还有不少部落处于原始社会阶段，同时各个地区之间又缺乏联系，所以，孔雀王朝并没有一个客观的、长久统一的基础，表面强盛的王朝内部还存在着不少深刻复杂的矛盾。阿育王曾经想缓和这些矛盾，但是，他的政策非但没有能缓和矛盾，在有些方面甚至还加深了矛盾。为了维护如此庞大的帝国统治，阿育王建立了一个庞大的官僚机构和监察机构，还有一支庞大的常备军，还修建了8万多座佛塔和其他设施。这些举措都使财政开支巨大，最后遭殃的自然是缴税的老百姓，阶级矛盾自然也更加尖锐。

阿育王死后，他在西北地区当总督的儿子据地独立，原来在帝国内部就处于半独立状态的、南部的安度罗也宣布独立，帝国逐渐分裂。之后，孔雀王朝的势力仅仅维持在恒河流域的部分地区，再又残喘了50多年以后，公元前187年，孔雀王朝的末代国王布里哈德罗陀被他的部将普士亚密多罗·巽伽杀死，孔雀王朝彻底灭亡，取而代之的是普士亚密多罗·巽伽所建立的巽伽王朝。

全球通史

—— 远古篇　上古篇（上）——

❶ 从猿到人

约 2300 万年前

现代人类和类人猿的共同
祖先——森林古猿诞生。

约 500 万年前

南方古猿诞生，标志
着从猿到人转变的第
一阶段开始。

❷ 古埃及文明

古埃及进入古王国时期，
定都孟斐斯，修建吉萨
金字塔群。

中王国衰落，古埃
及再次分裂。

古埃及早期
文明诞生。

约公元前 3100 年

约公元前 4000 年

约公元前 2686 年

约公元前 2181 年

约公元前 2040 年

约公元前 1786 年

约公元前 1567 年

美尼斯统一古埃
及，古埃及正式进
入早王朝时期。

古王国衰落，古埃
及进入混乱的第一
中间期。

孟图霍特普二世重
新统一古埃及，定
都底比斯，古埃及
进入中王国时期。

阿赫摩斯一世赶
走入侵的喜克索
斯人，古埃及再
次统一，进入到
新王国时期。

历史年表

直立人诞生，标志着人类已经适应了直立下肢行走。

约 5 万年前

约 170 万年前

晚期智人开始出现，现代三大人种即蒙古人种、欧罗巴人种和尼格罗人种开始形成。

拉美西斯二世继位，在位期间古埃及与赫梯之间爆发了卡迭石战役。

马其顿帝国的亚历山大大帝征服埃及，古埃及法老时代结束。

亚述入侵埃及。

公元前 1279 年

公元前 671 年

公元前 332 年

约公元前 1379 年

公元前 1085 年

公元前 525 年

阿蒙霍特普四世继位，后改名为"埃赫那吞"，并进行埃赫那吞改革。

埃及新王国时期结束，进入后王朝时代。

波斯入侵埃及。

❸ 古西亚文明

苏美尔人开始在
美索不达米亚平
原孕育早期文明。

苏美尔人创造楔
形文字。

萨尔贡一世统一两
河流域南部，建立
阿卡德王国。

乌尔纳姆建立乌尔第
三王朝，颁布《乌尔
纳姆法典》。

约公元前 3100 年

约公元前 4300 年

约公元前 2900 年

公元前 2371 年

**约公元前
2190 年**

公元前 2113 年

苏美尔文明进入早王朝
时期，开始创建城邦。

阿卡德王国覆灭。

在赫梯人走后，加喜特
人占领了巴比伦城，建
立了巴比伦第三王朝。

迦勒底人建立新巴
比伦王国。

公元前 612 年

公元前 1518 年

约公元前 934 年

公元前 626 年

新巴比伦王国和米
底王国联合灭掉了
亚述帝国。

亚述帝国开始崛起，最
终亚述征服了两河流域，
建立了横跨西亚北非的
帝国。

古巴比伦王国被赫梯人灭亡。

约公元前 1595 年

阿摩利人建立古巴比伦王国。

埃兰人和阿摩利人入侵乌尔，乌尔第三王朝覆灭。

约公元前 1792 年

公元前 1894 年

约公元前 2006 年

汉穆拉比成为古巴比伦王国第六代国王，颁布《汉穆拉比法典》，古巴比伦王国进入全盛时期。

大流士一世登基成为波斯帝国第三位皇帝，在他的统治下，波斯疆域不断扩大，最终成为历史上第一个地跨亚欧非三大洲的帝国。

新巴比伦国王尼布甲尼撒二世继位，修建"空中花园"和"巴别塔"，新巴比伦王国进入鼎盛时期。

公元前 522 年

公元前 604 年

公元前 539 年

公元前 550 年

波斯帝国灭亡新巴比伦王国。

居鲁士二世灭亡米底王国，建立波斯帝国。

④ 中华早期文明

约公元前 2070 年

启建立夏朝。

约公元前 1600 年

商汤灭夏，建立商朝。

约公元前 1300 年

盘庚迁殷。

公元前 1046 年

周武王通过牧野之战灭商，创建西周，实行"分封制"和"宗法制"。

公元前 841 年

中国历史开始有确切纪年，史称"共和元年"。

公元前 771 年

戎入侵，西周灭亡。

公元前 386 年

战国七雄局面形成。

公元前 356 年

商鞅变法，秦国开始走向富强。

公元前 221 年

秦始皇统一六国，建立起中国历史上第一个大一统王朝。

公元前 209 年

陈胜、吴广起义。

公元前 206 年

楚汉战争爆发，后项羽兵败自杀。

平王东迁，建立东周。

公元前 770 年

公元前 707 年

儒家创始人孔子出生。

公元前 551 年

公元前 453 年

韩、赵、魏三家分晋。

周桓王讨伐郑国，在缙葛被郑国打败。

霍去病进攻匈奴，夺得祁连山和河西走廊。

刘秀称帝，恢复"汉"的国号，史称"东汉"。

刘邦称帝，建立汉朝，史称"西汉"。

公元前 121 年

公元 8 年

公元 25 年

公元前 154 年

公元前 202 年

"七国之乱"爆发，三个月后被平叛。

王莽称帝，改国号为"新"。

⑤ 古印度文明

雅利安人入侵印度，印度进入吠陀时代，在晚期吠陀时代印度产生了种姓制度。

乔达摩·悉达多出生，后出家修行并创立佛教，被教徒尊称为"释迦牟尼"。

印度河流域诞生了哈拉帕文化。

约公元前 565 年

约公元前 600 年

约公元前 1500 年

约公元前 1750 年

约公元前 2300 年

哈拉帕文化开始衰亡。

印度进入列国时代，"十六国"雄起。

马其顿国王亚历山大大帝入侵印度。

阿育王继位，孔雀王朝发展到鼎盛时期。

旃陀罗笈多建立孔雀王朝。

约公元前 364 年

公元前 327 年

公元前 324 年

约公元前 269 年

公元前 187 年

孔雀王朝末代国王被杀，孔雀王朝覆灭。

摩诃帕德摩·难陀建立难陀王朝，统一恒河流域。